쿨Cool하게
사과하라

신경과학에서 경영학까지,
위기를 기회로 바꾸는 신뢰 커뮤니케이션

김호 + 정재승

어크로스

실수나 잘못 앞에서 힘겨운 사과를 해야 할 리더들을 위해
실수를 인정하고 잘못을 사과할 용기가 필요한 예비 리더들을 위해
그리고 반복되는 사과와 함께 살아갈 우리 모두를 위해

차례

Prologue 사과는 리더의 언어다　8

PART 1
우리가 사과할 때 알아야 할 모든 것

chapter 1　'미안해'는 사과가 아니다　29
　　사과가 갖추어야 할 6가지 충분조건 • 용서받는 사과는 따로 있다

chapter 2　때론 느리게 때론 빠르게, 사과는 타이밍이다!　41
　　사과도 숙성 기간이 필요하다 • 최악의 순간에 이뤄진 공개 사과 3장면 • 타이밍, 상대속도를 파악하라

chapter 3　미안하다면, 얼굴을 보여라　57
　　제트블루와 배트맨은 어떻게 다시 날아올랐을까? • 유튜브 동영상의 효과 실험 • 소셜 미디어는 사과하는 사람의 편이다

chapter 4　사람들은 더 이상 가짜에 속지 않는다　71
　　웹 2.0, 투명성의 패러독스 • 배드 뉴스(Bad news)가 기회다

chapter 5　사과할 때 절대 쓰지 말아야 할 3가지 표현　83
　　'미안해, 하지만' • '만약 그랬다면, 사과할게' • '실수가 있었습니다'

chapter 6　당신이 사과하기 힘든 진짜 이유　103
　　그럴 만한 이유가 있었어 • 위험한 법정의 논리 • 진화, 핑계 대는 인간을 만들다 • 가장 불리한, 그러나 가장 많이 쓰는 카드

PART 2
우리가 사과에 대해 오해했던 모든 것

chapter 7　사과는 비용이 많이 드는 비즈니스의 '자살골'이다?　121

연봉을 올리고 싶다면 사과하라 • 돈 vs. 사과, 당신의 선택은? • 우리 몸이 말하는 사과의 효과 • 손실 비용을 줄이는 비밀 • 의료 소송의 새로운 패러다임-진실 말하기 • 쏘리웍스! 사과는 반드시 먹힌다

chapter 8 왜 사과를 했는데도 화를 내는 것일까? 149
예의 바른 그가 미움을 사는 이유 • 남자는 과연 사과에 서투를까?

chapter 9 사과문은 그저 통과의례일 뿐이다? 163
효과 없는 정당화 전략 • 우리의 눈이 멈추는 곳에 답이 있다 - 아이트래킹(eye-tracking) 연구

chapter 10 리더의 사과는 무능함의 표현이다? 181
리더십 2.0의 키워드, 책임감 • 예일대가 동국대로부터 소송을 당한 이유 • 나쁜 입소문은 더 빨리 퍼진다 • 사람들은 리더의 사과를 기억한다

chapter 11 지난 일은 묻어두는 것이 최고일까? 209
독일 vs. 일본의 과거사 사과 • 역사적 잘못에 왜 후손들이 부끄러워하는가? • 과거사 사과 6장면 - 늦었지만, 아주 늦지는 않았다

PART 3
우리가 사과할 때 해야 할 모든 것

chapter 12 당신의 사과문을 쿨하게 만드는 방법 237

chapter 13 사과, 5W1H를 체크하라 249

chapter 14 실전 예제 259

Epilogue 인간은 용서와 화해의 동물이다 274

주석 296
참고 문헌 302
색인 312

Prologue
사과는 리더의 언어다

사람들은 사과를 나약함의 상징으로 보는 경향이 있다.
하지만 사과의 행위는 위대한 힘을 필요로 한다.

— 아론 라자르 Aaron Lazare, **정신의학자**

미국 일리노이 주립대학 병원 종양외과장인 다스 굽타(Das Gupta) 박사는 40년의 경력을 자랑하는 의사다. 그런데 2006년 최대 위기를 맞이하게 된다. 환자의 아홉 번째 갈비뼈에서 떼어내야 할 조직을 여덟 번째 갈비뼈에서 떼어내는 어처구니없는 실수를 저지른 것이다. 당연히 환자가 알게 되면 가만히 있을 리 없었다. 이때 그는 병원 측 변호사가 들었다면 귀를 의심할 법한 대응을 한다. 환자와 환자의 남편에게 자신의 실수를 솔직히 인정하고 진심 어린 사과를 한 것이다. "저는 어떠한 변명도 할 수 없습니다……. 환자분께 큰 해를 끼쳤습니다"라고 말이다.

이 사건의 전말은 2008년 5월 18일자 〈뉴욕 타임스〉[1]에 실렸다. 기사에 따르면, 피해 환자와 그녀의 남편은 사건 초기 변호사를 고용했지만, 결국 의사를 고소하지 않고 우리 돈 8천여만 원에 해당하

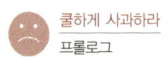

는 배상금을 받는 것으로 병원 측과 합의했다. 의사의 과실이 명백한 의료사고가 생겼을 때 환자가 의사를 정식으로 고소하면, 8천만 원이 아니라 수억, 아니 수십억의 배상금을 받을 수도 있었을 텐데 말이다.

대한민국에서 날마다 벌어지는 의료사고 소송을 떠올려보면, 이 사건이 얼마나 예외적인 사건인지 짐작이 갈 것이다. 교통사고만 나도 절대 "죄송합니다. 제가 잘못했습니다"라는 말을 하지 말라고 조언하는 나라에서, '환자 앞에서의 권위'를 무엇보다 중요하게 생각하는 의사가 환자에게 머리를 숙이고 의료사고의 과실을 인정했다는 얘기를 우리는 아직까지 들어본 적이 없다. 게다가 막대한 배상금을 물어줘야 할지도 모르는 사고라면 더욱 그렇다.

굽타 박사의 사건은 우리의 상식이나 짐작과는 정반대로 불행한 의료사고가 '사과'라는 방식으로 대처했을 때 얼마나 원만하게 해결될 수 있는지를 보여준다. 환자보다 권력적으로 더 우위에 있는 의사에게 사과는 당연히 쉽지 않은 결정이었을 것이다. 그러나 당신이 의료사고의 피해자라고 상상해보라. 의사에게 무엇을 진심으로 원하겠는가? 사건 정황을 정확히 이해하고 의료 과실이라면 의사의 진심 어린 사과를 원하지 않겠는가? 의사 역시 잘못은 뉘우치되 적절한 배상금을 무는 것으로 사건을 매듭짓고 자신의 경력에 오점을 남기지 않기를 바랄 것이다. 굽타 박사의 진심 어린 사과는 피해를 입은 환자와 실수를 한 의사에게 서로가 원하는 것을 얻게 해주었다. 피해자 부부는 "굽타 박사가 솔직하고 투명하게 자신의 잘못에 대해 얘기해주었을 때 놀랍게도 분노가 한순간 사라졌다"고 말했다.

이 훈훈한 이야기가 굽타 박사만의 예외적인 사례일까? 환자가 어떻게 나올지 모르니 일단 과실을 부인하고 보는 것이 더 합리적인 전략일까? 아마 변호사는 당신에게 "실수나 잘못을 인정하면 소송에서 지게 돼 피해를 입을 것"이라고 조언하겠지만, 통계는 '전혀 그렇지 않다'고 말한다. 일리노이 주립대학 병원에서 수년간 조사한 결과, 병원 측이 의료사고에서 자신의 실수나 잘못을 환자에게 솔직하게 인정하고 사과한 사례가 37건이었는데, 그중 환자가 소송을 진행한 것은 딱 한 건이었다.

일리노이 주립대학 병원만이 의료사고에 대해 진심 어린 사과로 대처한 것은 아니다. 하버드, 스탠퍼드, 미시간, 버지니아 등 미국의 주요 대학 병원들은 의료사고 시 자신들의 실수나 잘못에 대해 투명하게 공개하고, 환자와 가족들에게 제대로 된 사과, 즉 유감의 뜻("미안합니다")을 전하는 것은 물론, 책임을 인정("제 실수였습니다")하고 보상책까지 제시("저희 병원과 보상책에 대해 논의하실 의향이 있으신지요?")하는 '진실 말하기(disclosure)'[2] 프로그램을 도입해 운영하고 있다.

쿨하게 사과하라
프롤로그

진실 말하기 프로그램을 실시하고 있는 미시간 대학 병원의 경우, 이 프로그램을 실시한 직후(2001년 8월~2002년 7월기준)에는 연간 환자들에 의한 의료사고 관련 소송 제기 건수가 무려 262건에 달했다. 하지만 그 후 의료 소송 건수는 꾸준히 줄어 2007년 8월에는 83건으로 대폭 감소하는 결과를 얻었다. 연간 소송 비용이 절반으로 줄어든 것은 물론, 소송까지 가더라도 피해자 측과 합의하는 데 걸리는 시간이 절반 이하로 줄어들었다. 효과적인 사과를 병원의 위기관리에 도입해 병원의 투명성 확립과 고객과의 관계 개선, 비용 절감이라는 일석삼조의 효과를 얻게 된 것이다.

우리 두 사람은 이러한 사례를 접했을 때 크게 놀라지 않을 수 없었다. 사과가 실수나 잘못에 대한 반응으로 이처럼 실질적인(!) 효과를 보인다는 점은 기업의 위기 커뮤니케이션 분야에서 오랫동안 컨설팅을 해온 입장에서도, 카이스트에서 '의사결정의 신경과학'을 연구해온 입장에서도 모두 흥미로운 주제였기 때문이다. '인생에서 사과는 되도록 피할수록 좋다'는 우리들의 상식이 진실이 아니라면, 과연 '사과'는 어떻게 재정의되어야 하는가? 실제로 사과는 사람을 어떻게 바꾸어놓는 것일까? 과학이 우리에게 새로운 답을 도출할 기회를 주지는 않을까? 이러한 질문 끝에 우리는 자연스럽게 의기투합하게 되었고, 마흔을 넘긴 컨설턴트는 사장이라는 직함을 내던지고 카이스트의 박사과정 학생으로, 또 한 사람은 지도교수로 함께 연구를 계속 이어나가게 되었다.

이 책은 10년 넘게 비즈니스 현장에서 기업이나 리더들의 실수나 잘못에 대한 위기 커뮤니케이션 컨설팅을 한 사람과 역시 10년 넘게 인간의 뇌와 행동의 상관관계를 연구해온 학자가 만나 지난 3년 동안 함께 고민한 결과물이다. 필자들은 사과에 대한 과학적인 연구를 진행하면서, 무엇보다 먼저 다양한 학문 분야에서 사과와 관련된 연구 결과를 수집하고 분석하는 작업을 시작했다.

몇 달간의 탐색 과정을 통해 필자들은 또 한 번 놀랄 만한 경험을 하게 된다. 논문을 검색하고 서지 자료를 찾아보니, 지금까지 '사과'라는 인간의 유서 깊은 행위에 대해 체계적인 과학적 탐구가 이루어진 적이 없었던 것이다!

사과에 대한 연구가 본격적으로 시작된 것은 20세기 후반에 들어와서다. 앞으로 여러 번 언급하게 될 사과학 전문가이자 정신의학자인 아론 라자르에 따르면, 사과에 대한 연구가 처음 등장한 것은 1970년대 초반이며, 구체적인 방법론과 사과에 대한 본격적인 심리학 연구는 1990년대에야 시작됐다고 한다. 그리고 현재 사과는 심리학을 포함해 철학, 언어학, 행동의학, 신경과학, 경영학, 커뮤니케이션학 등 광범위한 분야에서 다루어지는 흥미로운 주제이자 다양한 접근이 필요한 학제적인 주제로 부상하고 있다. 이에 우리는 구체적으로 신경과학과 커뮤니케이션학을 바탕으로 사과에 대한 깊이 있는 접근을 시도해보기로 결심했다. '인류 역사상 처음으로 사과를 받는 순간 인간의 뇌에서 벌어지는 일을 연구하는 사람들'이 되기로 한 것이다.

우리는 위험한 사과를 해왔다

유럽이나 미국의 선진 기업들은 대형 사고가 발생했을 때 대처하는

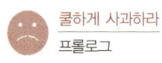

위기관리의 첫 번째 원칙으로 "숨기면 작은 것도 커지고 밝히면 큰 것도 작아진다"를 꼽는다. 결국 밝혀질 일이라면 숨기지 말고 사건이 터지자마자 모든 잘못을 한꺼번에 고백해야 사건이 빨리 종결되고, 사람들도 너그럽게 받아들이게 된다. '비판은 내 입으로, 칭찬은 남의 입을 통해' 하는 것이 현명하다는 것을 그들은 잘 알고 있는 것이다.

언제 일어날지 모르는 대형 사고에 대비해, 선진 기업들은 신속한 '잘못 인정'을 할 수 있도록 평소 위기관리 매뉴얼을 준비하고 가상 대처 훈련을 한다. 사건 진상 분석과 공개를 통해 이성적 판단을 이끌어내고, 적극적인 대처 방법을 개발하려는 것이다.

위기관리의 선진적인 예는 미국의 제약회사 존슨앤존슨에서 찾아볼 수 있다. 1982년 독극물이 들어 있는 타이레놀을 먹고 사망자가 발생했을 때, 존슨앤존슨은 이를 감추거나 쉬쉬하지 않고 오히려 적극적으로 알렸다. 또 엄청난 손실을 감수하면서까지 리콜 조치를 취했다. 결과적으로 존슨앤존슨의 정직한 위기 대처법은 전화위복의 계기가 되었다. 기업에 대한 신뢰도가 오히려 상승했으며 35퍼센트에서 8퍼센트로 떨어졌던 타이레놀의 시장 점유율은 1년이 채 걸리지 않아 평년 수준을 회복할 수 있었다.

우리나라에서 '잘못 인정 심리학'의 원리를 가장 절실히 배워야 할 사람은 정치인과 기업 총수들이다. 심심하면 터지는 국회의원의 뇌물 수수 사건을 보면, 그 시나리오가 불 보듯 뻔하다. 포토라인에 선 정치인들은 한결같이 "그런 적 없다"고 우기지만, 3일 후에는 "받기는 했지만 대가성은 아니었다"고 말한다. 그리고 몇 달 후

'100만 원 벌금형에 의원직 상실'이라는 뻔한 수순으로 파국을 맞는다. 이 같은 '최악의 위기 대응법'은 회생조차 불가능하게 만든다. 시간을 끌수록 사람들은 구체적인 비리 내용은 잘 기억하지 못하지만 '굉장히 나쁜 사람', '물의를 일으키고도 뻔뻔했던 사람'이라는 인상만 각인하게 되기 때문이다.

어리석은 사과가 명예를 떨어뜨리듯이, 현명한 사과는 때론 말 그대로 '유익하다.' 진심 어린 사과는 피해자의 분노를 어느 정도 가라앉힐 뿐 아니라 감동을 전하며 신뢰를 얻고 현실적인 유익함을 주기도 한다. 국내 모 기업의 대표로부터 전해들은 '세탁소 주인'[3] 에피소드는 좋은 예가 될 것이다.

그는 백화점에서 맘에 드는 고급 셔츠 하나를 사서 평소 옷걸이에 걸어두었다가 멋을 부려야 할 자리에 갈 때만 꺼내 입었다. 그리고 어느 날 이 옷을 동네 세탁소에 드라이클리닝을 맡겼다.

며칠 후 함께 맡겼던 양복은 배달이 되었으나 셔츠는 보이지 않았다. 이유를 묻자 세탁소 주인은 당황하며 "약간의 문제가 있어서요. 하지만 내일까지는 갖다 드리겠습니다"라고 말했다. 그래서 별로 대수롭지 않게 여겼다고 한다.

다음 날 세탁소 주인이 셔츠를 들고 찾아왔다. 보통 때는 아침에 배달을 하는데 그날은 저녁에 찾아온 세탁소 주인이 조심스럽게 말을 꺼냈다.

"드라이클리닝하는 기계에 (다른 세탁물에서 나왔을 것으로 추정되는) 볼펜 잉크가 흘러 손님 셔츠에 묻게 되었습니다. 그래서 저희가 셔츠에 붙어 있는 상표를 보고 제조사에 전화해 똑같은 옷을 구매했습니

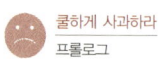
쿨하게 사과하라
프롤로그

다. 그런데 옷을 받아보니 약간의 하자가 있어 제조사에 연락해 교환을 요구했는데, 같은 치수로는 이것이 마지막 남은 한 장이라고 해서 일단은 가지고 와봤습니다. 손님께서 직접 보시고, 이 옷이 마음에 안 드시면 현금으로 보상해드리겠습니다. 진심으로 사과드립니다."

셔츠 주인이 얼마나 당황했을지는 짐작이 갈 것이다. 그는 그 순간 '화'와 '감동'을 동시에 느꼈다고 한다. 아끼는 셔츠를 잃어버렸다는 실망감과 함께, 동네 세탁소에서는 기대할 수 없는 서비스 정신에 대한 감동이었으리라. 무엇보다도 진심 어린 사과에 깊은 신뢰를 갖게 되었다고 한다.

셔츠 주인은 세탁소 주인의 경제적 손실을 덜어주고 싶은 마음이 솟구쳤다고 한다. 그래서 전액 보상하겠다는 세탁소 주인에게 구입한 셔츠를 환불하도록 하고 구입가의 절반만 받고 그를 돌려보냈다고 한다. 그 후로 그 세탁소만 이용하게 되었음은 물론이다.

공교롭게도 셔츠 주인은 정반대의 경험을 한 적이 있다. 전에 살던 동네에서 겪은 일이다. 면세점에서 고가로 구입한 명품 셔츠 두 벌을 한 계절을 입고 나서 옷장에 장기 보관하기 위해 세탁소에 맡겼다고 한다.

그런데 일주일이 지나도 옷이 배달되지 않아 세탁소에 연락을 했다. 그러자 세탁소 주인은 찾아보겠다고 하고는 또다시 3~4일 동안 감감무소식이었다. 짜증이 난 셔츠 주인은 세탁소로 직접 찾아갔다. 그제야 세탁소 주인은 "세탁물을 찾아보았지만 없다"며 분실한 것 같다고 말했다. 얼마에 샀는지 알려주면 배상하겠다고 말하면서도 말투나 표정은 전혀 미안해하는 기색이 아니었다. 셔츠 주인은 세탁소 주인에게 마구 화를 내고 셔츠의 구입 가격 100퍼센트를 현금으로 보상받았으며, 그 후로는 절대 그 세탁소에 옷을 맡기지 않았다고 한다.

두 세탁소 주인의 입장에서 간단한 '손익 계산'만 해보아도, 어느 쪽 주인이 더 큰 경제적 이익을 얻었는지 쉽게 알 수 있다.

편의상 두 사례에 나오는 셔츠의 가격을 10만 원이라 가정하고, 세탁소 주인의 입장에서 고객의 짜증으로 겪은 심리적 스트레스를 1만 원, 이 고객이 매달 세탁소에 세탁물을 맡겨 얻게 되는 평균 매출을 2만 원이라 치자. 사과를 제대로 한 세탁소 주인은 고객의 옷을 배상하기 위해 똑같은 셔츠를 구매하느라 10만 원을 썼지만, 고객이 그 절반에 해당하는 5만 원만 받고 문제를 해결했다. 당연히 셔츠는 환불했다. 또한 고객은 이번 일을 계기로 이 세탁소 주인을 신뢰하게 돼, 향후 1년 동안 최소 24만 원의 매출을 올려주게 된다(물론 실제로는 그보다 훨씬 높은 매출을 그 고객으로부터 올렸겠지만!). 다시 말해, 5만 원을 손해 보긴 했지만 그 후 단골을 얻어 5만 원을 훨씬 상회하는 이익을 얻게 된 것이다.

반면, 사과를 제대로 하지 않은 세탁소 주인은 앞의 친절한 주인과는 달리 100퍼센트 보상을 해야 했고, 화가 난 고객을 대하느라 스트레스를 받아야 했으며(1만 원), 이 사건 이후 해당 고객으로부터 단 한 건의 거래도 받아내지 못했다. 어디 그뿐이랴? 화가 난 고객은 당연히 주변 사람들에게 이 세탁소 주인의 만행(?)을 알리지 않았겠는가?

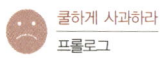
쿨하게 사과하라
프롤로그

사과와 얽힌 동네 세탁소에서 벌어진 이 작은 소동은 자신의 실수나 잘못 앞에서 상반된 태도를 보이는 사람들의 득실을 잘 보여주고 있다. 사과 한마디로 감동을 주고 단골을 얻을 것인가, 아니면 신뢰를 잃고 손님을 놓칠 것인가? 좀 극단적으로 말하자면 그것은 우리의 선택에 달려 있다.

오바마의 신뢰 리더십

2008년 5월 미국의 미시간 주. 당시 민주당 대통령 후보였던 버락 오바마는 크라이슬러 자동차 생산 공장을 방문 중이었다. 현장에 있던 여기자 페기 아가(Peggy Agar)는 공장을 둘러보고 있는 오바마에게 질문을 던졌다.

"의원님, 미국의 자동차 산업 노동자들을 어떻게 도울 생각인가요?" 오바마는 여기자에게 "잠시 기다리세요. 스위티(sweetie)"라고 한 뒤 나중에 답변하겠다면서 즉답을 미뤘다. 결국 여기자는 그날 오바마에게서 아무런 답변도 듣지 못했다.

하지만 더 심각한 문제가 오바마를 기다리고 있었다. 바로 오바마가 여기자에게 했던 '스위티'라는 표현이 문제가 되었던 것이다. 스위티는 애인이나 가까운 친구에게 쓰는 말로, 공식적인 자리에서 여기자에게 쓸 표현은 아니었다. 이는 오바마의 말버릇이기도 한데, 한 달 전인 4월에도 펜실베이니아 주를 방문했을 때 여성 노동자에게 같은 표현을 썼다가 구설수에 올랐던 적이 있었다.

오바마의 발언은 정치적 신뢰를 떨어뜨릴 수 있을 뿐 아니라 성희롱으로도 문제 삼을 수 있는 것이었다. 논란이 일자 민주당은 심각한 혼란에 빠졌다. 그러자 오바마는 자신의 실수와 잘못을 바로 인정한 후 즉각적인 액션을 취했다. 직접 여기자에게 전화를 걸었고, 그가 전화를 받지 않자 다음과 같은 메시지를 음성녹음기에 남겼다.

> "안녕하세요, 버락 오바마입니다. 두 가지 사과할 일이 있어 전화했어요. 하나는 당신의 질문에 답을 주지 못한 것인데, 무척 미안하게 생각합니다. 저는 지역 언론사 모두와 인터뷰를 잡은 것으로 알고 있었는데, 아마도 당신이 속한 언론사와 인터뷰는 했지만 다른 기자가 담당했던 것 같습니다. 약속을 지키지 못해 미안합니다. 다시 조치를 취하겠습니다. 두 번째는 당신에게 '스위티'라는 표현을 쓴 것에 대해 사과합니다. 이는 저의 나쁜 말버릇일 뿐 비하하려는 의도는 전혀 없었습니다. 따라서 이번 실수에 대해 매우 유감스럽게 생각합니다. 제게 전화 한번 주세요. 다음에 디트로이트를 방문할 때, 제 홍보팀을 통해 당신에게 보답할 기회를 만들겠습니다."

대선 후보인 거물급 정치인이 사과를 하기 위해 기자에게 음성메시지를 남기는 것도 이례적이지만, 사과의 내용이 눈에 띈다. 그는 자신이 무엇을 잘못했는지, 그리고 추후 조치를 어떻게 취할 것인지에 대해 구체적으로 언급했다. 적절하지 못한 말 한마디가 여론에 막대한 영향을 미치고 지지율을 떨어뜨릴 수도 있는 상황에서 오바마의 신속한 사과는 일이 더 커지지 않도록 미연에 방지했다는 점에서 '좋은 사과의 예'라고 할 수 있다.

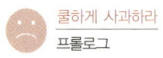

누구나 실수를 할 순 있지만 빨리 잘못을 깨닫고 바로 사과를 하기란 쉽지 않다. 처음에는 부인했다가, 나중엔 그럴 의도는 없었다고 말했다가, 결국 대국민 사과로 이어지는 우리 정치인들에게 오바마의 사과는 좋은 귀감이라 하겠다.

이처럼 사과를 '리더의 언어'로 잘 구사하는 대표적인 인물이 2009년 노벨 평화상 수상자이기도 한 오바마 대통령이다. 그도 사람인지라 후보자 시절부터 최근까지 여러 가지 구설수에 올랐지만, 그때마다 매우 빠르고 효과적으로, 무엇보다 진심을 담아 사과를 했고, 자신의 실수나 잘못을 감추거나 축소하지 않고 '투명하고 신뢰를 주는 리더십'을 실현해왔다. 사과를 하는 사람이 패자가 아니라, 사과를 제대로 못하는 사람이 패자라는 진실을 그는 직접 보여주고 있는 것이다.

자신의 실수로 환자에게 피해를 입힌 사실을 솔직하게 인정하고 사과한 다스 굽타 박사, 손님의 셔츠에 얼룩이 묻자 똑같은 옷을 사들고 찾아가 사과한 세탁소 주인, 자신이 말실수를 한 기자에게 변명이 아닌 긴 사과를 남긴 오바마 대통령. 이들은 모두 사과를 통해 패자가 아닌 승자의 모습을 보여준 사람들이다.

이제, 쿨하게 사과하라

사과는 결코 패자의 언어가 아니라 승자의 언어이며, 존경과 신뢰를 받기 위해서 갖춰야 할 가장 중요한 덕목인 '리더의 언어'다. 사실 19세기만 해도 리더의 사과란 주목받기는커녕 실패자들이나 하는 변명으로 취급받았다. 오죽하면 영국의 총리였던 벤저민 디즈레일리(Benjamin Disraeili)는 "사과란 자신이 바꿀 수 없는 것에 대한 변명일 따름이다"라고 얘기했을까!

그러나 리더의 사과에 대한 논의 자체가 거의 없던 20세기라는 어두운 터널을 지나 인터넷과 개인 미디어, 소셜 네트워크가 일상화된 21세기에 들어서면서 상황은 크게 바뀌었다. 한국과 미국만 살펴봐도, 언론에 등장한 사과 관련 기사가 급증하고 있음을 알 수 있다. 국내 한 중앙 일간지에 실린 사과 관련 기사는 1990년대에 1천여 건에 못 미쳤지만, 2000년대에 들어서면서 지난 10년간 3200여 건으로 무려 세 배 이상 늘어났다.

이 중 대부분은 우리가 익히 접해왔다시피 유명인들의 불미스러운 사건 뒤 나온 사과들이다. 그렇다면 권력을 가진 리더들의 사과는 과연 어떨까? 네이버와 구글에서 한국과 미국의 역대 대통령 이름과 '사과'라는 단어를 함께 검색해보았다.

이 통계에서 눈에 띄는 것은 이명박 대통령과 오바마 대통령은 임

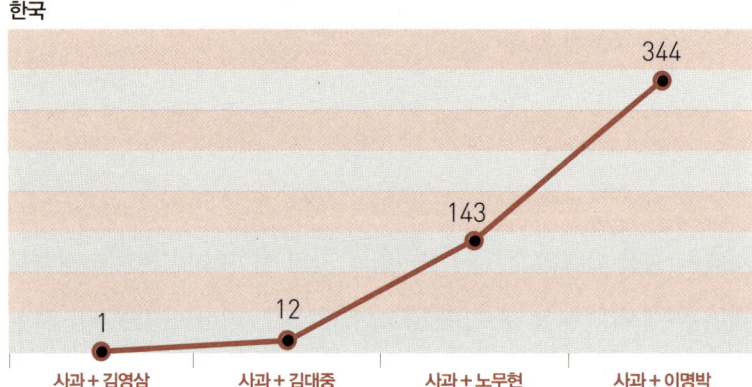

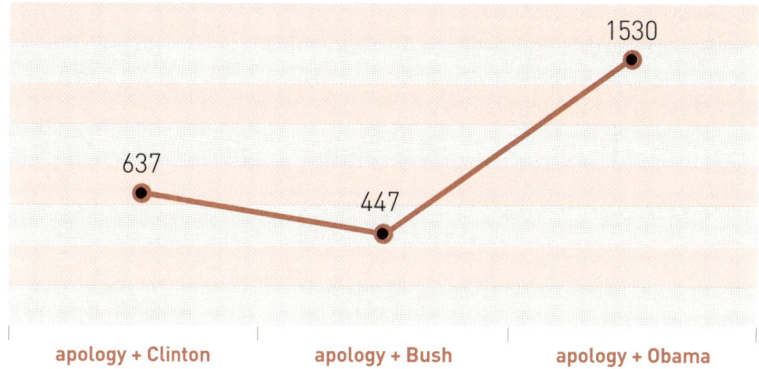

한국의 기사 검색은 네이버의 뉴스 검색 기능 중 헤드라인 검색을 기준으로 했으며, 미국의 기사 검색은 구글의 뉴스 검색 기능을 사용했다. 검색 일자는 2010년 4월 18일이다.

기를 마치지도 않은 상황인데, 이전 대통령을 압도하는 분량의 사과 관련 기사가 검색된다는 사실이다. 이는 시민들이 대통령에게 공개사과를 요구하는 경우와 실제로 대통령이 사과한 경우, 대통령의 사과에 대한 논란 등이 그만큼 사회적으로 중요한 이슈가 되고 있음을 반영한다. 이처럼 양적인 측면에서도 힘 있는 리더들의 사과는 21세기에 들어서면서 각별히 중요해지고 있다.

단언컨대, 사과는 리더의 언어다. 이는 단순히 그럴듯한 명제가 아니다. 리더에게 사과는 도덕적 담론을 넘어 이 시대를 현명하게 살아가기 위해 반드시 필요한 실질적인 '도구'가 되었다는 뜻이다. 오바마 대통령은 이렇게 말한다. "책임의 시대에는 실수를 하지 않는 것이 미덕이 아니라, 실수를 깨끗하게 인정하고 다시는 같은 실수를 하지 않도록 주의하는 것이 미덕이며, 우리는 그렇게 할 것이다."

미국의 가장 위대한 리더십 코치로 손꼽히는 마셜 골드스미스(Marshall Goldsmith)는 단언한다. "나는 사과가 인간이 만들어낼 수 있는 가장 신비한 마술이고, 치료법이며, 회복의 힘을 가진 행위라고 생각한다. 더 나아지기를 원하는 리더들과 일할 때, 사과는 그 중심에 있다." '경영의 구루'로 불리는 톰 피터스(Tom Peters) 역시 최근 저서에서 사과의 '전략적 중요성'을 강조한다.[4] 적절한 시기에 이루어지는 진심 어린 사과가 조직을 이끄는 리더의 가장 중요한 전략이라는 것이다.

사과의 중요성을 언급할 때 로버트 치알디니(Robert Cialdini)를 언급하지 않을 수 없다. 현존하는 사회심리학자 중 가장 많이 인용되고 있는 그는 세계적인 베스트셀러 《설득의 심리학Influence》의 저자이기도 하다.

설득의 여섯 가지 원칙을 다루고 있는 이 책에서 치알디니는 다른 사람을 설득하기 위해서는 '권위'가 심리적으로 매우 중요하다고 역설하면서 권위를 세우기 위해서는 다음 두 가지가 꼭 필요하다고 주장한다. 하나는 전문적인 지식이고, 또 하나는 신뢰다. 신뢰를 잃게 되면 리더의 권위는 무너질 수밖에 없다. 그런데 신뢰가 현실 속에서 표현되는 중요한 순간은 바로 '리더가 자신의 약점을 어떻게 커뮤니케이션하는가'에 달려 있다는 것이다. 리더는 자신의 약점을 숨기기보다는, 남이 지적하기 전에 먼저 스스로 얘기해야 신뢰와 권위를 동시에 세울 수 있다고 저자는 말한다. 사과란 바로 자신의 실수나 잘못에 대해 상대방과 커뮤니케이션하는 '신뢰 리더십의 언어'인 것이다.

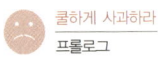

리더가 '사과의 힘'을 무시해도 괜찮은 경우는 두 가지다. 하나는 앞으로 살아가면서 실수나 잘못을 할 가능성이 거의 없거나, 또는 실수나 잘못을 저지르더라도 다른 사람들에게 노출될 가능성이 없는 경우다. 당신이 그런 완벽한 리더가 아니라면 적절하게 사과하는 법을 배우는 편이 훨씬 현명한 적약(適藥)이다.

필자들이 연구한 결과를 바탕으로 사과에 대한 세 가지 전제를 정리하면 다음과 같다. 첫째, 사람은 살아가면서 실수나 잘못을 반복하며 살아간다. 둘째, 리더는 자신의 실수나 잘못은 물론 다른 사람의 실수나 잘못까지 책임져야 할 때가 많다. 셋째, 21세기는 실수와 잘못이 더욱 투명하게 노출되는 시대다.

사회 각 분야의 리더들이 대중을 상대로 자신의 실수나 잘못을 감추기 위해 거짓말을 하는 것은 더더욱 힘들어졌다. 많은 사람들이 24시간 사진기를 가장 가까이, 심지어 잠자리에 들 때에도 휴대하고 있는 시대다. 과거에는 소수의 엘리트 기자들의 취재망만 따돌리면, 리더들의 실수나 잘못이 세상에 알려지는 것을 막을 수 있었다. 지금은 세상이 달라졌다. 일거수일투족을 시민사회가 지켜보고 있다는 말이다.

이 세 가지 전제를 받아들인다면, 톰 피터스의 지적처럼 사과는 리더에게 '전략적으로' 매우 중요하다. 실수나 잘못을 저질렀을 때 리더가 할 수 있는 최선의 반응은 바로 진심 어린 사과와 함께 개선책을 내놓는 것이기 때문이다. 10년 넘게 기업의 위기 현장에서 컨설팅을 하고, 학계의 연구 결과를 분석한 필자들의 결론 역시 일치

한다. 최고의 '위기관리 언어'는 바로 사과다. 더군다나 실수나 잘못이 투명하게 노출되는 21세기를 살아가는 우리에게 그 전략적 중요성은 더욱 커졌다. 사과의 과학이 밝혀내는 '사과의 기술'에 대해 우리가 주목하는 까닭도 여기에 있다. 자신의 실수와 잘못을 인정하고 쿨하게 사과할 줄 아는 성숙한 자아를 가진 리더만이 살아남는 시대. 훗날 '사과의 역사'는 다음과 같이 기억될 것이다.

"사과, 19세기와 20세기 '루저(loser)'의 언어에서 21세기 '리더(leader)'의 언어로 부상하다."

PART 1

우리가
사과할 때
알아야 할
모든 것

"영국 항공에서 알려드립니다.
비정상적 연착으로 불편을 드려 죄송합니다.
곧 다시 정상적인 연착이 재개될 것입니다."

chapter 1
'미안해'는
사과가 아니다

"난 당신이 미안하다고 말해주길 원하는 게 아녜요.
당신이 미안하다고 느끼는 것을 원하지."
— 〈뉴요커〉 2008. 12. 15. 바바라 스몰러 Barbara Smaller의 카툰

"첫 데이트에서 '사랑합니다' 라고 말하는 것의 의미가
무엇일까를 따지는 것처럼, 우리는 '미안합니다' 라는 말의 의미도
제대로 따져봐야 한다."[1]
— 닉 스미스 Nick Smith, 《사과의 의미 / Was Wrong: The Meaning of Apologies》의 저자

"김태호 12번, 신재민 14번, 조현오 27번 '죄송'." 2010년 8월 이명박 정부의 개각에 따른 국회 인사 청문회에서 후보자들이 '죄송하다' 또는 '미안하다' 라는 표현을 연발한 것을 두고 한 신문이 쓴 기사 제목이다. 당시 언론은 이 청문회를 '사과 청문회' 또는 '죄송 청문회'라고 불렀다.

언론의 이러한 표현은 우리 사회의 사과에 대한 잘못된 이해를 단적으로 보여준다. 만약 '미안하다' 라는 말이 사과로 받아들여질 만한 것이었다면, 후보자들이 열 번, 스무 번 머리를 조아리며 이런 말을 했을 때, 이를 보는 국민들의 분노와 실망은 어느 정도 가라앉아야 한다. 하지만 이들의 반복되는 말은 국민의 용서는커녕 오히려 짜증과 분노만 불러일으키는 역효과를 가져왔다. 진심이 담기지 않은 사과, 이 순간만 모면해보려는 사과, 추후 대책은 없는 사과를 국민들이 대번에 간파했기 때문이다. 결국 김태호, 신재민 후보자를 포함한 세 명이 중간에 낙마했다.

청문회에서 '미안하다'를 연발하는 장관 후보자들을 놓고 '사과한다'고 평가하는 언론도 문제지만, 겉만 번드르르한 사과를 연발하는 후보자들의 태도도 꼴사납다. 사과에 대한 가장 큰 오해는 바로 '미안하다(I am sorry)'를 사과의 전부로 착각하는 것이다. '미안해'는 미안하다는 감정을 표현하는 수단일 뿐이다! 즉 유감의 표시

이자, 사과의 '시작점'이다.

뉴욕 주에서 변호사로 활동하다가 뉴햄프셔 대학의 철학 교수로 변신해 사과에 대한 철학적 연구를 수행하고 있는 닉 스미스 교수는 우리가 일상적으로 사과를 주고받고 있다고 생각하지만, 실은 사과가 무엇인지도 잘 모르며 깊은 혼란에 빠져 있다고 지적한다.[2]

현실적으로 '사과의 정석'을 배우려면 사과의 다양한 표현을 익히는 것이 가장 중요하다. 사과를 제대로 하거나 받으려면 사과의 연장통(tool box)에는 어떤 '도구(사과의 표현)'들이 들어 있는지를 먼저 알아야 하기 때문이다.

사과가 갖추어야 할 6가지 충분조건

'사과'에 대한 노래 중 가장 널리 알려진 곡은 영국의 팝가수 엘튼 존의 '미안하다는 말은 가장 힘든 말인 것 같아(Sorry seems to be the hardest word)'일 것이다. 1976년에 발표돼 30여 년이 지난 지금도 널리 사랑받고 있는 이 곡은 엘튼 존이 직접 가사를 쓰고, 그의 단짝인 작사가 버니 토핀이 마무리를 해준 몇 안 되는 곡으로 알려져 있다.

'미안하다'는 말이 힘들다고 노래한 사람은 엘튼 존만이 아니다. 위대한 뮤지션인 피터 세트라와 데이비드 포스터가 함께 만들고, 록그룹 시카고가 1982년에 불러, 그해 9월 2주간 빌보드 차트 1위를 차지한 명곡 '미안하다고 말하긴 힘들어(Hard to say I'm sorry)' 역시 마찬가지다.

정말 '미안해'는 가장 힘든 말일까? 그렇지 않다. 사과의 다양한 표현 중에서 어쩌면 가장 하기 쉬운 표현인지도 모른다. 실제로 〈인터내셔널 헤럴드 트리뷴〉은 2006년 9월 한 주말판에서 엘튼 존의 노래 제목을 비틀어 '미안하다는 말은 더 이상 가장 어려운 말이 아니다(Sorry is no longer the hardest word)'라는 제목의 기사를 게재했다. 당시 정치인들이 곤란한 상황을 돌파하기 위해 잇따른 사과를 한 것을 두고 그렇게 표현했던 것이다. '미안해'보다 더 힘든 사과는 무엇일까? 우리는 얼마나 다양한 사과의 언어를 가지고 있을까?

심리학자와 언어학자들은 전 세계에서 쓰이는 사과 표현에 대해 연구해왔다. 사과의 내용과 방식에 대한 가장 흥미로운 연구는 '문화 간 화행실현 프로젝트(Cross-Cultural Speech Acts Realization Project, 일명 CCSARP)'다. 이 연구는 다양한 문화권에서 공통적으로 발견되는 사과의 표현 패턴을 찾는 대규모 프로젝트였는데, 연구자들은 미안한 마음을 진실하게 표현하고 용서를 구하기 위한 다섯 가지 사과 표현군이 여러 문화권에서 공통적으로 발견된다는 사실을 알아냈다.

한편 심리학자인 게리 채프먼(Gary Chapman)과 제니퍼 토머스(Jennifer Thomas) 역시 2006년에 출간한 《사과의 다섯 가지 언어 The Five Languages of Apology》에서 사과를 위한 다섯 가지 표현을 제시하고 있다. 흥미롭게도 두 연구에서 제시하는 사과 표현 다섯 가지 중 네 가지가 서로 일치하는데, 종합하면 다음과 같이 여섯 가지로 정리할 수 있다.

첫 번째, 앞에서 살펴본 바와 같이 흔히 사과할 때 '미안해' 혹은 '죄송합니다', '실례합니다'라는 말을 자주 하는데, 이는 정확히 이야기하면 유감(regret)의 표현이지 완전한 사과는 아니다. 게리 채프먼과 제니퍼 토머스는 '미안해'라는 말 뒤에 '하지만', '다만' 같은 말을 덧붙이지 말라고 충고한다. 예를 들어 '미안해. 하지만 네가 약속을 너무 촉박하게 잡았잖아'라는 표현은 사과라기보다는 비난에 가깝다는 것이다. 당연히 역효과를 부른다. 따라서 사과의 앞뒤로 변명은 붙이지 않는 것이 좋다.

두 번째, 미안하다고 이야기할 때는 '무엇이 미안한지'를 구체적으로 표현해야 한다. 예를 들어, 그냥 "미안해"라는 말보다는 "내가 약속을 까먹는 바람에 널 기다리게 해서 미안해"라는 말이 더 효과적이다. 구체적인 사과는 자신이 무엇을 잘못했는지 정확하게 인식하고 있다는 것을 보여주기 때문이다. 따라서 "이유는 모르겠지만, 내가 기분 나쁘게 했다면 미안해"라는 표현은 사실 '자신이 뭘 잘못했느냐'는 얘기이므로 진정한 사과가 아니다.

세 번째, 유감 표현을 넘어서서 자신의 책임을 인정한다는 뜻으로 "내가 잘못했어(또는 실수했어)"라고 명확히 표현해야 한다. 사과를 연구하는 학자들에 따르면, 사과가 제 기능을 하기 위해서는 두 가지 요소가 필요한데, 하나는 발생한 사건에 대한 유감 표명이고, 다른 하나는 책임 인정이다. 종종 잘못한 사람은 사과했다고 하는데, 상대방은 사과를 받지 못했다고 하는 경우가 있다. 이 같은 견해 차이는 주로 사과에 책임 인정이 포함되지 않았기 때문이다. 유감 표명에만 그치지 않고 자신의 실수를 명확하게 인정하는가의 문제는 사과의 진정성과 매우 밀접하게 연관돼 있다.

네 번째, 사과를 할 때 앞으로 같은 문제가 발생하지 않도록 하겠다는 개선의 의지나 보상 의사를 표현해야 한다. 예를 들어 "내가 어떻게 하면 조금이라도 (당신의) 화난 마음을 풀어줄 수 있을까?"라고 말하거나, 회사 일로 가족들과 함께 시간을 보내지 못한 아버지가 가족들에게 "미안해. 앞으로 한 달에 두 번은 꼭 가족들과 함께 시간을 보내도록 할게"라고 실행 계획을 약속한다면 '미안해'라는 말에 그치는 것보다 훨씬 효과적이다.

다섯 번째, 사과를 할 때는 재발 방지를 약속해야 한다. 기업이 사과문을 내면서 "다시는 이런 일이 발생하지 않도록 최선을 다하겠습니다"라고 적는 것이 그 예다. 주의해야 할 점은 동일한 실수를 반복했을 때 이런 표현은 오히려 무책임한 말로 들릴 수 있다는 것이다.

마지막으로, 쉽지 않은 일이지만 용서를 청해야 한다. 말 그대로 "나를 용서해주겠니?"라고 표현하는 것인데, 이는 가장 어려운 사과 표현이며, 특히 자존심 강한 사람에게는 더욱 그렇다. 게리 채프먼과 제니퍼 토머스는 사과를 할 때 용서를 청하는 것이 어려운 이유를 세 가지로 설명한다. 용서를 청함으로써 상황에 대한 통제권을 잃을 수 있다는 두려움, 상대방이 나를 용서하지 않을지도 모른다는 두려움, 그리고 자신이 '잘못을 저지른 실패한 인간'으로 낙인찍히는 듯한 두려움 때문에 사람들은 차마 용서를 구하지 못한다고 한다. 그러나 우리 모두가 잘 알듯이, 용서를 구하는 사람만이 진정한 용서를 받을 수 있다.

용서받는 사과는 따로 있다

앞에서 사과가 갖추어야 할 여러 가지 표현 방법에 대해 살펴보았다. 그렇다면 각각의 표현들은 얼마나 효과적일까? 다시 말해 어떤 표현을 사용했을 때 상대방에게 사과의 마음을 가장 효과적으로 전달하고 용서를 이끌어내게 될까?

스티븐 셔(Steven J. Scher) 교수는 프린스턴 대학에서 존 달리(John M. Darley) 교수의 지도를 받아 박사논문 주제로 '사과에 대한 연구'를 수행하면서 뉴욕 주립대학의 학생 32명(이 중 75퍼센트는 여성)을 대상으로 흥미로운 실험을 했다. 그 연구 결과를 다룬 그의 논문은 〈심리언어학 연구 저널 Journal of Psycholinguistic Research〉에 실렸다.[3] 그는 앞에서 소개한 사과의 표현 중 대표적인 네 가지를 골라 각 표현의 조합으로 사과를 했을 때 사람들이 그것을 얼마나 진심으로 받아들이는지 (연구자들은 그것을 '사과의 효과'라고 표현했다) 살폈다.

실험 참가자들에게는 다음과 같은 상황을 제시했다. "랠프는 취업 인터뷰를 앞두고 있는 친구에게 필요한 정보를 오후 2시 이전에 전화로 알려주기로 약속했습니다. 그런데 랠프는 약속을 깜빡 잊어버리고, 며칠이 지나서야 친구에게 전화를 하게 됩니다." 그런 다음 실험 참가자들을 피해자인 랠프의 친구라고 가정하고 랠프가 전화에서 할 수 있는 표현이 다른 여덟 가지 사과를 들려준 뒤 실험 참가자들의 반응을 측정했다. 여덟 가지 사과문은 다음과 같은 네 가지 표현 방식을 활용해 만들었다.

유감의 표현: "지난번 전화로 정보를 알려주기로 해놓고, 잊어버린 거 정말 미안해."

책임의 표현: "내가 잘못했다는 것을 잘 알고 있어."

재발 방지를 약속하는 표현: "앞으로는 이런 일이 일어나지 않도록 주의할게."

개선책을 제시하는 표현: "조금이라도 너를 위해 내가 할 수 있는 일이 있다면 알려줘."

모든 사과문에 유감의 표현인 "지난번 전화로 정보를 알려주기로 해놓고, 잊어버린 거 정말 미안해"라는 문장이 들어가지만, 나머지 표현들은 넣기도 하고 빼기도 해서 모두 여덟 가지 사과문을 만들어낸 것이다.

실험 참가자들은 다양한 사과문 유형에 대해 각각의 사과가 얼마나 적절했는지, 랠프가 미안해하는 마음이 얼마나 충분히 느껴졌는지, 사과를 들은 후 랠프를 비난하고 싶은 마음은 어느 정도인지, 앞으로 랠프를 친구로서 가까이 하고 싶은지 아닌지, 친구로서 랠프를 얼마나 신뢰하는지, 끝으로 랠프가 남을 얼마나 배려하는 사람인지를 5점 척도로 평가해달라는 요청을 받았다.

스티븐 셔의 실험 결과는 사과에서 '표현'이 얼마나 중요한지를 여실히 보여주었다. 모두 미안하다는 표현이 들어 있었지만, 어떤 말이 붙었는가에 따라 피해자가 사과를 받아들이는 정도는 매우 달랐다. 즉 유감 표명으로 그치지 않고 자신의 책임임을 진심으로 표현하고, 재발 방지를 약속하고, 개선책을 제시할수록 상대방의 부정적 인식은 크게 줄어들었다. 특히 책임감을 표현하지도 않고 개선책을 제시하지도 않았을 경우 실험 참가자들은 랠프의 사과를 가장 적절하지 않은 사과로 평가했다. 두 가지 중 하나라도 포함되면, 랠프를 비난하거나 처벌해야 한다고 주장하는 목소리는 크게 줄어들었다. 물론 책임의 표현과 재발 방지 약속, 개선책 제시가 모두

들어 있을 경우 사과의 효과는 가장 컸다.

혹시 배우자나 친구와 말다툼을 하다가 "그래서 내가 미안하다고 했잖아!"라는 말을 들어 본 사람이라면, 이러한 결과를 이해하기가 더 쉬울 것이다. 심리학자인 게리 채프먼과 제니퍼 토머스는 부부 상담을 하다 보면 "한 사람은 분명히 사과를 했다고 주장하는데, 상대방은 전혀 동의하지 않는 경우를 흔히 볼 수 있다"고 말한다. 개선책을 제시하지 않으며 책임감조차 없이 유감만 표현하는 사과는 사과로 받아들여지지 않는다는 것이다.

이 같은 예는 개인 관계에서뿐만 아니라 정치·사회적 이슈에서도 자주 목격된다. 2008년 정부의 종교 편향 이슈와 관련해 이명박 대통령은 국무회의를 통해 "본의는 아니겠지만, 일부 공직자가 종교 편향에 대한 오해를 불러일으킬 수 있는 언행이 있어서 불교계가 마음이 상하게 된 것을 심히 유감스럽게 생각한다"라고 말했다. 이를 놓고, 청와대 측에서는 깊은 유감 표명을 했다고 자평했고, 불교계는 미흡하다며 사과를 받아들이지 않아 양측의 입장 차를 드러냈다.

청와대가 대통령 발언에 대해 '유감 표명'을 했다고 표현한 것은 문자 그대로 해석하면 맞는 말이다. 실제로 대통령은 '심히 유감스럽게 생각한다'고 했으니 말이다. 하지만 유감 표명 앞에 '본의는 아니겠지만'이나 '오해를 불러일으킬 수 있는 언행'이라고 말함으로써, 그것이 상대방의 오해인 것처럼 표현했으니, 불교계는 그것을 진심 어린 사과로 받아들이기 힘들었을 것이다. 전형적인 '반쪽짜리' 또는 '정치적' 사과라 할 수 있다.

누구에게나 사과는 힘든 말이다. 인간은 '미안해'라는 말 한마디를 뱉기도 힘들 만큼 '자존심 강한 존재'이기 때문이다. 그래서 사랑하는 사람, 경쟁 관계에 있는 사람, 함께 일하는 부하직원, 그리고 국민에게 '미안합니다'라는 말 한마디 하기가 그렇게 힘든 것이다. 그럼에도 용기를 내어 미안하다는 말을 하기로 결심했다면, "미안합니다"로 그치지 말고, 무엇이 미안한지, 그 책임은 누구에게 있는지, 재발 방지를 위해 앞으로 어떻게 할 것인지를 구체적으로 표현해야 한다. 그것이 현명한 사람이 가져야 할 사과의 기술이다. '미안해'는 '반쪽짜리 사과'이며, 당연히 피해자를 만족시킬 수 없다.

사과를 연구하는 학자들이 우리에게 전하는 메시지는 간결하다. "'미안해'는 사과의 필수조건이지 사과의 충분조건은 아니다. 상대방의 마음을 움직이는 사과를 하고 싶다면 사과의 충분조건을 마저 채워라. 그것이 진정한 리더의 자존심이다."

여기, 내게 사과할 게 있는 자들의 명단을 남기나니……

chapter 2

때론 느리게 때론 빠르게, 사과는 타이밍이다!

"타이밍을 잘 잡아야 해. 그래야 사과도 한 방에 끝나지."

— 이기호의 소설 《사과는 잘해요》에서

"성공하는 사람은 '그 순간'을 포착하는 사람이다"라는 격언이 있다. 타이밍이 중요하다는 얘기다. 다른 사람에게 말을 건네거나 전화를 할 때, 집이나 물건을 사고팔 때, 신제품을 내놓을 때, 타이밍은 더없이 중요하다. 주식 거래는 말할 것도 없고, 부서나 직장을 옮길 때에도 적절한 타이밍은 성공의 필수요소다.

사과를 할 때도 타이밍은 각별히 중요하다. 아무리 적절한 어휘를 선택해 사과를 한다고 해도, 타이밍이 적절하지 못하면 진심을 전할 수 없다. 타이밍은 사과를 완성하는 필수요소 중 하나다.

사과도 숙성 기간이 필요하다

《칭찬은 고래도 춤추게 한다》로 우리에게 잘 알려진 켄 블랜차드(Ken Blanchard)가 마가렛 맥브라이드(Marget Mcbride)와 함께 쓴 《진실한 사과는 우리를 춤추게 한다 The One Minute Apology》라는 책에 "사과는 빠를수록 좋다"라는 말이 나온다. 정말 그럴까? 사과의 과학은 '그렇지만은 않다!'고 밝힌다. 때론 다소 늦은 '사과'가 더 달고 맛있을 수도 있다는 얘기다.

심리학자인 신시아 프란츠(Cynthia McPherson Frantz)와 커트니 베니그손(Courtney Bennigson)은 2005년 〈실험사회심리학회지 Journal of

Experimental Social Psychology〉에 〈빠른 것보다 늦은 것이 낫다Better Late than Early〉라는 논문을 발표했다.[4] 사과의 타이밍이 사과의 효과에 미치는 영향을 다룬 논문이다. 저자들은 앰허스트 칼리지의 대학생 82명(여성 47명, 남성 35명)을 대상으로 사과의 타이밍에 대한 실험을 실시했다. 실험 참가자들에게 동일한 시나리오를 주고, 피해자의 입장이 되어 설문에 응하도록 했는데, 제시된 시나리오를 요약하면 다음과 같다.

주초에 당신은 친구인 크리스와 약속을 했다. 금요일 저녁에 보고 싶었던 영화를 빌리고, 캠퍼스에서 열리는 파티에 가기로 한 것이다. 크리스는 금요일 오후에 야구 경기를 하고 9시경에 돌아올 예정이라 당신은 기숙사에서 크리스를 기다리고 있는 중이다. 금요일 저녁 8시 30분쯤, 친구들이 다른 곳에서 열리는 파티에 함께 가자고 한다. 캠퍼스 파티보다 더 재미있을 것 같지만, 크리스와 한 약속을 깰 수 없어 당신은 거절한다. 그런데 크리스는 밤 10시 30분이 넘도록 돌아오지 않는다. 당신은 '무언가 잘못되었다'고 생각하고, 크리스를 기다리는 것을 포기한다. 그런데 다음 날 당신은 친구들로부터 전날 밤 파티장에서 크리스를 보았다는 이야기를 듣게 된다. 바로 당신이 크리스와의 선약 때문에 포기했던 그 파티에서 말이다. 화가 난 당신은 크리스에게 전화를 건다.

실험 참가자들은 '자신이 친구만 믿고 기다린 사람의 입장이었다면 어떻게 느꼈을지'에 대해 일곱 가지 감정(분노, 이해, 실망, 용서, 만족, 분개, 신경질)을 나타내는 단어들을 이용해 표현하도록 했다. 그 결과 실험 참가자들이 느끼는 감정의 수준은 대체로 비슷했다. 그런 다음 세 그룹으로 나누어, 크리스와 나누었을 법한 전화 내용을 적은 대본을 보여주었다.

먼저 두 가지 대본은 크리스가 사과하는 내용이 담겨 있되 그 타이밍만 달랐다. 하나는 대화를 시작하자마자 사과를 받는 경우이고, 두 번째는 실망감 등의 감정을 크리스에게 표출하고 나서 사과받는 경우였다. 이 경우 크리스는 당신이 두 시간 가까이 기다렸다는 점, 더 좋은 파티에 갈 기회가 있었음에도 불구하고 이 약속 때문에 가지 않았다는 점, 과거에도 크리스가 약속을 지키지 않은 적이 있었다는 점 등의 불만을 듣는다. 그런 후에 당신이 왜 화가 났는지를 이해한다고 말하면서 "미안하다"고 사과한다. 그리고 나서 크리스는 자신이 왜 약속을 잊어먹었는지 등에 대해서 설명하고는 수업에 가야 한다며 전화를 끊는다. 세 번째는 아예 사과가 없는 경우였다.

세 가지 대본을 읽고 나서 실험 참가자들은 처음에 사용했던 일곱 가지 단어를 활용하여 자신의 감정 상태를 다시 표현했다. 실험 결과는 사과의 타이밍에 따른 뚜렷한 차이를 보여주었다. 크리스와 통화한 후 감정 상태가 가장 큰 폭으로 나아진 것은 사과를 늦게 받았을 경우였고, 두 번째는 사과를 빨리 받았을 경우였다. 사과를 아예 받지 못한 경우에는 통화 후 감정 상태가 더욱 악화되었다.

이 실험 결과가 우리에게 들려주는 메시지는 잘못을 저질렀을 때 상대방이 자신의 분노를 충분히 표현할 기회를 준 후에 사과를 하는 것이 더 적절하다는 것이다. 자신을 '피해자'라고 생각하는 사람이 미처 화를 내기도 전에 먼저 사과를 하는 것은 그저 사건을 빨리 정리하고 끝내려는 듯한 인상을 준다. 한번 상상해보라. 친구 녀석이 내 뒤통수를 한 대 치더니 바로 "미안해!"라고 사과한다면 얼마나 얄밉겠는가!

프란츠와 베니그손에 따르면, 피해자가 상대방을 용서하기 위해서는 분노 감정을 식힐 시간이 필요하다. 일종의 '분노 숙성 단계'가 필요하다는 의미다. 그런 다음 상대방에게 '내가 왜 화가 났으며, 얼마나 화났는지' 드러내고, 상대방이 내 마음을 충분히 이해했다는 점을 스스로 인식한 다음에야 사과를 받아들일 수 있다. 그렇지 않은 상태에서 건네는 사과는 언제나 불충분하다. 이 전제가 갖추어져야만 비로소 사과를 받아들일 마음의 상태가 만들어진다.

우리 정치인들의 크고 작은 사건에서도 이런 상황을 종종 목격하게 된다. 지난 대선 당시에 김종필이 이명박 대통령을 지지했음에도 불구하고, 이후 별다른 예우를 받지 못하자 서운해했다는 기사가 실린 적이 있다.[5] 그 기사는 청와대 측에서 화해를 모색했으나 이번엔 김종필이 아직 '꿍' 한 상태라 적었다. 이처럼 자신의 서운함이나 분노를 상대방에게 충분히 표시하지 못한 경우, 사과 자체를 받아들일 수 없는 상태가 되는 것이다.

그렇다면 항상 상대방에게 시간을 주고 왜 화가 났는지 듣고 나서 사과를 해야 할까? 당연히 그렇지 않다. 예를 들어보자. 붐비는 지하철 안에서 당신이 누군가의 발을 밟았다고 치자. 혹은 카페에서 누군가의 옷에 커피를 쏟았다고 치자. 이때는 재빨리 사과하는 게 최선이다. 아론 라자르는 《사과 솔루션 On Apology》이라는 책에서

"우연히 발생한, 개인적이지 않은 사건이나 심각하지 않은 사건에서는 빨리 사과를 하라"고 조언한다. 《효과적인 사과Effective Apology》를 쓴 존 카도(John Kador) 역시 타이밍에 대해 비슷한 견해를 가지고 있다. 즉 사건이 덜 심각한 경우에는 즉시 사과하고, 심각한 사건일수록 때로는 '분노를 식히는 시간'이 필요하다고 조언한다.[6]

여기서 우리는 라자르의 구분에 동의하면서 한 가지를 덧붙이고자 한다. 즉 내가 실수(혹은 잘못)를 저지른 시점부터 이를 깨달은(또는 사과하기로 결심한) 시점까지의 시간이 짧을 경우(남의 발을 밟은 경우처럼)에는 빨리 사과하는 것이 좋고, 두 시점 사이의 시간이 긴 경우(예를 들어 약속을 잊어버렸다가 나중에야 깨달은 경우)에는 먼저 상대방의 감정을 듣고 이해하는 시간을 가진 뒤 사과하는 것이 적절하다. 이러한 시간을 함께 가지면 사과가 더 효과적일 뿐 아니라, 감정의 앙금도 사라져 더 나은 인간관계를 맺을 수 있다.

또 다른 관점에서 보면 대중을 향한 공개적인 사과는 대개 빠른 사과가 적절하며, 개인적인 사과는 '적절히 늦춰진 상태'에서 하는 것이 더 효과적이다. 여기서 빠른 사과를 '성급한' 사과와 혼동해서는 안 된다. 자신의 잘못인지 아닌지 확인하지도 않은 상태에서 성급하게 사과부터 하며 보상책까지 논의하는 것은 피해야 한다. 사과란 가해자가 자신의 잘못을 제대로 인식했을 때 가능한 것이다. 사실을 확인하는 동안 유감 표시를 할 수는 있다. 이때는 "이런 불상사가 생겨 유감입니다. 무엇이 잘못되었는지 바로 확인해보도록 하겠습니다" 정도가 적절하다.

마찬가지로 늦은 사과를 단순히 타이밍을 늦추는 사과로 생각해서도 안 된다. 늦은 사과의 타이밍에서 가장 중요한 것은 잘못을 저지른 사람이 상대방이 받은 상처에 대해 충분히 경청하고 이해하는 과정을 거쳤는가 하는 점이다. 참고로, 사과를 연구한 사회학자인 니콜라스 타부치스(Nicholas Tavuchis)는 사과의 타이밍을 고려하는 조건으로 잘못의 심각성, 잘못을 가려내는 데 걸린 상대적 또는 절대적 시간, 사과에 대한 요구, 가해자와 피해자의 반응과 결과 등을 들고 있다.7 다시 말해, 사과의 타이밍을 판단할 때는 상황에 따른 다양한 요소들을 고려해야 한다는 의미다. 한 가지 룰로 사과의 타이밍을 결정하기엔, 인간의 대뇌가 너무 복잡하다.

미국의 소설가 글로리아 네일러(Gloria Naylor)는 "친구가 된다는 것은 타이밍의 기술을 아는 것과 같다"라고 말했다. 진정한 친구라면 개입해야 할 때와 개입하지 말아야 할 때를 가려야 한다는 의미다. 사과의 기술 역시 타이밍의 기술이다. 사과의 타이밍이란 결국 상대방의 감정에 대한 배려에서 시작된다.

최악의 순간에 이뤄진 공개 사과 3장면

1984년 노벨 평화상을 수상한 데스몬드 투투(Desmond Mpilo Tutu) 대주교는 타이밍의 중요성과 관련하여 다음과 같이 말한 바 있다. "진정한 리더는 양보해야 할 때, 타협해야 할 때, 전쟁을 승리로 이끌기 위해 패배 전술을 써야 할 때가 언제인지 알고 있다." 진정한 리더는 양보만이 아니라 사과의 타이밍에 대해서도 잘 알고 있다. 예컨대

"침묵은 금이다"라는 격언이 사과에 있어서는 득(得)보다 독(毒)이 될 수도 있다. 특히 다수의 사람을 향한 공개 사과(public apology)의 타이밍을 고려할 때 이 격언은 잊어버리는 것이 좋다. 자신의 잘못이 명백한 상황에서 침묵으로 일관하며 사과를 미루는 것은 우물쭈물하다가 자살골을 넣는 수비수의 운명과 같다. 스스로 문제를 해결할 수 있는 마지막 기회마저 영영 놓칠 수 있음을 명심해야 한다.

앞서 사과의 타이밍을 설명하면서, 피해를 당한 사람이 분노 감정을 충분히 표현할 기회를 주고 나서 '늦게' 사과하는 것이 더 효율적이라는 실험 결과를 인용했다. 하지만 이것은 주로 친구나 동료 등 개인 간의 사과(personal apology)에서 통한다는 점을 잊지 말아야 한다.

대중에 대한 공개 사과와 개인 간의 사과는 공유하는 성격이나 원칙이 많음에도 불구하고 뚜렷이 구분되는 특징이 있는데, 바로 타이밍이다. 결론부터 이야기하면, 대중에 대한 공개 사과의 경우 침묵보다는 공개가 낫고, 잘잘못을 따지지 않은 상태에서 무조건 사과하는 것은 피해야 하지만, 그렇다고 사과의 타이밍을 늦춰서는 절대 안 된다. 국내외에서 실제로 있었던 사례를 통해 공개 사과의 타이밍에 대해 좀 더 구체적으로 살펴보자.

먼저 유명인들이나 정치인들이 자주 범하는 '사과의 타이밍을 놓치는 경우'를 생각해보자. 최근 방송에 복귀한 전 SBS 아나운서 정지영은 2006년 본인이 혼자 번역한 것으로 알려졌던 《마시멜로 이야기*Don't Eat the Marshmallow… Yet!*》가 실은 '대리번역'이라는 주장이 제기되면서 커다란 곤경에 처했다. 이 사건으로 인해 정지영은 한동안 방송 활동을 접어야 했고, 자신이 받은 번역 인세 8천여만 원을 모두 사회에 환원했다. 결국 법원으로부터 대리번역 의혹에 대해 무혐의 판결을 받았지만, 지금 이 책은 정지영 단독 번역이 아니라 공역자의 이름과 함께 인쇄돼 판매되고 있다.

당시 한 주요 일간지는 '정지영 씨 오랜 침묵이 사태 키웠다'[8]라는 제목으로 이 기사를 다루었다. 이 사건은 공개 사과의 타이밍이 얼마나 중요한지를 보여주는 사례다. 정지영과 소속사는 의혹 제기에서부터 공식 입장 발표까지 무려 8일을 허비했다. 당시 정지영이 나쁜 의도를 가지고 입장 표명을 늦춘 것으로 보이지는 않는다. 출판사와 입장 정리를 하느라, 또는 두려워서 그랬을 수도 있다. 하지만 나중에 본인 스스로 "이미 많이 늦었다"라고 할 정도로 사과의 타이밍을 놓치는 큰 실수를 저질렀다. 일주일이 넘도록 침묵하며 소극적으로 반응하는 사이 의혹과 소문은 더욱 부풀었고, 관심을 가지고 지켜보는 대중들의 분노도 커져갔다.

유명인이나 정치인들에게 사과 타이밍의 실패가 치명적인 이유는 그러는 사이 의혹이 눈덩이처럼 커지면서 사태를 더욱 심각하게 만들기 때문이다. 명확하지 않은 상태는 무수한 의혹을 낳고 나쁜 여론을 조성한다. 결국 처음의 실수가 더 큰 실수를 낳으며 당사자를 곤경에 빠뜨리게 된다. 사태를 빠르게 잠재우는 방법은 직접 유감을 표명하고 추후 상황에 대처하는 것이다.

1989년 3월 24일 알래스카 해안에서 발생한 엑손 발데즈(현재 이름은 엑손 모빌)의 유조선 원유 유출 사고는 최악의 위기관리 사례로 꼽힌다. 기름을 걷어내고 정화하는 데에만 미화 25억 달러가 들어갔으며, 한 자료에 따르면 이 사건으로 인해 200만에 이르는 어류와 해안 동물이 죽었다고 한다. 이 사건이 기업 역사상 최악의 위기관리 사례로 언급되는 이유 중 하나가 바로 '타이밍'에서 실패했기 때문이다. 당시 CEO였던 로렌스 롤(Lawrence Rawl)은 침묵으로 일관하다가 6일째 처음으로 공개 석상에 나타났으며, 사고 현장에 간 것은 3주가 지났을 때였다. 게다가 처음부터 잘못을 인정하지 않고 심지어는 대수롭지 않다는 태도를 보여주었다. 추후 지면 광고로 사과를 했을 때는 이미 때를 놓친 후였다. 사건뿐 아니라 그 이후 엑손이 보여주었던 태도 때문에 부정적인 여론이 오랜 기간 지속되었다.

사과의 타이밍이 적절하지 않아 순수성을 의심받는 경우도 있다. 연극배우인 윤석화의 학력 위조 사건이 그렇다. 2007년 8월 15일 MBC 뉴스데스크는 윤석화의 학력 위조에 대한 제보를 받고 이화여대를 통해 조회한 결과 그가 이화여대를 중퇴했다고 알려져 있으나 실제로는 입학한 적이 없다는 것을 확인하고 이를 보도했다. MBC가 이화여대로부터 공문을 받은 것이 8월 13일이었고, 윤석화는 다음 날 자신의 홈페이지를 통해 이화여대에 다닌 적이 없음을 고백하고 사과했다. 문제가 불거지기 전까지 방문자가 많지 않았던 홈페이지를 통해 '슬쩍' 사과한 것도 그렇고, 이 절묘한 타이밍은 MBC의 취재 사실을 사전에 알고 미리 선수를 친 것으로 의심받을 만한 상황이었다.[9]

사과의 타이밍과 관련하여 윤석화의 순수성이 의심받은 이유는 자발적 사과라기보다는 언론에 먼저 증거가 포착되어 코너에 몰려서 내놓은 사과로 보였기 때문이다. 만약 당시 각종 학력 위조 사건들이 사회 이슈가 되지 않았고, 언론의 취재가 없었다면 그는 과연 사과를 했을까? 이미 30년 동안 학력을 속여왔다는 사실을 감안하면 '궁지에 몰려서 한 사과'로 볼 수밖에 없다.

윤석화는 어떻게 해야 했을까? 만약 똑같은 시점에서 사과를 해야 했다면 어떤 사과가 가장 현명한 것일까? 만약 그래야만 했다면, 그는 사과의 자리에서 언론의 압박이 있고 나서야 사과를 하게 된, 그 순수하지 못한 타이밍에 대해서도 사과를 했어야 한다. 즉 30여 년 동안 스스로 밝히지 못했던 학력 위조 사실과 함께 언론의 취재가 없었으면 하지 않았을 가능성이 높았던 순수하지 못한 사과라는 점에 대해서도 사과를 했어야 한다. 물론 홈페이지가 아니라 좀 더 적극적으로 언론과 만나서 말이다. 그랬다면 대중들은 윤석화의 용기를 칭찬하거나, 적어도 그가 그동안 겪었을 심적 고통에 공감했을 것이다.

그렇다면 과연 적절한 타이밍의 사과는 사태를 크게 완화시켜줄 수 있을까? 사과의 타이밍이 빠르고 적절했던 GS칼텍스 사례를 살펴보자. 2008년 GS칼텍스 직원이 1천만 명이 넘는 고객 정보를 유출한 사고가 있었다. 이 의혹에 대한 보도가 나온 것은 9월 5일 오전이었다. 그날 오후 GS칼텍스의 CEO인 나완배 사장이 긴급 기자회견을 열고 사과와 함께 경위와 대책을 발표했다.

"고객의 소중한 개인 정보가 유출돼 고객들에게 심려를 끼치게 돼 진심으로 사과드린다. ……소비자와 고객 입장에서 투명하고 공명정대하게 처리해나가는 등 피해를 보지 않도록 최선을 다할 것이며, ……보안 시스템을 갖추고 있지만 잘못된 부분이 있을 수 있는 만큼 보안체계를 더 보완하고 불필요한 고객 정보는 수집하지 않도록 하겠다"는 내용이었다.

사건 자체에 대한 GS칼텍스의 책임은 물론 막중했지만 사건 이후 보여준 빠른 대응은 언론에서 '성의'라고 표현할 정도로 공개 사과의 타이밍 차원에서는 매우 적절했다. 만약 GS칼텍스가 '직원 한 개인의 불법 행위'임을 내세워 회사 차원에서 리더의 사과를 늦추었다면 여론은 크게 악화됐을 것이다. 그 후 GS칼텍스 사건은 비교적 조용히 마무리되었다.

타이밍, 상대속도를 파악하라

이처럼 대중을 상대로 한 공개 사과의 사례를 분석해보면, 빠른 사과가 늦은 사과보다 더 효과적이라는 것을 알 수 있다. 물론 몇 가지 조건이 있다. 첫째, 앞에서도 강조했지만 자신의 잘못을 정확히 인지한 상태에서 사과해야 한다. 그렇지 않을 경우 진실성에 의문을 갖게 되며 자칫 성급한 사과로 인해 진정성이 훼손되거나 엉뚱한 보상 책임을 져야 할 수도 있다.

둘째, 책임 소재를 가리느라 대중 앞에 묵묵부답의 상태로 오래 있는 것은 바람직하지 않다. 이런 경우에는 먼저 발생한 사건에 대해 유감의 뜻을 표하는 동시에 책임 소재를 신속하게 가려 추가 입장을 밝히겠다고 말하는 것이 좋다.

셋째, 아무리 적절한 타이밍에 이루어진 빠른 사과라 하더라도 책임 당사자나 리더가 나서지 않고 '대타'를 내보내는 경우에는 사과의 진정성을 의심받게 된다. 앞서 GS칼텍스의 경우 CEO가 직접 나서지 않았더라면 빠른 타이밍의 효과가 반감되었을 것이다.

여기서 한 가지 더 생각해볼 문제가 있다. 공개 사과의 타이밍은 일반적으로 빠른 것이 좋지만, '얼마나 빨라야 하는가'를 제시하기는 쉽지 않다. 맥락에 따라 같은 기간이 빠르기도 하고 느리기도 하기 때문이다.

예를 들어보자. 2009년 11월 27일 타이거 우즈가 자기 집 앞에서 교통사고를 냈다. 이는 곧바로 전 세계적인 이슈가 됐으며, 이 과정에서 타이거 우즈의 여성 편력이 적나라하게 드러났다. 타이거 우즈는 그로부터 5일이 지나서야 처음으로 입장을 표명했다. 또 다른 사례를 보자. 2009년 8월 영화배우 정우성이 일본 연예 프로그램에서 김치를 '기무치'로 적었다가 논란이 일자, 소속사에서는 "그가 직접 쓴 것이 아니"라는 거짓말을 했다. 이에 정우성은 5일 만에 직접 나서서 다음과 같이 사과했다.

> "가장 먼저 드려야 할 말씀은 답안은 제가 쓴 것이 맞다는 것입니다. 당시 프로그램 측에서 제공한 4개의 일본식 표기 답안 중 하나를 그대로 옮겨 적는 어이없는 실수였습니다. ……담당 매니저가 저를 보호하겠다는 짧은 생각으로 제게 정확한 확인 절차 없이 사실에 어긋나는 진술로 혼란을 가중시킨 점 또한 진심으로 사과드립니다."

타이거 우즈나 정우성 모두 사과하는 데 걸린 시간은 5일이었다. 사과의 내용 면에서도 차이가 있었지만, 정우성의 사과 타이밍에 대해서는 늦었다고 비난하는 사람이 없지만, 타이거 우즈는 늦은 사과로 크게 비난을 받았다.

이런 차이는 왜 나타난 걸까? 물론 타이거 우즈와 정우성의 사례는 그 잘못의 무게나 세상에 끼친 영향력 등의 측면에서 큰 차이가 있다. 이 사건이 벌어졌던 2009년 당시 네이버에서 블로그 검색을 통해 '정우성'과 '기무치'를 치면 206건이 나타났다. 반면 구글에서 블로그 검색을 통해 'Tiger'와 'transgression(일탈, 범죄)'을 치면 무려 15만 5천 건이 나타나고, 전체 구글 검색에서는 200만 건 가까이 나타났다.

그만큼 타이거 우즈 사건은 미국뿐만 아니라 전 세계에서 관심과 궁금증의 대상이 되었으며, 이러한 경우 5일은 너무 긴 시간이 될 수 있다. 반면 정우성의 경우 일본에서 방송이 나간 후 한국에 알려지고 소속사의 부적절한 1차 대응이 있었지만, 일본 방송 시점으로부터 5일 만에 사과한 것은 그다지 늦은 사과가 아니었다. 게다가 타이거 우즈의 경우에는 첫 사과가 있기 전까지 5일 동안 수많은 억측과 확인되지 않은 사실들이 언론을 통해 쏟아져 나왔다. 본인이 직접 신속하게 사과와 해명을 했다면, 이 같은 상황은 벌어지지 않았을 거란 점에서도 타이거 우즈의 5일은 너무 길었다.

결국 '얼마나 빨리 사과해야 하는가?' 하는 문제는 대중들이 얼마나 그 사건을 관심 있게 지켜보는가에 따라 달라진다. 즉 사건에 대한 대중의 관심도가 높을수록, 추가 의혹이 생길 가능성이 높을수록, 부정적인 여론이 증가할 가능성이 높을수록, 더 빨리 대처해야 한다.

그렇다면 '리더의 공개 사과'에서 최악의 타이밍은 무엇일까? 불행하게도 우리는 신문이나 방송을 통해 이런 사과를 자주 목격한다. 우리 정치인이나 연예인들은 '공개 사과의 타이밍' 관점에서 보자면 최악의 수를 두고 있는 것이다. 최악의 타이밍은 단순히 사과의 시점이 늦은 것을 넘어서, 사과 이외에 다른 방도가 없어 '어쩔 수 없이 사과하는' 경우를 말한다. 윤석화가 사건이 불거지기 몇 년 전에 스스로 잘못을 뉘우치고 사과했더라면 어땠을까? 물론 물리적 시간으로는 거짓말을 한 지 이미 긴 시간이 흐른 뒤지만, 사과의 타이밍이나 그 효과를 따져보면 훨씬 나은 선택이었을 것이다.

윤석화는 두 가지 경우의 수 사이에서 선택해야 했을 것이다. 허위 학력이 영원히 발각되지 않고 무사히 지나갈 경우와 언젠가는 밝혀져 낭패를 겪을 경우를 놓고 저울질을 할 수밖에 없었을 것이란 얘기다. 사람 대부분은 대개 전자의 가능성에 미래를 걸 확률이 높지만 말이다.

chapter 3

미안하다면, 얼굴을 보여라

"블로그가 당신의 비즈니스를 바꿀 것이다."

— 〈비즈니스 위크〉 2005. 5. 2. 커버스토리 헤드라인

메시지를 다양한 미디어에 담아 전달할 수 있듯이, 사과의 전달 방법도 다양해지고 있다. 하지만 사과란 기본적으로 잘못을 저지른 사람이 피해자에게 직접 찾아가서 얼굴을 마주 보고(face to face) 하는 것이 원칙이다. 전문가들은 특히 개인 간의 사과에서는 얼굴을 마주하는 사과가 가장 바람직하며, 이것이 불가능할 경우에만 전화나 편지를 사용하라고 권하고 있다. 특히 이메일 사과는 아주 경미한 실수나 잘못 또는 온라인상에서의 일이 아니면 절대 하지 말라고 권한다.[10]

그러나 공개 사과는 일대일이 아닌 '일대다(一對多, one to many)'로 이루어지는 것이다 보니 일일이 얼굴을 직접 마주 보고 할 수 없다. 공개 사과는 주로 신문이나 잡지, TV 같은 매스미디어를 통해 이루어져왔다. 그런데 최근 기업의 공개 사과 채널로 새롭게 주목받는 것이 있다. 블로그나 유튜브, 트위터, 페이스북 같은 '뉴미디어'다. 실제로 KT가 자사의 공식 기업 블로그를 분석한 결과 가장 많이 쓴 단어 다섯 가지 중의 하나가 "죄송합니다"였다고 한다. 의도하지는 않았으나 기업의 입장에서 소셜 미디어가 사과의 주요 창구가 되어가고 있는 것은 엄연한 사실이다.[11] CEO나 기업이 대중을 상대로 공개 사과를 할 경우에 이러한 뉴미디어 활용은 매우 효과적일 수 있다.

제트블루와 배트맨은 어떻게 다시 날아올랐을까?

미국의 저가 항공사로 유명한 제트블루(Jet Blue Airways), 바비인형으로 유명한 세계 최대 완구업체인 마텔(Mattel), 배달 피자로 유명한 도미노 피자(Domino's Pizza). 이들 기업에게는 공통점이 있다. '동영상 사과 기업'이란 수식어가 바로 그것인데, 이들 업체들은 불미스러운 사고가 생기자 CEO들이 직접 나서 동영상을 통해 대중에게 사과해 크게 효과를 보았다.

2007년 2월 14일 미국 동부에는 진눈깨비를 동반한 폭풍우가 몰아쳤다. 대부분의 항공사들은 비행기 운항이 불가능하다고 판단하여, 일찍부터 승객들에게 알렸고, 대부분 이틀 이내에 운항을 재개했다. 하지만 제트블루는 예외였다. 비상 통제센터가 제 기능을 하지 못해 곧 날씨가 좋아질 것이라 믿고 별다른 조치를 취하지 못했던 것이다. 결과적으로 5일 동안 무려 1천여 편의 항공기 운항이 사전 통보도 없이 취소되었다. 심지어 뉴욕 공항에서는 승객을 가득 태운 아홉 대의 비행기가 여섯 시간 이상 활주로에서 기다려야 했다. 결국 6일째 당시 CEO였던 데이비드 닐먼(David Neelman)은 유튜브를 통해 2분 58초짜리 동영상 사과를 올리게 된다. 웬만한 사과로는 분이 쉽게 사그라지지 않을 상황이었으나 데이비드 닐먼은 진심 어린 사과의 뜻과 함께 문제점 극복을 위한 조치에 대해 직접 동영상을 통해 얘기했다. 물론 사과의 타이밍이 더 빨랐다면 좋았겠지만, CEO가 동영상을 통해 사과함으로써 기업 이미지가 더 악화되는 것은 막았다고 할 수 있다. 이 동영상은 지금까지 유튜브에서만

38만 명 이상이 조회했다.[12]

　2007년 8월 세계 최대의 완구업체인 마텔은 배트맨 전투 인형 등의 제품에서 납 성분이 발견돼 무려 2천만 개에 가까운 제품을 리콜하는 사태에 직면했다. 마텔의 CEO인 밥 에커트(Bob Eckert)는 자사의 홈페이지에 동영상을 올려 고객들에게 사과했다. 커뮤니케이션 분야의 리서치 회사인 미국의 HCD 리서치는 2007년 8월 미국인 301명을 대상으로 이러한 동영상 사과가 어떤 영향을 미쳤는지 조사했다. 조사에 따르면, 리콜 사태에도 불구하고 앞으로도 마텔의 제품을 구매하겠다는 잠재적 소비자는 71퍼센트에서 동영상 사과를 본 후 76퍼센트로 늘었다. 또한 마텔이 리콜을 포함하여 소비자 안전을 위해 의미 있는 조치를 취해나갈 것이라는 신뢰도 역시 동영상 사과를 접한 후 75퍼센트에서 84퍼센트로 크게 늘었다. 서울대 경영대학에서 회계학을 가르치는 최종학 교수는 《숫자로 경영하라》라는 저서에서 마텔의 조치를 모범 사례로 꼽으며 다음과 같이 평가했다.

　이러한 사건이 한국에서 일어났다면 어땠을까? 멜라민 성분이 발견된 제품을 수입한 국내 회사들이 그랬듯이 성의 없는 짧은 사과문 정도가 전부였을 것이다. 아마 '사회적 물의를 일으켜서 죄송하다'와 '앞으로 이런 일이 일어나지 않도록 조심하겠다'는 내용이 거의 전부일 것이다. 하지만 마텔은 달랐다. ……소비자들은 광고의 자세한 내용을 읽고 마텔이 문제 해결을 위해 노력하고 있으며, 결과적으로 마텔이 믿을 만한 회사라고 인식하게 되었다. 또한 이 광고는 사장의 얼굴을 광고에 직접 실어 사장과 대화하는 듯한 느낌을 주어 소비자들에게 큰 호응을 받았다. ……이런 광고 때문인지 몰라도 마텔의 인형은 여전히 미국의 소비자들에게 사랑받고 있다.[13]

유튜브 동영상의 효과 실험

2009년 4월 미국 노스캐롤라이나에 있는 한 도미노 피자 매장에서 근무하는 남녀 직원이 주방에서 고객에게 배달할 피자에 '장난'을 치며 이를 동영상으로 찍어 유튜브에 올렸다. 피자에 올릴 치즈를 코 속에 넣었다가 빼는 장면까지 고스란히 담긴 '역겨운' 동영상이었다. 이 동영상은 유튜브에서 공식적으로 삭제되기까지 무려 200만 건의 조회를 기록했으며, 당시 구글에서 '도미노(Domino)'를 치면 검색 순위 5위로 올라올 정도였다. 트위터에서도 난리가 났음은 물론이다.[14] 2009년 4월 15일, 이 동영상의 존재를 알게 된 도미노피자 미국 본사는 패트릭 도일(Patrick Doyle) 사장의 즉각적인 사과와 향후 조치를 담은 동영상을 유튜브에 올려놓았다. 이 사과 동영상은 당시 65만여 명이 시청했다.[15]

패트릭 도일 사장의 동영상 사과는 얼마나 효과가 있었을까? HCD 리서치는 패트릭 도일 사장의 사과 동영상이 올라온 바로 다음 날인 4월 16일 미국 전역에서 243명의 피자 소비자들을 대상으로 사과의 효과를 측정했다. HCD는 먼저 도비노 피자에 대한 소비자들의 평소 인식을 알아본 뒤 두 직원의 '역겨운 비디오'를 보여주고 인식 조사를 다시 했다. 그런 다음 CEO의 사과 동영상을 보여주

"I can't forgive you until you have apologised in front of the media."

www.CartoonStock.com

"저는 형제님의 죄를 사하여 드릴 수가 없습니다.
언론을 통해 사과를 하기 전까지는요."

고, 마찬가지로 인식 조사를 실시해 그 변화를 살폈다.[16]

우선 조사에 참가한 소비자들은 이와 같은 위기 상황에서 '도미노 피자가 CEO의 동영상 사과를 내보내는 것이 필요한 행동이었는가?'라는 질문에 대해 98퍼센트가 그렇다고 답했다. 각 질문에 대한 조사 결과를 그래프로 정리하면 다음과 같다.

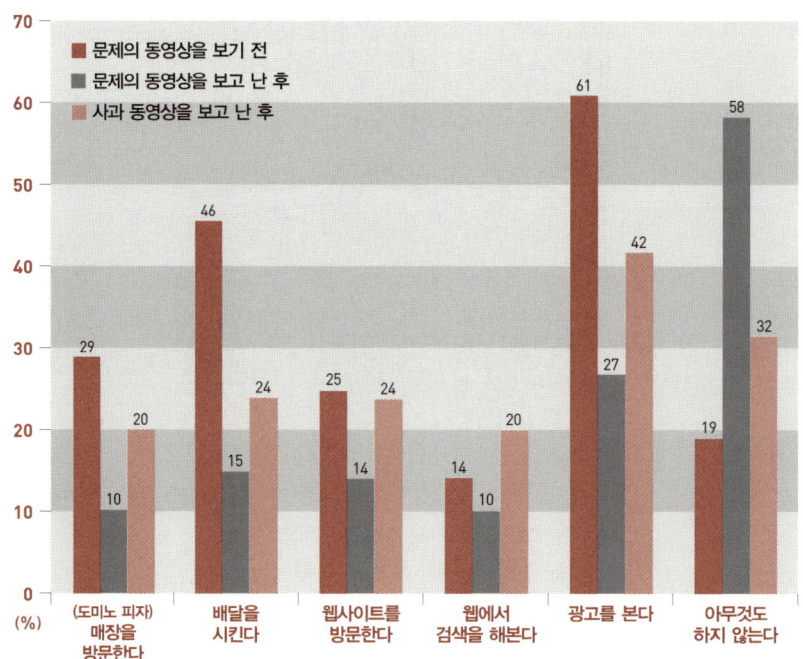

이 조사에서는 도미노 피자 매장 방문, 배달 주문, 웹사이트 방문, 정보 검색, 광고 시청 등 여섯 가지 행동을 살펴보았다. 이 중 정보 검색 부분을 제외하고는, 문제 발생 이전의 수준을 회복하지는 못

했지만, 문제의 동영상 때문에 절반 이상으로 뚝 떨어졌던 소비자의 긍정적 의견이 동영상 사과로 다시 10퍼센트 이상 증가한 것을 볼 수 있다.

이 조사에서 질문한 두 가지 추가 항목의 결과를 보면 동영상 사과의 효과를 짐작할 수 있다.

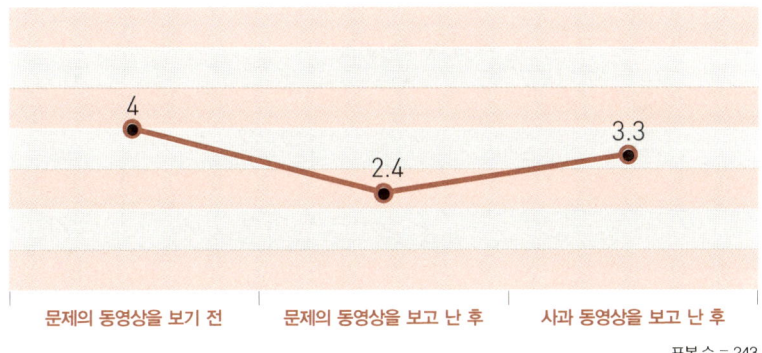

Q 앞으로 도미노 피자 매장을 방문하실 의향이 있습니까?(7점 척도)

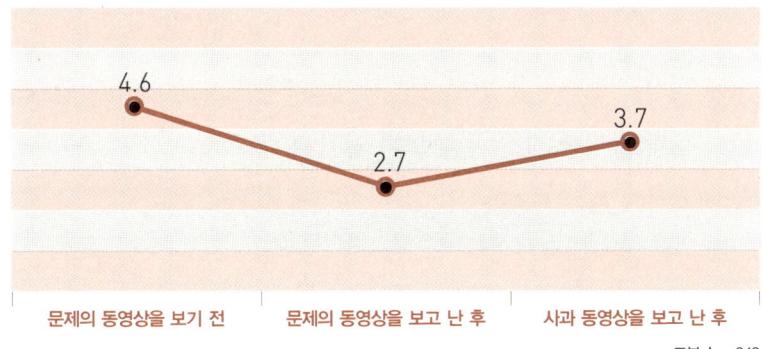

Q 도미노 피자 브랜드에 대한 당신의 선호도는 어느 정도입니까?(7점 척도)

사실 전문가들이 보기에 도미노 피자의 패트릭 도일 사장의 동영상 사과는 자연스럽지 않았다. 사과문을 앞에 놓고 읽는 듯, 그의 시선이 허공의 한곳에 고정돼 있었던 것이다. 그럼에도 동영상 사과는 제 역할을 톡톡히 한 것으로 보인다. 단적으로 위의 두 질문에 대한 소비자들의 반응 결과만 보더라도 사과가 문제 발생 이전으로 상황을 완벽하게 돌려놓지는 못했지만, 상당 부분 소비자들의 부정적 견해를 완화하는 효과가 있었다.

소셜 미디어는 사과하는 사람의 편이다

2011년 2월 초 현재 한국 CEO들의 동영상 사과는 한 건도 없다. 그렇다면 미국에서 2007년을 기점으로 생겨나기 시작한 CEO들의 '동영상 사과 현상'을 어떻게 봐야 할까? 기업의 위기 상황에서 자체적으로 제작한 CEO들의 사과 동영상은 모두 유튜브와 같은 소셜 미디어를 통해 전파하기 위한 것이다. 많은 소비자들이 소셜 미디어에 접속하고, 소셜 미디어를 통한 소통이 크게 중요해진 상황에서 이 같은 CEO들의 동영상 사과는 기업이 소비자가 모이는 곳을 향해 자신들의 입장을 밝히려는 자연스러운 시도로 봐야 한다. 또한 신문과 달리 직접 얼굴을 보여 진심 어린 호소를 할 수 있는 소셜 미디어를 통한 사과는 여러모로 효과적이다.

우선 동영상 사과는 제작이 용이하다. 비디오 카메라와 컴퓨터만 있으면 쉽게 제작할 수 있으며, CEO의 입장에서도 언론사 카메라 앞에서보다 훨씬 마음 편하게 사과할 수 있다. 무엇보다 자체 제작을 하는 것이므로 '편집의 주도권'을 가지고 있다. 한번 떠올려보

라. 기자회견을 통해 사과를 할 때, 어떤 모습이 카메라에 포착되는지를. 기업의 입장에서 '나가지 않았으면' 싶은 표정이나 언급이 신문이나 TV뉴스의 헤드라인을 장식하게 마련이다. 하지만 기업이 제작한 동영상 사과는 자사가 원하는 구도로 편집해 내보낼 수 있다.

'유통' 측면에서도 소셜 미디어 사과는 유용하다. 과거에는 CEO들이 수많은 언론사 앞에서 진땀을 흘리며 기자회견을 했고, 이러한 장면은 언론사가 원하는 시점, 이를테면 언론사가 정한 뉴스시간에 나오게 된다. 뉴스의 유통에 기업이 개입할 수 있는 방법은 기자회견의 시점을 조정하는 것 정도였다. 하지만 자체 제작한 동영상 사과는 기업이 원하는 시점에 내보낼 수 있다.

'검색 결과의 선점'이라는 측면에서도 유리하다. 미국의 경우 어떤 사건이 나면 당장 구글이나 유튜브에 관련 기사나 블로그 콘텐츠가 올라온다. 우리나라도 마찬가지다. 최근 이른바 웹 2.0 현상으로 인한 소비자들의 뉴스 소비 행태의 가장 큰 변화는 과거 특정 신문이나 TV 프로그램을 통해서 뉴스를 접했던 것에 비해, 이제는 뉴스를 검색(search)에 의해 소비하는 비율이 크게 증가하고 있다는 점이다. 따라서 좋지 않은 사건이 발생했을 때, 기업 측에서는 자신들의 입장이 TV나 신문에 어떻게 실리느냐 하는 것 뿐만 아니라 인터넷 검색에서 상위 순위를 차지하는 것도 중요하게 여긴다.

기업 CEO의 동영상은 많은 주목을 끈다. 소비자들은 해당 기업 CEO가 직접 내보내는 반응을 궁금해하기 때문이다. 유튜브가 아닌 홈페이지를 통해 CEO의 사과를 보여준 마텔의 사례를 제외하고, 제트블루나 도미노 피자의 동영상 사과는 오랫동안 유튜브에서 관련 검색을 했을 때 상위를 차지했다. 문제가 된 동영상뿐 아니라, 해당 기업의 사과 동영상이 함께 상위 검색 순위를 차지하는 것은 위기관리 측면에서 큰 도움이 된다.

1920년대에 등장한 매스미디어(mass media)라는 용어와 함께 우리는 마이크로블로그와 같은 개인 미디어(personal media)를 포함한 '소셜 미디어' 라는 용어를 더욱 자주 접하고 있다. '소셜 미디어' 란 블로그나 트위터, 페이스북, 유튜브처럼 개인이 콘텐츠를 직접 만들어내고, 이를 바탕으로 개인끼리 서로 교류하고, 대화를 주고받는 형태를 말한다. 페이스북이나 트위터처럼 '소셜' 기능을 강조한 미디어가 아니더라도, 블로그 등도 피드(feed), 트랙백(track back), RSS 같은 소셜 기능이 없는 것은 아니므로 소셜 미디어로 통칭하고 있다.

소셜 미디어 사용의 확대는 전통적으로 정보를 독점해온 정부나 기업, 대중매체 등의 조직이 가진 힘이 상당 부분 개인에게 이동하는 패러다임의 전환을 가져오는 계기가 될 수 있다. 이는 또한 사과의 문화에도 막대한 영향을 끼치고 있다. 즉 조직의 권위나 파워가 많은 부분 개인 소비자에게 넘어가면서, 문제가 발생했을 때 가만히 있는 조직이나 기업은 살아남을 수 없게 되었다. CEO나 리더들이 나서서 사과하지 않을 수 없게 된 것이다.

그렇다면 정치인이나 연예인, 기업의 리더들이 소셜 미디어를 통해 사과할 때 유의해야 할 점은 무엇일까? 이런 사과는 뉴미디어 기술을 활용한 사과이지만, 사과 자체에 있어서는 지금까지 살펴본 사과의 원칙들이 그대로 적용된다. 예를 들어, 동영상 사과는 주로 대중을 향한 공개 사과이므로 사고 후 빠른 타이밍에 이루어지는 것이 좋다. 또한 메시지 전달에 있어서도 단순한 유감 표명을 넘어 어떤 구체적 조치를 취하여 위기를 극복할 것인지 제시해야 한다.

가장 중요한 것은 뭐니 뭐니 해도 '사과의 진정성'이다. 2010년 5월 초 KFC는 오프라 윈프리 쇼를 통해, 새로 나온 메뉴인 켄터키 그릴 치킨을 프로모션하기 위해 인터넷 무료 쿠폰을 발행한다고 발표했다. 하지만 많은 사람들이 동시에 쿠폰을 다운로드받을 수 있는 사이트에 대한 조치나 매장과의 협조가 제대로 이루어지지 않아 어설픈 행사가 되고 말았다. 결국 홍보 행사는 실패로 돌아갔고, 소비자들의 불만이 높았다. 이에 KFC의 사장인 로저 이튼(Roger Eaton)은 5월 8일에 유튜브를 통해 동영상 사과를 했다.[17] 이때 이튼 사장은 신메뉴의 인기가 너무 많았다는 식으로 자신의 사과를 살짝 비틀어 표현하는 방식을 택했고 이는 통하지 않았다. 사과를 하러 나온 그는 오히려 웃음 띤 얼굴이었다. 동영상 사과 이후 인터넷 여론은 더욱 나빠졌다. 이처럼 사과에 진실성이 결여되면 뉴미디어라는 유용한 기술도 무용지물일 뿐이다. 대중과 리더의 거리가 가까울수록 리더의 진정성을 더 잘 포착할 수 있다는 사실을 간과해서는 안 된다.

"Tonight's nostalgia TV has been cancelled as in the last ten years we've forgotten to make any shows worth being nostalgic about."

"저희 노스탤지어(향수) 방송은
지난 10년간 향수를 불러일으킬 만한 프로그램을 만드는 걸
깜빡한 관계로 오늘 밤 방송을 쉽니다."

chapter 4

사람들은
더 이상 가짜에
속지 않는다

"추함은 오직 피부 한 꺼풀일 뿐입니다."
— 폴크스바겐 비틀 시리즈 1966년 광고 카피

"자신의 약점을 놓고 웃을 수 있다면, 당신은 앞으로 나아갈 수 있다."
— 골디 혼 Goldie Hawn, 영화배우

"수년 만에 도미노 피자 몇 조각을 먹었다. 그런대로 먹을 만은 했지만, 피자 반죽이 뭔가 모자란 듯…….""피자가 아니라 마분지였다.""대량 생산에, 지겹고, 맛도 별로인 피자!""냉동 피자가 더 낫다!"

도미노 피자에 대해 고객들이 불만을 토로한 글이다. 도미노 피자는 이 불만들을 어디에 써먹었을까? 직원이 올린 동영상으로 인해 초래된 위기 이후 8개월 만인 2009년 12월 도미노 피자가 새롭게 시작한 피자 턴어라운드 캠페인 광고와 동영상의 시작 부분에 도미노 피자는 이 불만들을 과감하게 '노출'했다.

고객의 불만을 광고와 홍보 동영상, 그것도 맨 앞에 노출한다? 더군다나 이 캠페인은 도미노 피자의 창립자인 톰 모너헌(Tom Monaghan)이 미시간 주의 입실란티에 있던 도미닉(DomiNick's)이라는 작은 피자 가게를 인수하면서 출발한 지 50주년을 앞두고 벌이는 대대적인 규모의 것이었다. 도미노 피자는 소비자들의 불만에 대응하기 위해 피자 맛 개선과 함께 이 새로운 마케팅 캠페인에 무려 7500만 달러, 우리 돈으로 800억 원이 넘는 비용을 쏟아부었다.[18]

혹시 도미노 피자가 '살짝' 정신 나간 것은 아니었을까? 기업이 자사 홈페이지에 자사에 대한 긍정적 평가를 올리는 경우는 있어도 부정적인 평가를 올리는 경우는 없다. 더군다나 대규모 홍보성 캠페인 광고에 소비자 불만 내용을 내세우다니 언뜻 이해하기 어려운 부분이다. 하지만 조금만 생각해보면 자사에 대한 불만이나 약점이 어차피 노출되는 소셜 미디어의 시대에 도미노 피자가 매우 영리하게 한 발 앞서 '노출의 기술'을 구사한 것임을 눈치챌 수 있다.

웹 2.0, 투명성의 패러독스

사과와 노출은 어떤 관련성이 있을까? 매우 밀접한 관련이 있다. 사과란 달리 말하면, 자신의 잘못이나 약점을 상대방에게 스스로 '노출'하는 것이다. 좀 더 점잖은 표현을 쓰자면 사과의 기술이란 '공개(disclosure)의 기술'이라 할 수 있다. 자신의 약점을 스스로 공개하지 않는 사과란 진정한 사과가 아니다. (미국의 쏘리웍스라는 비영리 조직에서는 병원의 의료사고 대처법으로 의사들에게 사과의 기술을 가르치고 있으며, 이 교육 프로그램의 이름이 바로 '진실 말하기(disclosure) 프로그램'이다.)

우리를 포함하여 수직적인 유교 문화를 가지고 있는 문화권에서는 리더의 위치에 있는 사람일수록 사과를 한다는 게 여간 힘든 일이 아니다. 체면 중시의 문화가 있어 패자로 보이지 않을까 하는 우려 때문이다.

하지만 자신의 약점이 타인에 의해 본의 아니게 노출됨으로써 '굴욕'을 겪는다면 그것만큼 체면 상하는 일이 어디 있겠는가! 약점이 노출되지 않는 것이 가장 좋겠지만, 문제는 패러다임의 변화로 점차 '투명한 세상'이 되고 있다는 것이다. 잘못이 노출될 가능성이 그만큼 높다는 얘기다.

마케팅 전문가인 커스터머 인사이트의 정해동 대표는 그의 저서 《고객 접촉점이 마케팅이다》에서 기업이 '투명한 어항 속 물고기'가 되어가고 있다고 표현했다.[19] 트위터, 페이스북 등 소셜 미디어의 등장으로 기업은 어항 속에서 활동하고 소비자들은 밖에서 어항 속을 훤히 들여다보는 환경이 돼가고 있다는 것이다. 돈 탭스콧(Don Tapscott)과 데이비드 티콜(David Ticall)은 2003년에 이미 《벌거벗은 기업 The Naked Corporation》[20] 이란 책에서 투명화되어가는 비즈니스 환경을 다룬 바 있다.

리더십의 대가인 남가주 대학교(USC) 워렌 베니스(Warren Bennis), 감성지능으로 유명한 대니얼 골먼(Daniel Goleman), 덴버 대학의 제임스 오툴(James O' Toole)은 최근 공저로 펴낸 《투명성의 시대 Transparency》란 책에서 기업 투명성의 중요성을 역설했다.[21] 그들은 환경 변화의 대표적인 사례로 2002년 불과 1만 5천 개였던 블로그가 2007년 중반에 7천만 개를 넘어선 것을 들고 있다. 또한 미국 대통령들의 투명성 정도를 '기밀 문서'의 양으로 비교하고 있어 매우 흥미롭다. 이들에 따르면, 레이건 대통령은 '의심되면 기밀로 처리하라'는 주의였다. 레이건이 재임하던 1985년에 1500만 건의 서류가 기밀로 등재되었다. 반면 빌 클린턴 대통령은 '의심되면 공개하라'는 주의여서 기밀 문서의 양은 360만 건에 그쳤다. 조지 부시 시절에는 다시 무려 2천만 건이 넘었다고 적고 있다.

투명성이 기본이 되어가는 사회에서 약점 노출과 잘못 공개는 사과의 기술로서 그 중요성을 더해가고 있다. 물론 약점을 내세운 역발상은 20세기에도 존재했다. 성공적인 마케팅 캠페인의 고전이 된

렌터카 업체 에이비스의 사례는 약점 노출의 긍정적 효과를 잘 보여준다. 1위 업체 허츠에 밀려 늘 2위에 머물렀던 에이비스는 과감하게 "우리는 렌터카 업계에서 고작 2등입니다"라는 광고를 하게 된다. 그리고 '그럼에도 불구하고 우리는 2등이기 때문에 더 열심히 한다'라는 메시지를 내세워 큰 성공을 거두었다. 에이비스는 11퍼센트의 시장 점유율로 적자 상태였으나 캠페인 시작 후 1년 만에 흑자로 돌아섰고 4년 만에 35퍼센트의 시장 점유율을 기록했다.

이러한 예는 특히 기업의 위기관리 사례들에서 반복적으로 목격된다. 기업의 위기관리에 '투명성의 패러독스(paradox of transparency)'라는 개념이 있다. 이 개념은 1990년대 영국의 석유회사인 쉘(Shell)에서 유래된 것으로 알려져 있는데, 부정적인 뉴스는 감출수록 유리한 것 같지만 사실은 그 반대라는 것이 핵심이다. 부정적인 뉴스는 오히려 공개하라는 것이다.

멀리 갈 것도 없이 우리의 중고등학교 시절을 떠올려보자. 아침 조회 시간에 담임 선생님이 4교시 끝날 때까지 절대 도시락을 먹지 말라고 주의를 주었다. 하지만 아이들은 2교시가 끝나자 배고픔을 못 참고 도시락을 까먹었다. 3교시 끝나고 쉬는 시간에 선생님이 교실에 들어와서 "도시락 먹은 사람 자수하라"고 말했지만 아이들은 '그냥 넘어가겠지' 하고 버텼고, 결국 도시락 검사가 실시되었다. 만약 '자수' 했으면 다섯 대 맞을 것을 열 대 맞는 상황이 벌어지는 것이다. 실수나 잘못을 저지른 기업을 바라보는 여론도 이와 같아서, 은폐나 축소에 대해서는 더 혹독하다.

배드 뉴스 Bad news가 기회다

'투명성의 시대'에 자발적 약점 노출은 회계 분야에서도 중요해지고 있다. 서울대 경영대학의 최종학 교수가 〈동아비즈니스리뷰〉에 기고한 글 "부정적 뉴스, 숨기는 게 능사 아니다"[22]에 따르면, 미국의 경우 '자발적 공시'의 내용에 큰 흐름이 발견된다고 한다. 1970~80년대에는 주로 긍정적인 뉴스를 시장에 공시하였으나, 1990년대에 와서는 부정적인 뉴스의 비중이 절반을 넘어섰다고 한다. 부정적 뉴스가 50퍼센트, 중립 30퍼센트, 긍정이 20퍼센트 정도라고 한다. 2000년대에 와서도 이러한 흐름은 계속되고 있다. 우리나라는 아직 반대 상황인데, 서울대 경영대 이병희의 연구 결과에 따르면 국내에선 과반수가 긍정적인 내용이라고 한다.

하지만 한국 내에서도 조금씩 '노출의 기술'이 힘을 발휘하는 사례가 나타나고 있다. 제품 가격을 올리면 소비자들이 반발할 것을 우려해 값은 그대로 두고 과자 용량을 슬쩍 줄여오던 제과업체들이 '용량 축소 사실'을 스스로 알리겠다고 선언한 것이다. 2009년 6월 2일 해태제과가 용량을 줄일 경우 홈페이지 등을 통해 소비자들에게 먼저 알리겠다고 선언했고, 오리온제과 역시 같은 '노출 정책'을 실시하겠다고 발표했다.

용량 축소의 이유를 설명하며 양해를 구하고 사과하는 것과, 소비자에게 부정적 사실을 은근 슬쩍 숨겼다가 나중에 들켜서야 사과하는 것은 큰 차이가 있다. 해태제과와 오리온이 위와 같은 사실을 밝혔을 때, 언론은 명확한 입장을 내놓지 않은 롯데제과와 비교하며

긍정적으로 보도했다.[23]

또 다른 사례로 2010년 9월 18일자 〈조선일보〉 Why? 섹션의 커버스토리를 장식한 '7성급 요리사 에드워드 권의 고백'[24]을 들 수 있다. 스타급 요리사로 선망을 받던 에드워드 권에 대해서 이런저런 '뒷이야기'가 나올 때쯤이었다. 에드워드 권은 제법 긴 인터뷰를 통해서 자신을 둘러싼 의혹과 관련하여, 언론에 의해 자신의 경력이 부풀려진 점이 있다면서 비교적 솔직하게 해명했다. 미국의 최고 요리학교인 CIA(Culinary Institute of America) 졸업 여부에 대해서는 실은 6주 과정의 단기 e-러닝 코스를 마쳤다고 했으며, '미국요리사협회 선정 젊은 요리사 10인'에 들었다는 것도 전국 차원의 협회가 아니라 캘리포니아에 있는 한 지역의 요리사협회에 불과했다는 점, '2006년 두바이 최고 요리사' 선정과 관련해서는 두바이의 한 지역에서 열린 요리 경연대회에서 단독이 아닌 그가 속한 팀이 상을 받았다는 것, 부르즈 알아랍 호텔 '총 주방장' 등의 경력에 대해서도 그는 총주방장 다음인 수석 주방장이었다는 점 등을 솔직하게 털어놓음으로써 자신에 대한 의혹을 하나둘씩 '털었다.'

그가 직접 자신의 경력이 과장됐음을 밝히자 그에 대한 부정적 논란은 더 이상 확대되지 않고 줄어들었다. 그전까지 의혹을 제기하고 나쁜 뒷담화들이 널리 퍼지던 인터넷에서도 자신의 잘못을 시인한 그를 동정하는 분위기가 대세를 이루게 됐다. 그의 화려한 이력이 사실은 과장됐으며, 따라서 그에게 쏟아지던 찬사도 부당한 것이었음이 드러나는 순간이었지만, 조선일보는 그에게 직접 자신의 과오를 고백할 기회를 줌으로써, 그를 '유명하게 만든 매체'에서 이번에는 '그를 구원한 매체'가 되었다.

자신의 실수나 잘못에 대한 논란을 스스로 '털어놓음'으로써 비난 여론을 잠재운 에드워드 권의 사례는 2007년 한국 사회를 떠들썩하게 했던 신정아의 사례와 대비된다. 지금 네이버에서 신정아의 프로필을 검색하면 학력 사항이 기재되어 있지 않다. 하지만 신정아는 학력 위조 시비가 일기 전인 2007년까지만 하더라도 캔사스 대학에서 미술 학사(BFA)와 경영학 석사학위(MBA)를 받고, 예일대에서 박사학위를 취득한 것으로 알려져 있었다.

그런데 2007년 7월경에 신정아의 학력 위조 의혹이 제기되었다. 당시 청와대 정책실장이었던 변양균과의 로맨스가 알려지고, 신씨가 일하던 성곡미술관에서의 공금 횡령 혐의에다, 문화일보에 신씨의 누드 사진이 게재되는 등 사건은 일파만파로 번졌다. 3년이 지난 후 법원은 신씨의 학력 위조만을 유죄로 인정했다. 신씨는 학력 위조에 대해서 "불성실한 방법으로 학위를 취득하기는 했지만, 학위를 위조한 것은 아니다"[25]라고 해명하면서 여전히 학위 브로커에게 속았다고 주장했다. 2007년 당시 신씨는 학력 위조 의혹이 일었을 때 끈질기게 자신의 학위가 진짜라며 맞섰다. 하지만 2007년 12월 구속기소되고 나서는 "정상적인 노력을 하지 않고 편법으로 학위를 받으려 했다가 빚어진 결과인 만큼 전적으로 자신의 책임"이라고 인정하기도 했다.

물론 에드워드 권과 신정아는 상황이나 논란의 성격에 있어서 다른 점이 많다. 신씨는 예일대 박사학위라는 사문서를 위조한 혐의가 있었고, 에드워드 권은 그렇지는 않았다. 다만 유명인이 자신의 실수나 잘못에 대해서 털어놓는 경우와 그렇지 않은 경우의 결과를 두 사건을 통해 분명히 비교해볼 수 있다.

에드워드 권의 경우, 자신의 경력과 학력에 대한 논란이 일었던 시점에서 다른 사람들이 이를 '공식적으로' 문제를 제기하기 전에 먼저 '고백'의 형식을 빌려 털어놓았다. 반면 신정아는 자신의 학력이 사회적으로 논란이 된 이후에도 오랫동안 이를 부인하는 태도를 보였다. 만약 신정아가 학력 논란이 공식적으로 제기되기 이전은 말할 것도 없고, 제기된 시점에서 사실을 솔직하게 털어놓았다면 상황은 어땠을까? 물론 교수직이 취소되고 명예가 실추되는 것은 피할 수 없었겠지만, 우리 사회를 아수라장으로 만들지는 않았을 것이며, 그토록 거센 비판을 받지도 않았을 것이다. 신정아의 학력 위조 사건은 그 후 유명인들의 자진 납세격의 고백을 유도하는 '효과'를 만들어내기도 했다. 배우 장미희, 안재모, 만화가 이현세, 개그맨 임하룡, MC 강석에서 지광스님에 이르기까지, 학력 위조 논란 인사들의 고백이 줄을 이었다.

에드워드 권에 대한 학력이나 경력에 대한 논란은 당사자의 고백으로 인해 상당 부분 줄어들었다. 실제로 그는 인터뷰 도중 "내가 실수한 부분은 이번 기회에 털고 가고 싶다. 나 자신도 내가 과대포장됐다는 것 때문에 피곤했다. 그게 내 발목을 잡는다는 느낌이 든다"라고 말했다. 스스로 자신의 실수를 고백하는 것만이 자신의 발목을 잡고 있던 것을 '푸는' 방법임을 알았던 것이다. 반면 신정아는 진실이 밝혀진 이후에도 부인으로 일관하면서 상황을 더욱 악화시켰다. 신씨에게 따라붙는 '뻔뻔함'의 이미지는 상당 부분 신씨가

단 한 번도 대중 앞에서 진심 어린 사과를 하지 않았다는 데에서 기인한다.

　과거와는 달리, 불투명한 방식으로 대중을 속이는 것이 사실상 불가능해졌다. 투명한 시대에 '사과의 기술'이란 자신의 실수와 잘못을 어떻게 공개할 것인가의 문제가 되었다. '노출' 여부에 따라 어떤 리더는 축소 은폐의 패배자가 되기도 하고, 다시 대중의 신뢰를 회복할 수 있는 발판을 마련하기도 한다. 즉 사과를 어떻게 하는가에 따라 패자가 아닌 승자가 될 수 있고, 진정한 리더들은 이를 이미 활용하고 있다. 노출 기술의 핵심은 명료하다. 자신의 약점이나 '불편할 수도 있는' 진실은 내가 먼저 자발적으로 공개했을 때 효과적이라는 것이다. 남의 입에서 나오기 전에 말이다.

"OK, I apologize, but I'm still right!"

"좋아, 내가 사과한다고. 하지만 내가 여전히 옳아!"

chapter 5

사과할 때 절대 쓰지 말아야 할 3가지 표현

"거만한 사과란 모욕이나 다름없다."
— 길버트 체스터톤 Gilbert K. Chesterton, 추리소설 작가

"제대로 한 사과는 평판과 관계 모두를 개선시킬 수 있다.
잘못한 사과는 원래의 실수를 더 악화시키고,
때로는 최악의 결과를 만들어낸다. …… 상대방이 사과를 받아들일지 말지는
당신이 통제할 수 없지만, 당신 사과의 질質은 통제할 수 있다."[26]
— 홀리 위크스 Holly Weeks, 커뮤니케이션 컨설턴트

세상 일이 다 그렇듯, 사과에도 동전의 양면처럼 두 가지 측면이 있다. 하나는 갈등 상황을 해결해주는 힘이다. 2009년의 용산 참사처럼 한 사회 내의 갈등에서부터 전쟁처럼 국가 간 갈등에 이르기까지 수많은 갈등 국면에서 '사과 요구'가 증가하는 것은 사과가 '갈등 국면의 진정에 미치는 영향력'이 크기 때문이다. 그럼에도 불구하고 사과 요구가 제대로 받아들여지지 않는 것은 사과의 또 다른 측면인 '책임의 인정' 때문이다. 사과를 하는 순간 자신에게 뒤따를 수 있는 윤리적 또는 법적 추궁과 경제적 보상에 대한 가능성을 두려워하는 것이다. 이러한 두려움은 특히 기업이나 정부 차원에서 이루어지는 공적 사과에서 더 두드러진다. 사과로 인해 법적 처벌, 지위 상실, 보상 책임 등의 위험성이 증가한다고 생각하기 때문이다.

'비(非)사과 사과(non-apology apology)'라는 표현도 이런 맥락에서 나왔다. 갈등 해결이라는 사과의 장점은 취하면서 책임 인정에 따른 위험(risk)은 회피하기 위해 정치인이나 기업인들이 쓰는 표현을 비꼰 것이다. 예를 들어, 2004년 이라크 병사들에 대한 미군의 잔혹한 고문 장면을 담은 사진이 유출돼 큰 파문이 일었을 때, 부시 대통령은 요르단의 왕인 압둘라 2세에게 "이라크 수용소의 병사들과 그들의 가족들이 겪은 굴욕에 대해 유감입니다"라고 말했다. 제대로 된 사과라면 "미군들이 이라크 병사들에게 저지른 만행에 대해 사과하며, 미국의 대통령으로서 책임을 통감합니다"가 되어야 했지만 '비틀어서' 자신의 책임 인정보다는 피해자인 이라크 병사와 그 가족들의 고통에 대한 애도에 초점을 맞춘 것이다. 이는 사과의 '무게 중심'을 자신의 책임이 아닌 상대방에 대한 유감으로 이동시키는 비사과 사과의 한 형태다.

우리 주변에서도 비사과 사과를 사용하는 경우를 흔히 볼 수 있다. 대표적인 예로 '조건부 사과(conditional apologies)'를 들 수 있다. 이를테면 "네가 기분 나빴다면 사과할게"라는 표현을 흔히 쓰는데, 엄밀히 따져보면, 다음과 같은 뜻을 내포하고 있다. ① 기분 나쁘게 할 의도는 없었다. ② 네가 기분 나빠할 정도의 실수나 잘못은 아니다. ③ 그럼에도 불구하고 네가 기분 나빴다면 사과해주겠다. 결국 사과를 받은 쪽이 오히려 '속 좁고, 옹졸한 사람'으로 취급받는 꼴이 되어 사과를 안 받느니만 못한 상황이다.

'사과하겠다', '사과하고 싶다'라는 표현도 '사과 아닌 사과'의 예다. 커뮤니케이션 컨설턴트인 홀리 위크스는 이를 두고 '살 빼고 싶다'고 말하는 것이 실질적인 체중 감량을 의미하지 않듯이, '사과하고 싶다'라는 표현은 실질적인 사과를 의미하지 않는다고 지적한다. '사과하겠다'가 아니라 '사과한다'로 현재형 표현을 쓸 때만 제대로 된 사과다.

이 같은 그릇된 사과는 '갈등 해소'가 아닌 '갈등 조장'의 결과를 가져올 수도 있다. 사과할 때 쓰지 말아야 할 잘못된 '문법'을 쓰고 있기 때문이다. 잘못된 사과 문법을 사용할 경우 피해자에게 '무늬만 사과이고, 진심은 사과가 아닌 속내'를 드러내게 된다. 이때 사과는 '문제를 해결하는 도구'가 아니라, 문제를 더욱 복잡하게 만드는 도구일 뿐이다. 사과를 받는 입장에서는 만약 상대방이 '사과 아닌 사과'로 어물쩍 넘어가려 한다면 이를 바로잡아 제대로 된 사과를 이끌어내야만 한다.

사과할 때 쓰지 말아야 할 대표적인 '어법'에는 크게 세 가지가 있다. 우리가 평상시에 자주 사용하는 사과 표현이라 속으로 뜨끔할 만한 것이다. 상반된 내용을 이어주는 접속부사인 '그러나', 조건부 사과, 그리고 수동태 사과가 바로 그것인데, 지금부터 하나씩 구체적으로 살펴보자.

'미안해, 하지만'

> "'그러나'라는 단어는 듣는 사람이나 독자의 입장에서 그들의 이익과는 다른 무언가가 시작되는 것을 의미한다."
>
> — 독자 존중 프로젝트 The Reader Appreciation Project [27]

'위대한 비즈니스 사상가 50인 중 한 명(미국 경영자협회)', '가장 영향력 있는 코치(비즈니스 위크)', '최고의 경영 코치(월스트리트 저널, 포브스)', '비즈니스의 새로운 시대를 여는 가장 신뢰할 만한 조언자(영국 이코노미스트)'라는 찬사를 받는 사람이 있다. 바로 '세계에서 가장 영향력 있는 리더십 코치'로 꼽히는 마셜 골드스미스다. 그의 저서 6권이 하버드 경영대학원의 필독서로 선정되었고, 세계적인 기업의

CEO 60여 명이 그에게 개인 코칭을 받았다. 무려 25만 달러(약 3억 원) 이상을 지불하면서 말이다.

그가 2007년에 쓴 책 《일 잘하는 당신이 성공을 못하는 20가지 비밀 What Got You Here Won't Get You There》에는 사과에 관한 흥미로운 지적이 나온다. 마셜 골드스미스는 이 책에서 어느 정도 승진이나 성공을 이룬 사람들이 더 큰 성공을 이루지 못하는 이유를 명쾌하게 설명하고 있다. 성취를 이루고 나면 사람들은 자기가 일하는 스타일 '덕분에' 성공했다고 믿는다. 그리고 자신의 스타일을 그대로 유지하면 앞으로도 성공이 보장될 것이라 믿는다. 하지만 '그렇지 않다'는 것이 골드스미스의 주장이다. 자신이 잘해온 '덕분' 보다는 못한 점이 있음에도 '불구하고' 잘된 경우가 많다는 것이다. 골드스미스는 더 큰 성공을 지속적으로 이루기 위해 버려야 할 잘못된 습관을 조목조목 지적하고 있다.

일 잘하는 사람들이 성공하지 못하는 습관은 과연 무엇일까? 과도한 승부욕, 지나친 의견 추가, 쓸데없는 비평, 파괴적인 말, 부정적 표현, 잘난 척하기, 격한 감정, 반대 의견, 정보 독점, 인색한 칭찬, 남의 공 가로채기, 변명, 핑계, 편애, 사과하지 않기, 경청하지 않기, 고마워하지 않기, 엉뚱한 화풀이, 책임 전가, 자기 미화……. 무엇보다도 과거에 성공으로 이끌어준 일처리 방식이나 접근 방식이 새로운 환경이나 변화가 극심한 시대에는 오히려 일을 하는 데 장애가 되는 경우가 많다.

여기서 우리는 스무 가지가 넘는 원인들이 대부분 일과 직접적인 관련이 있는 것이 아니라 '사람 사이의 관계'에 관한 것이라는 점에 주목해야 한다. 특히 골드스미스는 이 책 곳곳에서 관계의 중요성을 강조하는 차원에서 사과를 비중 있게 다루고 있다. 사과할 때 하지 말아야 할 어법을 구체적으로 알아보기 위해서는 그 전에 리더십의 최고 전문가인 그가 말하는 '사과'가 무엇인지 알아볼 필요가 있다.

그가 말하는 사과의 맥락을 이해하기 위해서는 우선 피드백(feed-back)이라는 개념부터 파악해야 한다. 피드백은 거울에 비유할 수 있다. 거울은 우리의 겉모습을 비춰준다. 아침에 우리는 옷을 차려 입고 거울을 보며 다른 사람에게 어떻게 보일지를 점검한다. 마찬가지로 우리의 태도나 행동을 비춰보고 그것이 남들에게 어떻게 받아들여질지 알아볼 수 있는 거울 역할을 하는 것이 바로 피드백이다. 사람들은 자신을 잘 안다고 생각하지만 실은 그렇지 않다. 골드스미스는 자신에 대한 진실은 다른 사람의 피드백에서 나온다고 말한다. 나와 함께 일하고 살아가는 '주위 사람들'이 가장 정직한 거울이 되어준다는 것이다.

골드스미스는 이런 이유로 코칭을 시작할 때면 해당 리더에 대한 '진실'을 파악하기 위해 주위 사람 10여 명에게 솔직한 피드백을 구한다. 그러고는 이들의 피드백을 기반으로 리더가 잘못한 점에 대해 특정인들에게 먼저 사과하도록 만든다. 사과하지 않는다는 것은 잘못을 인정하지 않는다는 의미이고, 잘못을 인정하지 않으면 진정한 개선이 시작될 수 없다고 보기 때문이다.

그는 실제로 있었던 한 가지 사례를 든다. 어느 대기업의 베스(가명)라는 중간 관리자를 코칭하게 되었는데, 그가 상사나 부하직원과는 잘 지내면서 동료들과는 잘 지내지 못한다는 사실을 알게 됐다. 물론 이것은 베스에 대한 동료들의 피드백을 얻는 과정에서 자연스럽게 알게 된 사실이다. 특히 하비라는 동료와 사이가 좋지 않아 그에 대해 복수심까지 품고 있었다. 골드스미스는 그의 리더십 코치로서 그에게 하비를 찾아가 사과하고 관계를 개선하도록 조언했다. 그가 반발하자, 골드스미스는 "사과하지 않으면 당신이 나아지도록 도와줄 수 없기 때문에 코칭을 그만두겠다"고까지 말했다. 결국 베스는 하비에게 사과했고, 뜻밖에도 하비는 눈물을 흘리며 '자신이 신사답지 못했다'고 고백하고 함께 노력하자고 제안했다. 이처럼 그는 리더십 개발을 위해 밟아야 할 첫 단계로 사과를 가장 중요시한다.

골드스미스는 자신의 책에서 '사과의 효과'를 극적으로 돋보이게 한 사례와 감소시킨 사례를 인용하고 있는데, 둘 다 '사과의 중요성'을 이해하는 데 의미 있는 중요한 선례들이다. 하나는 뉴욕에서 벌어진 9·11 테러의 진상조사위원회에서 리처드 클라크(Richard Clarke)가 한 사과다. 리처드 클라크는 당시 미국의 국가안보위원회의 대테러 최고 자문담당관이었다. 그는 청문회에서 질문을 받기 전에 9·11 희생자 및 가족들에게 다음과 같이 사과를 했다.

"정부가 여러분을 실망시켰습니다. 여러분을 보호할 의무를 가진 사람들이 여러분을 실망시켰습니다. 그리고 제가 여러분을 실망시켰습니다. 우리는 열심히 한다고 했지만, 실패했으므로 할 말이 없습니다. 이런 실패와 실망에 대해 ······여러분의 이해와 용서를 구합니다."[28]

이후 클라크가 사과한 배경과 의도에 대해 여러 가지 추측과 비난이 나오기도 했다. 하지만 골드스미스는 그가 국가나 희생자 가족들에게 필요한 행동을 했고, 그것은 훌륭한 '정화' 효과를 가져왔다고 평가했다. 사건을 되돌릴 수는 없기에 피해자와 유가족, 그리고 국민에게 필요했던 것은 무엇보다 위로였으며 그들 모두 정부의 진심 어린 사과를 듣고 싶어했기 때문이다. 진심 어린 사과는 책임 소재와 상관없이 사람들에게 이성적인 대응을 하도록 만든다.

반면 사과의 효과를 감소시킨 예로 모건스탠리의 CEO였던 필립 퍼셀(Philip J. Purcell)의 사례를 언급하고 있다. 2001년 모건스탠리의 애널리스트들이 거래회사에 대해 우호적인 보고서를 작성하여 공익을 훼손했다는 혐의를 받았다. 그들은 사건을 마무리하기로 결정하고 5천만 달러에 이르는 엄청난 벌금을 냈다.

문제는 그다음 날 벌어졌다. 필립 퍼셀은 다음 날 있었던 연설에서 모건스탠리는 큰 잘못을 해서 벌금을 낸 것이 아니며, 더 많은 벌금을 낸 회사들과 비교하면 자사의 잘못은 그리 큰 것도 아니라고 변명했다. 골드스미스는 모건스탠리가 벌금을 낸 것은 '실수를 인정한다'는 뜻이고 일종의 사과로 비춰질 수 있는데, 다음 날 CEO가 나서서 이를 번복하고 변명하면서 오히려 안 하느니만 못한 사과와 보상이 됐다고 지적했다.

바로 이 대목에서 골드스미스는 사과할 때 반드시 지켜야 할 어법을 강조한다. 우선 '그러나', '하지만' 등의 접속사를 쓰지 말라고 조언한다. '미안합니다', '제가 잘못했습니다', '앞으로 더 잘하도록 노력하겠습니다'라는 말 뒤에 그 어떤 말도 덧붙이지 말라는 것이다. 만약 "미안합니다. 하지만 그때 그랬던 것은……" 하고 이유를 붙이기 시작하면, 오히려 사과의 의미가 퇴색하고 갈등만 증폭될 수 있기 때문이다. 만약 클라크가 '대참사가 일어난 것은 매우 유감이나, 테러 앞에 정부가 할 수 있는 일이 없었다' 라고 말했다면, 퍼셀이 그저 공익을 훼손한 점을 정중히 사과하고 벌금을 낸 사실을 알렸다면 어땠을까? 아마도 대중은 전혀 다른 반응을 보였을 것이다.

골드스미스가 사과 뒤에 '어떤 말' 도 덧붙이지 말라고 한 것은 조직 내부에서 리더로서 자기 변화를 꾀하고자 할 때, 구성원들의 피드백에 대해 구차한 변명을 하기보다는 이를 '있는 그대로 받아들이는 것이 중요하다' 는 의미였다. 이 충고는 일상적 사과에서도, 공적 사과에서도 모두 통용될 수 있다.

필자(김호)가 실제로 경험한 사례를 들어보자. 한 비영리단체의 책임자를 코칭했을 때의 일이다. 필자의 권유에 따라 그 책임자는 직원들로부터 자신의 리더십에 대한 피드백을 익명으로 받게 됐다. "리더에게 다가가기가 쉽지 않다", "표정이 가끔 무섭기도 하고, 어떤 때는 인사를 해도 받지 않는다"와 같은 '리더의 접근성' 에 대한 내용이 눈에 띄었다.

책임자는 이러한 피드백을 받고 '살짝' 흥분했다. 자신은 언제나 직원들에게 문을 열어놓고 대화하고자 하는데, 직원들이 괜한 오해를 한다는 반응이었다. 그러면서 피드백 결과에 대해 직원들에게 브리핑하는 자리에서 해명하겠다고 주장했다. 필자는 다시 생각해볼 것을 권유했다. 그러면 직원들과 피드백을 공유하는 자리가 아니라 해명하는 자리가 될 것이며, 직원들이 그런 상황을 어떻게 받아들이겠는가 하고 말이다. 직원들은 "거봐, 솔직하게 피드백하면 뭐해. 자기 해명할 기회만 주는 거지, 뭐"라고 반응할 것이 뻔했다. 대신 책임자에게 "직원들의 피드백을 있는 그대로 공유하고, 잘못한 점에 대해서 사과하고, 앞으로 개선하겠다는 말 이외에 그 어떠한 변명도 하지 말라"고 권유했다. 직원들과 대화할 때 '그러나' '하지만' 등의 접속사도 절대 쓰지 말라고 당부했다.

결국 책임자는 필자의 권유를 받아들이기로 했고, 그대로 실행에 옮겼다. 브리핑 미팅을 마치고 그는 다음과 같이 분위기를 전해왔다. "코치한 대로 피드백에 대한 감사와 미안함에 사과까지 곁들여 조목조목 차분히 피드백을 브리핑했더니, 아 글쎄 박수까지 치는 것 있지요? 그 모임 이후에 사무실 공기가 확 바뀌는 걸 느꼈습니다. 그 느낌 알지요? '아 시원하다. 우리 책임자가 내 말을 알아들었네? 속에 담아놓고 표현 못했던 것을 이렇게 전달할 수 있으니, 우리 조직은 멋진 곳이야. 나도 뚜렷한 기준을 가지고 생각하고 말하고 행동해서 다른 사람의 피드백을 잘 수렴하면서 조직 발전에 도움이 되어야지.', 뭐 이런 분위기가 되었지요."

개인 간의 사과 또는 정부나 기업의 공적 사과에서 일정 수준의 해명은 필요하다. 특히 사실과 명백히 다른 오해를 하고 있을 때 그렇다. 그러나 골드스미스가 언급한 맥락에서의 피드백은 '사실 여부'라기보다는 조직원들이 자신을 바라보는 관점이나 의견에 대한 것이므로, 이에 대해 해명하기 시작하면 결국 신경전이 벌어지고 '관점의 충돌'로 끝날 수 있다.

또한 한 가지 기억해야 할 것은 어떤 경우에도 '그러나', '하지만'은 피해야 한다는 점이다. 이러한 접속사는 변명으로 이어지기 쉽고 사과를 변명으로 보이게 하기도 쉽다. 철학자 닉 스미스는 "사과란 동의를 전제로 한다"고 말했다. '그러나'라는 접속사는 '의견 불일치(disagreement)'를 나타내기 위해 쓰는 표현이다. '리더십의 언어'로서 사과를 할 때 '그러나'는 구차한 변명의 냄새를 풍기는 몹쓸 접속사다.

'만약 그랬다면, 사과할게'

우리가 일상에서 흔히 저지르는 '사과의 실수'이자, 정치인이나 사회 리더들이 자주 범하는 '최악의 사과'는 "만약 ~ 그랬다면, 사과한다"는 조건부 사과다. 조건부 사과는 사과라는 동전의 양면 중 '책임을 부정하기' 때문이다.

아론 라자르는 대표적인 조건부 사과로 "기분이 상하셨다면 사과드립니다"라는 표현을 들고 있다. 이런 사과는 가해자 쪽이 자신의 잘못을 애매하게 만들어버리는 동시에 피해자가 마치 너무 예민하거나 속이 좁아서 '별문제도 아닌데 기분이 상해한다'는 뉘앙스를 풍긴다. 철학자 닉 스미스 역시 "이러한 사과 표현은 잘못을 교묘하게 피해자에게 돌리는 것으로, 피해자가 가해자의 의도를 오해했다든지, 피해자가 너무 유약하다는 식으로 오히려 공격에 가깝다"고 지적한다.

예를 들어, 1974년 8월 8일 리처드 닉슨 미국 대통령은 사임을 발표하면서 "발생했을지도 모르는 어떠한 위법 행위"에 대해 유감을 표했다. 이는 자신의 의도와는 달리 위법 행위가 있었다면, '유감의 뜻'을 전한다는 의미다. 라자르는 이를 '실패한 사과(failed apology)'의 대표적인 예로 규정한다. 닉슨 자신이 유감을 표명하면서도 자신의 잘못이 정확히 무엇인지 제대로 파악하지 못했기 때문이다.

2004년 2월 1일, CBS-TV는 텍사스 주 휴스턴에서 열린 제38회 슈퍼볼 경기(미국 풋볼리그의 챔피언 결정전)를 중계하고 있었다. 하프타임이 되자 저스틴 팀벌레이크와 재닛 잭슨이 함께 나와 노래를 불렀다. 저스틴 팀벌레이크는 그의 노래 '네 몸을 흔들어봐(Rock Your Body)'를 부르면서 "이 노래가 끝나기 전 네 옷을 벗겨버릴 거야"라는 가사가 나오자 재닛 잭슨의 옷을 잡아당겼다. 그런데 그 순간 약 0.5초 동안 재닛 잭슨의 오른쪽 가슴이 노출되는 대형 사고가 터졌다. CBS-TV 측은 이 같은 돌발 상황에 카메라를 경기장의 허공으로 비추었지만, 이미 수백만의 시청자들이 문제의 장면을 보고 난 뒤였다.[29]

이 사건으로 미국 연방통신위원회(Federal Communications Commission)는 CBS-TV 측에 무려 55만 달러에 이르는 벌금을 부과했으며, 미국 전역에서 54만 통에 이르는 항의 전화와 이메일이 연방통신위원회에 접수됐다. 이처럼 파장이 일자 저스틴 팀벌레이크의 언론 홍보 매니저는 "하프타임 쇼 중간에 벌어진 '의상 사고'로 인해 불쾌하신 분이 있었다면, 죄송합니다"라고 '사과 아닌 사과'를 했다. 진정성이 전혀 느껴지지 않는 사과였다.

우리나라에서도 이런 일이 흔히 벌어진다. 조건부 표현은 청문회에서 후보자들이 써먹는 단골 메뉴이기도 하다. 2009년 9월 국회 인

사청문회에서 소위 '다운 계약서'와 관련해 당시 백희영 여성부 장관 후보자는 "계약서 작성을 직접 하지 않았다"면서 "적절치 않은 점이 있었다면, 사과드린다"고 말했다. 조건부 표현을 쓴 것은 다운 계약서와 관련해 '직접적인 책임'으로부터 거리를 두려는 수사법이었을 것이다. 2010년 8월 총리 후보자로 지목되었다가 결국 낙마한 김태호 후보자도 야당의원인 강기갑, 박병석 의원의 추궁에 대해 계속 부인으로 일관하다가 결정적인 증거를 들이대자 "그게 잘못됐다면, 사과를 해야 하겠죠", "그렇게 돼 있다면, 저는 인정하고 싶습니다"라는 사과 아닌 사과를 했다. 정운찬 전 국무총리 역시 후보자 시절 인사청문회에서 여러 가지 의혹으로 곤혹을 치러야 했다. 그는 의원들의 질의를 받고 때론 강력하게 항의를 하기도 했는데, 그러고 나서 "답변하는 중에 예의 바르지 못한 점이 있었다면, 용서해달라"고 사과하기도 했다. 그렇다고 해서 예의 바른 국무총리가 되는 것은 아니다.

사람들이 자주 사용하는 '조건부 사과에 대한 표현'을 연구한 결과, 사람들은 몇 가지 독특한 사과 표현을 쓰고 있었다. 하나는 "(당신의) 기분이 상했다면 (내가) 미안하다"라는 형태다. 두 번째는 "(내가) 당신의 기분을 상하게 했다면, 미안하다"라는 형태다. 즉 '~했다면'의 주어를 피해자에게 두는지 가해자인 자신에게 두는지의 차이가 있다. 후자의 형태("내가 당신의 기분을 상하게 했다면")가 잘못의 비중을 자신에게 조금 더 두고 있어 전자보다 상대적으로 낫기는 하다. 전자의 형태가 더 큰 분노를 일으키는 것은 역지사지로 생각해보면 쉽게 이해가 갈 것이다. 하지만 사과를 받는 입장에서는 두 가지 조건부 표현 모두 '책임의 회피'로 해석될 수 있다. 따라서 두 가지 형태의 사과 모두 권하고 싶지 않다.

덧붙여 이야기하자면 정운찬 총리가 썼던 표현인 "답변하는 중에 예의 바르지 못한 점이 있었다면 용서해달라"는, 조건부 사과이면서도 위의 두 조건부 사과에 비해 좀 더 나은 형태로 들린다. 왜일까? 두 가지 이유가 있다.

첫째, 앞서 지적한 것처럼 "(제가) 답변하는 중에 예의 바르지 못한 점이 있었다면"이라고 말해 사과에서의 무게중심을 자신의 잘못에 두었기 때문에 상대적으로 "의원님의 기분이 나쁘셨다면"이라고 말한 것보다는 낫게 들린다. 둘째, 사과의 표현 중 다른 조합을 사용했기 때문이다. 즉 '미안하다'는 표현 대신 '용서해달라'고 말한 것이다. 용서를 구하는 직접적 표현은 사과의 여러 표현 중에서도 매우 '강도 높은' 형태. 미안하다고 '유감'을 표시하는 것보다, 용서해달라고 표현하는 것이 용서를 구하는 데 좀 더 적절하다. 실제로 사과를 하는 입장에서도 '용서해달라'라는 말은 '미안하다'라는 표현보다 말하기가 쉽지 않다. 그만큼 자신을 낮추는 것이기 때문이다. 그럼에도 여전히 사과의 진정성이 떨어지는 것은 마찬가지다.

'실수가 있었습니다'

비사과 사과로 분류할 수 있는 또 다른 형태로 수동태 사과가 있다. 대표적인 표현은 '실수가 있었다'라는 것으로 〈뉴욕 타임스〉는 이를 꼬집어 "고전적인 워싱턴 언어학적 표현"이라고 부르기도 했다.[30] 워싱턴의 정치인들이 이런 식의 사과를 오랫동안 사용하고 즐겨왔기 때문이다. 이러한 수동태 사과에는 사과의 주체를 모호하게 만들어 '책임 인정'을 회피하려는 비겁한 태도가 내포돼 있다.

예를 들어 1987년 1월 27일, 당시 로널드 레이건 미국 대통령 역시 연두교서에서 이란-콘트라 스캔들과 관련해 미국 정부의 잘못을 언급하면서 '실수가 있었다'라는 표현을 사용했다. 1973년 노벨평화상을 수상한 헨리 키신저 미국 국무부 장관은 1970년대 베트남, 캄보디아, 남아메리카에서 있었던 전쟁 범죄 관련 의혹에 대해 해명하면서 "내가 일했던 행정부에 의해서 실수가 있었을 가능성이 있었다"라는 애매모호한 표현을 했다. 이처럼 단번에 정확한 내용이 파악되지 않는 사과는 진심 어린 사과가 아니다.

1991년, 조지 부시 대통령의 비서실장이었던 수누누(Sununu)가 군사용 항공기를 치과 주치의와의 만남과 스키여행 목적으로 사용한 일이 드러났다. 이는 명백한 규정 위반이었다. 이 사건 이후 부시 대통령은 백악관의 여행 규정을 더욱 강화하여 새로 내놓기도 했다.[31] 수누누 비서실장은 "명백하게 부적절한 행동에 대해서 누구보다 제가 가장 유감스럽게 생각합니다. ……당연히 일정 부분 실수가 있었습니다"라고 역시 수동태를 써서 사과했다.

빌 클린턴 미국 대통령은 1997년 1월 28일 민주당의 기금조성 과정에서 "고의적이었든 우연이었든, 실수가 있었다"라고 언급한 바 있다. 2009년 9월 마이크로소프트의 CEO였던 스티브 발머(Steve Ballmer)는 자사의 제품인 윈도 모바일 7에 문제점이 발견되자, "원도 모바일 7에 실수가 있었다"라는 표현을 썼다. 이것은 제품의 품질에 책임을 져야 하는 CEO로서 적절하지 않은 어법이었다. 미국의 사회심리학자 캐럴 타브리스(Carol Tavris)와 엘리엇 아론슨(Elliot Aronson)의 말처럼, 이러한 사과는 "실수는 있었으나 내가 그런 것은 아니다"라는 의미를 넌지시 내포한 비겁한 사과이다.[32]

사과 아닌 사과 발언에 대해 우리는 어떻게 받아들여야 할까? 가장 영향력 있는 사회학자 중 한 명인 어빙 고프먼(Erving Goffman)은 '사과란 자아를 두 개로 나누려는 시도'라고 표현했다. 즉 사과할 때 우리는 '잘못을 저지른 자아'와 '잘못으로부터 배우고 앞으로 더 잘하려는 좋은 자아'로 나누려 한다는 뜻이다. 두 자아가 모두 사과 안에 들어 있을 때 진정한 사과가 된다. 따라서 고프먼의 관점에서 보자면, 수동태나 조건부로 표현된 사과는 실수나 잘못을 저지른 '존재'는 인정하되, 책임이나 자신과의 연관성은 부정하고 거부하는 자세를 보인다는 점에서 진정한 사과라고 볼 수 없다.

우리 필자들은 사과에 대한 연구를 수행하면서 사과 아닌 사과를 진정한 사과로 인정하지는 못하더라도 이러한 사과 표현의 필요성이나 '현실적 유용성' 자체를 부인하기는 어렵다는 판단을 하게 되었다. 외교적, 정치적 수사학으로서 '사과 제스처', '협상용 사과', '정치적 사과' 등으로 불리는 다양한 비사과 사과가 존재한다는 사실을 부정할 수 없다.

그러나 백번 양보한다고 해도, 비사과 사과의 유용성은 제한적일 수밖에 없다. 대표적인 예로, 일본 정부가 일제 강점기와 제2차 세계대전 동안 저지른 만행에 대해 우리 국민들에게 했던 사과는 그저 사과 제스처, 협상용 사과, 또는 비사과 사과의 전형적인 형태에 지나지 않았다. 일본 정부가 몇 차례에 걸친 사과를 했음에도 불구하고, 우리나라를 포함해 주변국들로부터 신뢰받지 못하고 외면당하고 있는 이유는 (심지어 더 심한 분노를 불러일으키는 이유는) 그것이 진심이 담겨 있지 않은 비사과 사과일 뿐이기 때문이다. 여기서도 비사과 사과의 유용성은 제한적일 수밖에 없음을 보여준다.

　같은 맥락에서, 사과를 받는 쪽에서도 비사과 사과의 의도를 정확하게 파악하는 것이 중요하다. 적어도 용서를 구하려는 의도가 담긴 진정한 사과와 '상황을 모면하기 위한 카드'로서의 사과를 구분하는 지혜가 필요하다. 예를 들어, 2010년 8월 총리 후보자 인사청문회의 한 장면을 상기해보자. 관용차의 사적 사용에 대해 계속 부인해오던 김태호 후보자에게 민주당의 박병석 의원이 도청의 관용차 운행 일지 기록을 들이대며 '빠져나갈 수 없는 명백한 증거'를 제시했다. 그러자 김 후보자는 "그렇게 돼 있다면 저는 인정하고 싶습니다"라고 답변했다. 전형적인 비사과 사과다. 그러나 이 사과는 상황을 모면하기 위한 사과 제스처에 지나지 않았기에, 박병석 의원은 더 나아가 김태호 후보자에게 '제대로 된 책임 인정의 사과'를 요구했어야 했다. 국민을 대신해 제대로 된 사과를 받도록 노력하는 것 또한 청문회에 참석하는 국회의원이 해야 할 역할이다.

　정치뿐만 아니라, 소비자의 권리 보호를 위해서도 비사과 사과와 진정한 사과를 섬세하게 구분해야 한다. 예를 들어, 기업이 자사의 잘못으로 소비자에게 해를 끼쳤을 때, 단지 그 상황을 모면하기 위한 '카드'로 애매모호한 비사과 사과를 쓰는 경우가 종종 있다. 이때 소비자는 비사과 사과를 지적하고, 적절한 보상을 포함한 책임 있는 사과를 요구해야 한다.

어떤 상품의 복제품이나 유사품이 많이 등장하는 현상은 그만큼 오리지널 제품의 브랜드 파워가 강하다는 것을 의미한다. 그래서 명품일수록, 사람들에게 인기를 끄는 제품일수록, 이를 모방한 제품들이 범람하게 마련이다. 아론 라자르는 "사과와 관련해서도 같은 현상이 벌어지고 있다"고 지적한다. 그는 사회에서 일어나는 사과 행위를 관찰한 후, 몇 가지 사과 아닌 사과의 형태를 밝혀내고, 이러한 '유사 사과(pseudo-apology)'를 자주 대하게 되는 이유는 '진짜 사과'가 가진 파워를 역설적으로 보여주는 증거라고 주장한다. 일리 있는 말이다. 그러니 짝퉁 사과를 하지 말고, 쿨하게 진짜 사과를 하자는 얘기다!

"결혼 생활을 유지하고 싶으시다면,
두 분 서로 '잘못했어' 라고 말씀하세요."
"당신이 잘못했어!"

chapter 6

당신이 사과하기 힘든 진짜 이유

"군자의 허물은 마치 해와 달이 일식이나 월식을
 일으키는 것과 같아서 누구나 다 보게 마련이다.
 그러나 그것을 고친다면 사람들은 모두 그 용기를 우러러본다."

― 《논어》, 자장子張

"변명은 거짓말보다 더 나쁘고 더 추악하다.
 왜냐하면 변명이란 방어벽을 친 거짓말이기 때문이다."

― 교황 요한 바오로 2세

지금까지 진심 어린 사과가 얼마나 중요한가에 대해 다양한 실험적 근거와 실제 사례를 통해 알아보았다. 정치인에서부터 연예인, 기업의 CEO까지, 누구에게나 진심 어린 사과는 중요하며, 이제 사과는 더 이상 패자의 언어가 아니라 승자의 언어, 진정한 리더의 언어라는 사실을 인식했을 것이다.

독자들 중에는 이미 사과의 중요성을 깊이 깨닫고 있는 사람도 있을 테고, '교과서적인 얘기'라며 따분해하는 사람들도 있을 것이다. '사과가 중요한 걸 누가 모르냐고! 문제는 실천인데, 그게 어디 쉬운 일인가?'

진심 어린 사과의 중요성을 알고 있는 사람들이 일상에서, 또는 공적인 영역에서 실수나 잘못을 했을 때 진심 어린 사과를 하지 못하는 이유는 무엇일까? 이것이 '사과의 기술'을 연구하면서 갖게 된 의문 중 하나다. 단순하게 생각하면, '자존심 때문'이라고 대답할 수 있겠지만, 그것으론 대답이 충분하지 않다. 사과가 왜 그토록 자존심 상하게 하는 행동이란 말인가?

그럴 만한 이유가 있었어

2009년 6월 미국의 유서 깊은 잡지인 〈애틀랜틱〉은 흥미로운 기사를 실었다.³³ 1937년 하버드 대학의 연구자들은 '행복한 삶을 구성하는 어떤 법칙 같은 것이 존재할까?'라는 질문에 대해 장기간에 걸친 연구를 수행했다. 건강하고 학교 생활에 잘 적응하던 남학생 268명의 생애를 70년 이상 추적 조사를 한 것이다. 그중에는 존 F. 케네디 전 미국 대통령도 포함돼 있었다. 이 연구를 이어받아, 지난 42년 동안 연구 책임자로 활동해온 조지 베일런트(George E. Vaillent) 박사도 이제 74세로 퇴임을 앞두고 있었다. 연구 대상자들의 절반은 이미 사망했으며, 생존자들도 죽음이 얼마 남지 않은 시점에서 연구 결과가 세상에 처음 공개됐다.

이 연구에서 한 가지 눈에 띄는 결과가 있었다. 제2차 세계대전 참전 경험이 있는 사람들을 대상으로 조사한 결과, 1946년에는 34퍼센트가 적군의 포화 속에 놓여본 적이 있다고 답했고, 25퍼센트는 적군을 죽인 적이 있다고 대답했다. 하지만 32년이 지난 1988년 같은 질문을 던졌을 때, 전자는 40퍼센트로 증가했고, 후자는 14퍼센트로 떨어졌다. 하버드 연구팀은 이 같은 결과가 나온 것에 대해 "사람들은 모험적인 경험은 부풀리고, 부정적인 경험은 축소하는 등 자신의 삶에 대한 정보를 왜곡시키는 성향이 있다"고 해석했다.

기억의 왜곡 현상과 사과는 어떤 관계가 있을까? 사회심리학자인 캐럴 타브리스와 엘리엇 아론슨은 《거짓말의 진화Mistakes Were Made(But Not by Me)》라는 흥미로운 책에서, 자기합리화를 통해 사과가 어려운 이유를 명쾌하게 설명하고 있다.

자기합리화는 거짓말과는 분명하게 구분된다. 예를 들어, 직장인이라면 개인 비용과 회사 비용의 경계에서 갈등해본 적이 있을 것이다. 개인적인 일로 친구들과 식사를 하고서 회사에는 고객과 식사를 했다고 보고하며 비용을 청구했다고 가정해보자. 이는 거짓말에 해당한다. 반면 친구들과 식사를 하고는 다음과 같이 생각했다고 치자. "내가 그동안 회사를 위해서 얼마나 열심히 일했는데, 이정도는 회사에 청구해도 되지 않겠어? 아마 부장님도 말을 안 해서 그렇지, 나의 노력에 대해서 이 정도의 보상은 해주고 싶을 거야." 이는 전형적인 자기합리화의 모습이다.

타브리스와 아론슨은 이런 구분을 바탕으로 거짓말보다 자기합리화가 더 위험하다고 지적한다. 두 심리학자의 표현을 빌린다면, 일반적인 거짓말이 타인에 대한 것이라면, 자기합리화는 '자기 자신에 대한 거짓말' 이다. 자기합리화에 빠지게 될 경우, 사람들은 자신의 행동이 최선이었고 그 외에는 선택이 없었다고 왜곡하여 받아들이게 된다. 잘못을 하고 나서도 '그럴 만한 충분한 이유가 있어'라고 자기 암시를 한다는 것이다.

《설득의 심리학》으로 널리 알려진 애리조나 주립대의 로버트 치알디니 박사도 같은 의견을 피력한다. 그가 《설득의 심리학》에서 주장하고 있는 '일관성의 법칙'은 나머지 법칙들과는 달리 자기 자신에 대한 설득을 말한다. 즉 사람들은 자신이 잘못된 결정이나 행동을 했다는 사실을 쉽게 받아들이지 못하며, 자신이 옳은 결정을 했다고 스스로 설득하는 경향이 있다는 것이다. 그래서 우리는 차를 구매할 때 두 가지 모델을 놓고 고민하다가 어느 하나를 결정하고 나면 '옳은 선택을 했다'는 믿음을 굳히기 위해 그 모델의 광고를 더욱 집중해서 보거나, 같은 결정을 한 사람들과 만나면 맞장구를 쳐가며 스스로를 위로한다. 어디 차뿐이겠는가!

이처럼 자기합리화는 '일관성을 유지하려는 인간 본성'에서 비롯된다. 그렇다면 자기합리화를 부추기는 심리적 메커니즘은 무엇일까? 타브리스와 아론슨은 '인지 부조화(cognitive dissonance)'로 이것을 설명한다. 인지 부조화를 이해하는 데 가장 좋은 사례는 '담배'일 것이다. 담배가 건강에 해롭다는 것을 알면서도 담배를 피우는 사람은 일관되지 못한 두 가지 인식의 간극을 경험하게 된다. 이 간극을 줄여주는 가장 확실한 방법은 담배를 끊는 것이겠지만, 사람들은 '담배가 몸에 나쁘긴 하지만, 심리적인 스트레스를 줄여주는 순작용도 있어'라는 식으로 자기합리화를 통해 심리적 간극을 메우려 한다. 이렇게 자기합리화는 현실에서 맞닥뜨리는 다양한 인지 부조화를 해소하는 가장 편리한 방법이다.

우리가 사과하는 것을 그토록 힘들어하는 것도 자기합리화로 설명할 수 있다. 앞서 살펴본 하버드대의 연구 결과가 보여주듯, 시간이 흐르면서 우리의 기억은 자기 자신을 너그럽고 유리한 방향으로 왜곡해 인식한다. 그 과정에서 우리는 우리가 저지른 잘못을 자기합리화하고(일관성 유지를 위해 인지 부조화를 없애려고 노력하는 것이다!), 사과할 이유를 애써 축소하고 결국 없애버리게 된다.

덧붙여 말하자면 우리의 뇌는 구조적으로 사과를 하기 힘들다. 인간은 실수나 잘못을 저지르거나 그것을 인지하는 순간, '누군가 알게 되지나 않을까' 또는 '이로 인해 어떤 피해가 오지 않을까' 하는 우려로 극도의 스트레스를 겪는다. 스트레스는 우리 뇌에서 판단을 담당하는 전전두엽의 활동을 방해하고, 감정을 담당하는 편도체가 우리 뇌를 더욱 강하게 지배하게 된다. 이런 상황에서 실수나 잘못을 저지른 사람은 자신에게 발생할 수 있는 위협에 촉각을 세우고, 방어적인 논리에 더욱 치중하게 되는 것이다.

위험한 법정의 논리

자기합리화에 의한 '사과의 필요성 축소'는 개인적인 차원을 넘어서 정치집단이나 기업의 위기 상황에서도 발견된다. 많은 기업이나 정부, 혹은 정당들이 어떤 실수나 잘못을 저지르고 나면, 임원회의 같은 의사결정 기구를 소집해 자신을 방어할 논리를 찾는 데 집중한다. 조직의 입장에서는 사과를 차마 하기 힘든 또 하나의 이유가 도사리고 있는데, 바로 '법정의 논리'다. 자사의 잘못을 인정하고 사과를 하게 되면, 추후에 따르게 될 법적 소송에서 불리하게 작용할까 봐 염려하는 것이다.

하지만 기업이나 정당, 혹은 정부가 잘못을 저지르고 나면, 두 가지 논리 사이에서 균형을 잡아야 한다. 바로 '법정의 논리'와 '여론의 논리'다. 그런데 이 두 가지 논리가 서로 반대 방향의 지향점을 가지기 때문에 딜레마에 빠지게 된다. 법정에서는 피고인의 유죄가 법관에 의해 인정되기 전에는 무죄다. 하지만 여론은 '피고인'의 무죄가 밝혀질 때까지 유죄의 시선으로 바라본다. 또 여론은 책임을 인정하고 사과하는 자세를 통해 누그러지지만, 법정은 책임을 인정하고 사과하는 순간 법적 대가를 치르게 한다. 기업이 선뜻 사과하지 못하는 이유는 이 딜레마 사이에서 결국 법적인 불리함을 없애는 데 치중해 의사결정을 하기 때문이다. 삼성중공업이 태안반도 기름 유출 사태를 일으키고 나서 (명백히 그 책임을 물어야 했음에도 불구하고) 무려 47일이 지나서야 아주 기본적인 사과에 그친 것도 바로 이런 불균형적인 판단에서 기인한다.

진정한 사과가 누구에게나 쉽다면, 그래서 진정한 용기가 필요하지 않다면, 우리는 그것을 '리더의 언어'라고 부르지 않을 것이다. 쉽지 않기에 이를 실행하는 사람에게 박수를 보내고, 진정한 용서가 뒤따르는 것이다. 그렇다면 사과를 해야 할 상황에서 올바른 판단을 하기 위해서 우리는 무엇을 할 수 있을까?

가장 현명한 방법은 진정한 조언자나 친구를 가까이 두는 것이다. 애정을 가진 진정한 친구나 조언자는 내 잘못에 대해 허심탄회하게 논의할 수 있는 상대이며, 내가 자칫 자기합리화를 하려고 할 때 좀 더 객관적인 입장에서 지적해줄 수 있는 존재다. 인간은 자신의 문제에 대해서는 자기합리화의 덫에 빠지기 쉽지만, 타인의 문제에 대해서는 객관적인 관점에서 바라보고 조언할 수 있다. 그런 점에서 인간은 누구나 '타인의 문제에 대해서만큼은 현명한 판단자'가 된다.

좋은 친구란 늘 내 편이기도 하지만, 때론 '가상의 적'이 되어 상대방의 입장에서 생각하고 조언해줄 수 있다. 결론적으로 자신의 실수나 잘못이 심각할수록 상황을 판단하고 사과의 수위를 조절할 수 있도록 객관적인 조언을 해줄 '좋은 친구'와 상의하라는 얘기다. 피해자는 물론 자신도 보호하는 '효과적인 사과'에 대한 적절한 판단을 함께해 줄 것이다. 좋은 친구의 따끔한 조언은 우리가 쿨한 사과를 할 수 있도록 용기를 준다.

진화, 핑계 대는 인간을 만들다

자신의 실수나 잘못 앞에서 인간은 두 가지 행동 중 하나를 선택하게 된다. 자신의 실수나 잘못으로 인해 벌어진 상황을 받아들이거나, 또는 '부인(denial)' 하거나. 진심 어린 사과는 바로 상황을 제대로 인식하고 받아들이는 데에서 출발한다. 물론 좀 더 깊이 들어가면, 사실은 받아들이되 책임은 인정하지 않는 형태 등 다양한 태도를 보여주는데, 이 모든 행동양식이 '인성 스펙트럼의 한 단면' 이라고 보는 것이 적절하리라. 잘못에 대한 '부인'은 진심 어린 사과를 하는 데 걸림돌이 된다. 사과가 어려운 이유도 여기에서 기인하는 경우가 많다.

심리학적으로 부인을 처음 설명한 사람은 오스트리아의 정신분석학자 지그문트 프로이트였다. 부인은 방어기제와 밀접한 연관이 있는데, 프로이트의 여섯 자녀 중 막내딸인 안나 프로이트는 아버지의 뒤를 이어 방어(defense)에 대한 연구를 했고, 《자아와 방어기제 The Ego and the Mechanisms of Defense》라는 책을 쓰기도 했다. 지그문트 프로이트에 따르면, 부인은 자아(ego)를 위협하는 외부 현실에 대해 무의식적으로 방어하는 심리적 메커니즘이다.[34] 다시 말해, 부인은 인간이 자신을 보호하기 위해 취하는 방어기제로서, 자신의 실수나 잘못이 드러났을 때 정신적 방어를 위해 취하는 자연스러운 행동이라는 것이다.

한편 진화심리학적인 관점에서 해석해보자면, 사과는 오히려 '진화적으로 덜 발달한 행동'일 수도 있다. 많은 진화심리학자들이 지난 3만 년간 인간이란 종은 다양한 지적 능력을 발달시켜왔는데, 그중에서 '사과하는 능력'은 비교적 '진화가 덜 된' 행동이라고 지적한다. 왜 그럴까? 인간에게 사과하는 능력과 반대되는 능력들이 왜 발달하게 됐는지를 살펴보면 그 해답의 실마리를 찾을 수 있다.

'사과하는 능력'의 반대되는 능력이란 바로 '부인하는 능력', '거짓말하는 능력', '핑계를 대는 능력'이다. 모두 공감하겠지만, 이 반대되는 능력들은 인간에게 '매우 발달'돼 있다. 단적으로 대부분의 사람들은 자신의 실수나 잘못에 대해 사과하기보다는 핑계를 대거나, 거짓말을 하고, 부인함으로써 사태를 모면하도록 지적 능력을 발달시켜왔다. 언어는 진실을 말하기 위해 발달한 것이 아니라, 거짓을 말해 내 능력을 과대포장하고 더 멋진 이성에게 선택받기 위해 발달하게 됐다(언어의 목적이 정보 교류나 의사소통이라면, 인간은 말하는 능력보다 듣는 능력이 더 발달했어야 한다. 정보를 잘 받아들이는 사람이 절대적으로 생존에 유리했을 테니까).

일부 진화심리학자들은 인류가 진화하면서 거짓말을 잘하는 사람이 그렇지 않은 사람보다 생존 가능성이 더 높고 성 선택에서도 유리했을 것이라고 주장한다.[35] 실수나 잘못을 솔직히 인정하는 것보다는, 거짓말로 모면하고 부인하는 편이 훨씬 더 얻는 게 많기 때문이다. 거짓말을 했을 때 사람들이 모르고 그냥 지나칠 가능성이 더 높으며, 들키는 횟수보다 그렇지 않은 횟수가 훨씬 더 많았을 것이다(우리의 경험도 그렇지 않은가? 우리는 매일 어떤 수준에서든 거짓말을 하며 살지만, 대개는 들키지 않는다). 인간은 어쩌면 생존과 사회적 지위 상승, 그리고 성 선택을 위해 사과보다는 거짓말, 핑계, 부인 등을 잘하도록 대뇌가 발달해왔을 가능성이 높다. 다시 말해, 인간 대뇌에 있는 '두꺼운' 방어기제가 우리의 얼굴을 철면피로 만들어온 것이다. 그러니 실수나 잘못을 했을 때 용기 있게 잘못을 인정하고 사과하는 태도는 사실 생각보다 어렵고 성숙한 자아만이 할 수 있는 용기 있는 행동이다.

가장 불리한, 그러나 가장 많이 쓰는 카드

"성희롱 발언보다 더 나쁜 것은 강 의원의 거짓말이다."

– 강용석 국회의원의 성희롱 발언을 특종 보도한 중앙일보 심서현 기자[36]

하버드대 경영대학원의 리처드 테들로(Richard Tedlow) 교수는 2010년 《CEO의 현실부정 Denial》이라는 경영 역사서에서 서양 비즈니스의 역사를 훑어가면서 리더들이 자신의 실수나 잘못, 혹은 자사의 과오를 인정하지 않고 '부인' 해온 역사를 심도 있게 분석하고 있다. 이 책에 따르면, 리더들의 부인 현상은 인류 역사에서 매우 빈번하게 발견되었다. 사과에 대해 연구를 한 프란츠와 베니그손은 사과를 인류에게 가장 널리 존재하는 기본적이면서도 중요한 '갈등해소 기술'로 정의했지만,[37] 아쉽게도 이 기본적인 테크닉을 제대로 사용하는 리더를 발견하기란 쉽지 않다. 그런 의미에서 리더의 진심 어린 사과는 (진화론적으로는 미성숙하나) 성숙한 자아의 언어이며, 위대한 리더만이 구사하는 언어인 것이다.

한국 사회에서도 '부인의 역사'는 멀리 갈 필요도 없이 날마다 신문지면에서 확인할 수 있다. 2010년 여름 한 국회의원이 얽힌 사건을 통해 부인과 사과의 역학을 고찰해보자.

2010년 7월 16일 강용석 의원은 국회의장배 대학생 토론대회에서 2, 3등을 차지한 연세대학교 토론 동아리 YDT(Yonsei Debate Team) 회원 20여 명과 함께 저녁을 먹으며 실언을 한 것으로 알려졌다. 〈중앙일보〉 보도에 따르면, 아나운서 지망을 희망한다는 여대생에게 "아나운서 되려면 다 줘야 한다"는 아나운서 비하 발언을 했고, "대통령도 네 전화번호를 따고 싶었을 것"이라는 등의 성희롱 발언을 했다고 한다. 검찰 조사에서 그가 "여성 로비스트의 최후 무기는 몸이다"라는 발언을 한 것도 추가로 드러났다.

2010년 9월 2일 한나라당은 의원총회를 열어 강용석 의원을 제명하기로 결정했다. 6일 뒤인 9월 8일, 서울서부지검은 여대생 성희롱 발언으로 물의를 일으킨 강 의원이 오히려 이를 보도한 언론사를 고소한 것에 대해 무고 등의 혐의로 불구속 기소됐다고 밝혔다.

이 사건이 세상에 알려지자 강 의원은 모든 논란에 대해 '부인'으로 일관했다. 우선 그의 부인 전략이 얼마나 '다양하게' 나타났는지 살펴보자. 강용석 의원의 성희롱 발언을 특종 보도한 중앙일보 심서현 기자는 한 대학생으로부터 우연히 문제 발언에 대해 듣고 취재에 나섰다. 여러 취재원을 통해 사실임을 확인한 기자는 강용석 의원의 반론을 듣기 위해 전화했으나, "그런 말을 한 적이 없다"라는 답변을 들었다. 그 후 강 의원의 변호사는 심 기자에게 전화를 걸어 명예훼손을 운운하며 "소송 걸면 기자님이 지십니다"라고 협박까지 했다고 한다.

여기에서 그치지 않았다. 강 의원은 기자회견에서 "2010년에 입사한 신입 기자가 쓴 첫 기사"라는 식으로 기자를 '초짜' 취급하며 인격적으로 깎아내렸을 뿐 아니라, 심 기자를 명예훼손으로 고소하고, 중앙일보와 매일경제신문을 상대로 정정 보도까지 요구했다. 또 문제의 자리에 있던 학생들에게 전화를 걸어 압력을 행사했다. 이와 같이 강 의원은 문제의 사건에 대해 부인, 협박, 폄하, 고소, 압력 등 다양한 수단을 동원해 대응했다(이 사건은 2011년 2월 현재까지 최종 판결이 난 상태가 아니므로, 누구의 발언이 사실인지는 정확히 판단하기 어렵다. 다만 협박, 폄하, 고소, 압력 등 폭력적인 부인 행동은 사람들이 거짓을 주장할 때 종종 취하는 행동양식이라는 심리학적 판단에 근거해 논리를 전개하고 있음을 일러둔다).

강용석 의원은 7월 20일 '중앙일보 보도 관련 정정 보도 요청 및 입장 표명'이라는 보도자료를 통해 "당사자인 학생도 중앙일보 기자의 질문에 제가 그런 말을 하지 않았다고 인터뷰했습니다"라고 밝혔다.[38] 하지만 다음 날인 21일 해당 학생들은 "강 의원의 (성희롱) 발언은 실제로 있었다. 강 의원이 해명 기자회견에서 사실과 다르게 언급해 유감스럽게 생각한다"는 공식 입장을 밝혔다.[39] 10월 13일에 열린 첫 공판에서도 무고, 명예훼손, 정보통신망법 위반 및 모욕 등 네 가지 혐의에 대해 그는 전면 부인했다. "전부 무죄 취지로 다퉈보겠다는 것이냐"는 판사의 질문에 피고인으로 출석한 강 의원은 그렇다고 대답했다.

서울대 법대, 하버드 로스쿨 졸업의 변호사, 40대 초반의 엘리트인 강 의원으로서는 자신의 정치생명에서 가장 큰 위기를 맞은 것이다. 위기 탈출의 방법으로 그는 '부인 전략'을 택했다. 어쩌면 변호사 출신이라는 점이 작용했는지도 모르겠다. 법정의 논리로 따지자면, 피고는 스스로 자신의 죄를 인정할 필요도 없고, 법정이 피고의 유죄를 입증하기 전까지는 무죄를 주장할 수 있기 때문이다. 하지만 이는 법정의 논리에 익숙한 생존 전략일 뿐이다. 국회의원이 국민 여론과 표심으로 존재한다는 사실을 감안할 때 그가 택한 전략은 그 누구보다도 자신에게 가장 불리하게 작용하는 카드였다.

중앙일보의 취재로 그의 발언이 알려지고 사회적 이슈로 불거지기 시작했을 때, 그가 부인이 아닌 '사과의 전략'을 썼더라면 어땠을까? 그는 과연 어떻게 했어야 옳을까? 필자들이 이 사건을 분석한 것을 기반으로 그가 취했어야 했던 조치에 대해 알아보자.

처음 중앙일보 기자로부터 사실 확인 전화를 받았을 때, 그는 자신의 실수를 인지하고 있었을 가능성이 높다. 그가 술에 취해서 한 말이 아니기 때문이다. 그는 다음과 같이 대응했어야 한다. 첫째, 인정이다. 중앙일보 기자에게 사실 확인을 하면서, 연세대 학생들에게 사과를 약속하고 잠깐이라도 시간을 달라고 했어야 했다. 그리고 기자와 통화를 마치자마자 연세대 학생들에게 전화를 걸거나 찾아가 정중하게 사과하고 용서를 구했어야 했다. 평소 친분이 있었던 연세대 학생들의 지도교수에게도 사과하고 용서를 구했어야 했다. 그리고 나서 학생들에게 사과한 내용을 중앙일보 기자에게 알리면서 공식적으로 보도자료나 기자회견을 통해 다시 한 번 사과를 하고 '한나라당의 조치에 따르겠다'고 말했어야 했다.

하지만 그는 모든 단계에서 가장 부적절한 방식으로 대응했다. 기자를 깎아내리고, 고소를 했으며, 당의 의견에 대해서는 침묵으로 일관했다. 보도에 따르면, 대검의 한 관계자조차 "강 의원이 중앙일보 보도 직후 사실대로 말하고 용서를 구했다면 형사처벌 수위가 낮아졌을 수도 있다. ……거짓 해명으로 일관하는 바람에 일을 키운 것 같다"라고 말했다.[40] 시인 김민정은 한겨레신문 칼럼에서 다음과 같이 이 사건에 대해 '뼈 있는' 지적을 했다.

"(잘못으로 인해 만들어진) 빨간 얼굴을 제 빛으로 돌리기 위한 가장 빠른 색칠공부는 발빠른 인정일 것이다. 시간이 지날수록 빨간 사과의 빛은 검게 변하고, 그 속은 곪는다. 나는 잘 익은 빨간 사과를 맛보고 싶을 뿐이다."[41]

PART 2

우리가
사과에 대해
오해했던
모든 것

"I'M REAL SORRY, KANDLEWOOD, BUT WE'VE HAD SOME REDUCTIONS IN OUR DENTAL PLAN."

"죄송해요, 하지만 치과 보조 비용이 감축되었잖아요."

chapter 7
사과는 비용이 많이 드는 비즈니스의 '자살골'이다?

"사람들은 선하고 자신의 실수를 뉘우치는 의사를
절대로 고소하지 않는다. 그러한 의사들의 환자는 절대로
우리[변호사] 사무실로 전화하지 않는다. 그러나 커뮤니케이션이
미숙하고, 건방지고, 환자를 내팽개치는 의사는
늘 고소를 당하게 되어 있다. 그러한 의사들의 환자는
우리 사무실로 전화를 걸어 해결책을 얻고자 한다."

― 데이비드 패튼 David Patton, 의료사고 소송 전문 변호사

우리는 종종 일의 윤리적인 과정과 경제적인 결과 중 어느 것이 더 중요한지를 놓고 고민한다. 윤리적으로 옳은 과정이지만 그 경제적 효과는 그리 좋지 못한 경우와 다소 비윤리적인 과정을 거쳐 더 나은 경제적 이윤을 얻을 수 있는 경우, 비즈니스 현실 속에서 둘 중 하나를 선택해야 하는 상황은 매우 빈번하게 일어난다. 가령 더 나은 결과물을 얻기 위해 '뇌물'을 고려하는 것은 가장 흔하면서도 극단적인 예다. 이러한 선택을 앞두었을 때 비즈니스에서 경제적 효과와 이윤은 중요한 요소라는 냉혹한 현실을 결코 무시할 수 없다.

만약 개인이나 조직이 어떤 실수나 잘못을 저지른 위기 상황에서 윤리적이면서 동시에 경제적 효과까지 담보하는 방법이 있다면 얼마나 좋을까? 결론부터 이야기하자면, '제대로 된 사과'가 바로 윤리적인 과정을 통해 경제적 손실을 최소화할 수 있는 방법이다.

실수나 잘못에 대해 사과하는 행동이 윤리적으로 바람직하다는 데에는 이견이 없다. 그럼에도 불구하고 사과에 인색한 것은 윤리적인 가치만 고려한다면 사과하는 것이 마땅하더라도 기업의 사과란 경제적 손실을 가져다주는 자살골이라고 생각하기 때문이다. 과연 그럴까? 정말 사과는 경제적 관점에서 보면 피해야 할 행동일까?

데이브 울리히(Dave Ulrich), 잭 젠거(Jack Zenger), 노먼 스몰우드(Norman

Smallwood) 등은 《결과 중심의 리더십Results-based Leadership》에서 '효과적 리더십(effective leadership) = 속성(attributes) × 결과(results)' 라는 공식을 제시했다. 여기에서 속성이란 리더가 어떤 사람이고(예를 들어 가치나 성격), 무엇을 알며(지식 및 능력의 문제), 무엇을 하는가(행위, 습관, 스타일 등) 등을 의미한다. 중요한 사실은 좋은 속성만 가졌다고 해서 효과적인 리더십으로 연결되지는 않는다는 것이다. 긍정적인 속성이 바람직한 결과와 함께 제시될 때 비로소 리더십의 효과도 발휘된다. 리더란 결국 '결과를 만들어내는 사람'이기 때문이다.

필자들이 사과에 대해 '리더의 언어'로서 과학적으로 탐구하는 이유도 비슷하다. 실수나 잘못 앞에서 사과하는 행위가 긍정적인 속성이라는 점에는 큰 이견이 없다. 하지만 사과가 리더에게 정말 바람직한 속성인지, 그리고 바람직한 경제적 결과를 가져오는지에 대해서는 잘못 인지하는 경우가 의외로 많다.

사과가 단순히 윤리적으로만 바람직한 것이라면 비즈니스에서는 별 매력이 없다. 사과가 리더에게 매력적일 수 있는 이유는 적절한 사과가 조직에 (경제적으로도!) 긍정적 결과를 만들어줄 수 있으며, 동시에 리더 자신의 리더십을 강화하는 데에 도움이 되기 때문이다. 물론 모든 사과가 긍정적인 결과로 연결되지는 않겠지만, '잔재주'는 오히려 역효과를 가져올 수 있다. 사과의 의미와 원칙을 바탕으로 기술을 익힐 때, 긍정적 결과의 가능성은 더 높아진다. 여기에서는 좀 더 직접적으로 사과와 관련된 경제적 가치를 다룬 연구와 사례를 살펴보자. 기업의 경영에서 '바람직한 결과'란 경제적 가치를 떼어놓고 말할 수 없으니 말이다.

연봉을 올리고 싶다면 사과하라

미국의 경제 잡지 〈포춘〉은 2007년 10월 "연봉을 올리고 싶다면 미안하다고 사과하라(Want a higher paycheck? Say you're sorry)"라는 좀 엉뚱한 제목의 기사를 실었다. 연봉과 사과가 도대체 무슨 관계가 있단 말일까?

그런 주장이 나오게 된 이유가 있다. 인터넷에서 진주를 판매하는 '펄 아울렛'은 아내나 여자친구에게 사과할 목적으로 진주를 구매하는 소비자들이 점차 증가하는 추세를 우연히 목격하고는 조사기관에 '사과에 대한 연구'를 정식으로 의뢰했다. 누가 누구에게 어떤 이유로 사과를 하는지 동향을 파악할 수 있다면 '사과를 위한 진주' 판매 마케팅에 도움이 될 것이라는 판단이었다. 총 7590명의 미국 남녀를 대상으로 조사한 결과, 흥미롭게도 자신의 실수에 대해 기꺼이 사과하려는 의지를 가진 사람은 사과를 기피하거나 거부하려는 사람보다 돈을 더 잘 버는 것으로 나타났다.

결과를 좀 더 자세히 살펴보자. 연 수입이 10만 달러, 즉 우리 돈으로 억대 연봉자들은 연수입 2만 5천 달러(대략 3천만 원) 미만의 사람들보다 자신의 실수나 잘못에 대해 '미안하다'고 사과할 의향이 두 배 가까이 높은 것으로 나타났다. 심지어 자신의 책임이 없다고 생각하는 사안에 대해서도 고액의 수입을 벌어들이는 사람들이 저소득군보다 사과할 의향이 훨씬 높은 것으로 드러났다.

그렇다면 사과를 잘하는 사람들이 더 높은 연봉을 받는 이유는 무엇일까? 위의 조사 결과는 인과관계를 분석한 조사가 아니라 상관

관계를 조사한 것이라 정확한 원인을 파악할 수는 없다. 다만 미루어 짐작컨대, 사과를 잘하는 사람은 사과를 통해 갈등을 풀어내는 기술이 뛰어나거나, 자신의 실수를 인정하고 이로부터 배우려는 긍정적 태도를 가졌을 것이다. 그들은 책임 있는 의사결정을 해야 하는 위치에 오르면서 사과하는 상황을 자주 접하게 되었으며, 여러 번의 경험을 통해 사과의 중요성을 인식하고 '진심 어린 사과가 얼마나 유익한지'를 배웠을 수도 있다. 그것이 그를 조직 내에서 더 높은 지위, 더 높은 연봉을 받는 자리로 올려놓았을 수도 있다.

높은 연봉을 받는 사람들이 상대적으로 자신의 잘못을 쉽게 인정하고 사과하는 여유를 가졌을 거라고 해석하는 사람도 있을 것이다. 하지만 사과는 낮은 지위에 있을 때에는 안 하다가 점점 높은 지위로 올라가면서 갖게 되는 것이 아니다. 높은 지위로 올라갈수록 사과의 무게 또한 더해지기 때문이다. 따라서 높은 연봉이 사과를 만들었다기보다는 사과를 잘하는 성품이 높은 연봉을 만들었다고 추측하는 편이 더 적절해 보인다.

돈 vs. 사과, 당신의 선택은?

영국 노팅엄 대학의 의사결정 및 경험 경제학 연구 센터의 요하네스 아벨러(Johaness Abeler) 박사를 비롯한 4명의 연구자들은 2010년 5월 〈이코노믹스 레터스〉라는 저널에 흥미로운 연구 결과를 실었다.[1] 이들은 고객의 불만을 처리하는 과정에서 '돈을 제공하는 것'과 '사과를 제공하는 것' 중 어느 쪽이 협상의 카드로 더 높은 경제적 효과가 있는지 살펴보았다.

연구자들은 전자 상거래 사이트로 유명한 이베이의 독일 사이트에서 실제 상황을 활용한 실험을 했다. 이 사이트에서는 구매자가 자신의 전자 상거래 경험에 대해 긍정적, 중립적, 부정적 평가를 매길 수 있는데, 평균 99퍼센트가 긍정적인 평가를 한다고 한다. 따라서 구매자가 중립적이거나 부정적인 평가를 했다면 판매자에 대한 신뢰가 매우 낮다는 얘기다.

실험은 2007년 11월부터 2008년 4월 사이 이베이 사이트에 중립적이거나 부정적인 평가를 한 고객 632명을 대상으로 이루어졌다. 그들을 세 그룹으로 나눈 다음 그들에게 각각 사과를 제공하는 메시지 하나와 두 가지 형태의 돈을 제공하는 메시지 중 하나를 이메일로 보냈다. 주목할 점은 실험을 위해 작성된 사과의 메시지가 앞에서 살펴본 사과의 기본적 요건들을 거의 배제한 '비사과 사과'였다는 것이다. 다시 말해, 사과를 하는 사람이 누구인지도 명확히 밝히지 않고 그냥 회사 이름으로 사과 메일을 보냈다. 이메일을 활용했으므로 당연히 얼굴을 보고 하는 사과도 아니었다. 또한 미안하다고는 하지만 자신의 잘못을 인정하는 것도 아니었다. 유감의 뜻을 전달했을 뿐이다. 한 발 더 나아가 미안해서 사과를 한다기보다는 고객이 불만을 철회하는 조건을 걸어 사과를 했으므로 진정성이 없는 '전략적인 의도'를 가진 사과였다. 사과의 메시지는 다음과 같았다.

"서비스에서 고객님을 만족시키지 못한 점 죄송합니다. 고객의 만족은 저희에게 중요합니다. 고객님께 사과드리며, 고객님께서 올려주신 평가를 취하해주실 수 있을지 여쭙고자 합니다. 고객님께서는 배달의 지연을 낮은 평가의 주요 이유로 말씀해주셨습니다. 불행하게도 제조업체가 잘못된 물건을 저희에게 배달하는 바람에 저희는 새로운 물건이 도착할 때까지 기다려야 했습니다. 매우 죄송스럽게 생각하며, 이 점에 대해 사과드립니다. 하지만 제조업체의 배달 지연은 저희가 개입할 수 없는 부분이었기에 고객님께 여기에 링크되어 있는 불만을 철회해주실 수 있을지 여쭙고자 합니다. 이 문제를 함께 풀 수 있기를 저희는 희망하고 있습니다."

반면에 돈을 제공하는 메시지는 다음과 같았다.

"×월 ×일 고객님께서 평가해주신 것을 잘 보았습니다. 만약 고객님께서 불만 평가를 철회해주신다면, 고객님께 저희의 정성으로 2.5유로를 보내드리고자 합니다. 만약 이 제안에 동의하신다면 저희가 입금할 수 있도록 계좌번호를 알려주시면 감사하겠습니다. 대신 고객님의 불만 평가를 철회하는 것에 동의해주시기 바랍니다."

첫 번째 그룹에는 위에 나온 사과문을 제시했고, 두 번째 그룹에는 돈을 제공하겠다는 메시지와 함께 2.5유로를, 세 번째 그룹에는 5유로를 제시했다. 이베이에서 거래되는 평균 금액이 23.20유로임을 감안할 때 5유로는 상당히 큰 보상액이다.

과연 어떤 결과가 나왔을까? 사과를 받는 사람과 보상금을 받는 사람 중 어느 쪽이 더 많이 불만을 철회했을까? 결과는 놀라웠다. 사과를 제안받은 첫 번째 그룹의 44.8퍼센트가 군소리없이 사과를 받아들인 후 불만을 철회했다. 반면 2.5유로의 보상금을 제안받은 두 번째 그룹은 19.3퍼센트만이 제안을 받아들이고 불만을 철회했다. 진심에서 우러나오는 사과도 아니었고, 물질적 보상이 따르지도 않는 '전략적' 사과가 보상금을 제시한 것보다 두 배 이상 불만 철회 협상을 위한 카드로서 효과를 발휘했던 것이다.

그렇다면 2.5유로 보상금을 받은 그룹과 5유로의 보상금을 받은 그룹 사이에는 어떤 차이가 있었을까? 경제학적인 논리로 생각하면 2.5유로를 제시했을 때보다 5유로를 제시했을 때 사람들이 제안을 받아들이는 비율이 두 배 가까이 늘어나야 한다. 하지만 결과는 달랐다. 5유로의 제안을 받아들인 고객은 겨우 22.9퍼센트에 그쳤다. 고객들은 돈이 아니라 사과를 원했던 것이다.

연구자들은 이 뜻밖의 결과에 혹시 다른 요소가 영향을 미친 것은 아닐까 의심해, 실험 참가자들(물론 이들은 자신이 실험에 참가하고 있다는 사실을 몰랐다)의 이베이를 통한 구매 금액, 중립적·부정적 평가, 구매자의 성별, 동쪽 혹은 서쪽 독일 거주 여부, 이베이에서의 경험, 불만 요인 등 여러 요소를 동원하여 비교 분석을 해보았다. 놀랍게도 모든 상황에서 사과는 '불만 고객에 대한 협상 카드'로서 돈보다 더 효과적이었다. 더욱 흥미로운 점은 비싼 구매를 한 고객일수록 보상금으로 협상하려고 했을 때 수락하는 비율이 훨씬 낮았다는 것이다.

이 결과를 어떻게 받아들여야 할까? 아벨러를 비롯한 연구자들도 논문에서 추론했듯이 기본적으로 인간은 상대방의 사과를 거절하

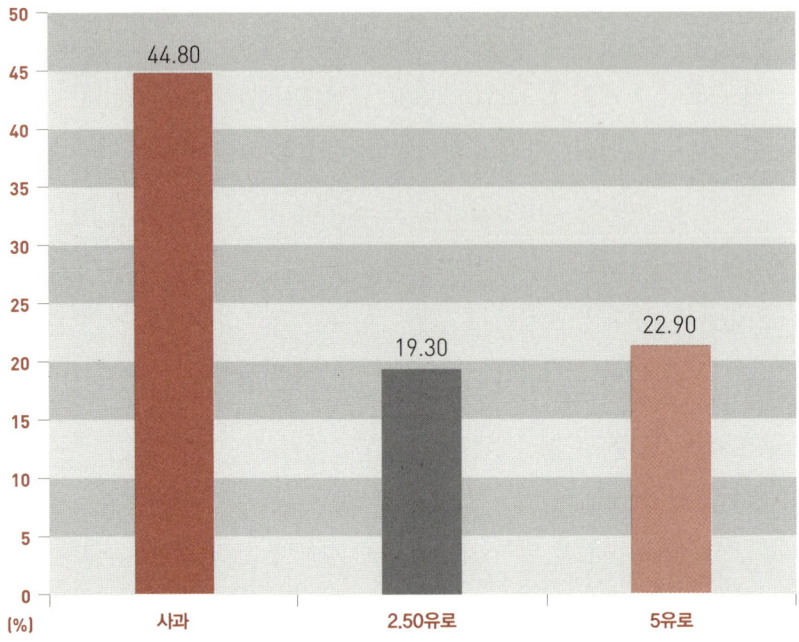

지 못하는 심성을 가졌다. "웃는 얼굴에 침 못 뱉는다"라는 속담도 있지 않은가? 인간은 아주 심각한 상황이 아니라면 상대방의 사과를 받아주고 용서해주려는 속성이 있다. 말 한마디 사과로 감정의 앙금을 씻으면 될 일을 구차하게 돈을 받고 해결하는 사람으로 인식되고 싶지 않다는 것이 그들의 속내였을 것이다.

물론 보상금이 더 효과를 발휘하는 나라도 있었다. 2002년 조지아테크(Georgia Institute of Technology) 대학에서 마케팅을 가르치는 낸시 웡(Nancy Y. Wong) 교수의 연구에 따르면, 싱가포르와 호주에서는 사과가 고객의 만족을 이끌어낸 데 반해, 미국에서는 큰 효과가 없었다고 한다.[2] 홍콩 중문 대학에서 마케팅을 연구하는 마이클 휘

(Michael Hui) 교수와 케빈 오(Kevin Au) 교수의 2001년 논문에서는 중국과 캐나다 소비자들을 비교했을 때 캐나다 소비자들이 보상에 좀 더 민감하게 반응하는 것으로 나타났다. 추측컨대, 아프리카의 빈민국에서는 5유로의 보상금도 아쉬운 형편이기에 더 민감하게 반응할 것이다.

그럼에도 불구하고 이 연구 결과가 일깨워주는 사과의 경제적 가치는 우리가 짐작한 것보다 훨씬 더 크다. 뭐든지 돈으로 해결하려는 전략보다는 먼저 진심 어린 사과를 하는 것이 돈을 아끼는 경제적 전략이면서 동시에 고객들과 좋은 관계를 맺는 현명한 전략이 되는 것이다.

사과와 보상금을 비교한 아벨러 박사팀의 연구 결과가 우리에게 들려주는 메시지는 명료하다. '갈등의 조정 수단'으로서 사과는 막대한 경제적 효과를 가져다주는 훌륭한 역할을 할 수 있다는 것. 설령 그것이 사과의 기본 요소를 제대로 갖추지 않고 '무늬만 사과' 인 경우에도 말이다.

우리 몸이 말하는 사과의 효과

'화난다' 라는 말에서 화(火)는 불을 뜻하는 한자에서 왔다. 그래서 우리는 '화난다' 를 '열받는다' 라고 표현하기도 한다. '뚜껑이 열린다' 는 속어 역시 냄비나 주전자가 끓어 뚜껑이 열리는 것에서 유래했다고 한다. '머리에 김 난다' 는 표현도 불과 관련이 있다. 화나게 하는 상황을 '혈압 오르게 한다' 라고 표현하기도 한다. 실제로 인간이 분노의 감정을 느끼면 자율신경계는 아드레날린을 분비하면서, 심장 박동수를 늘리고 혈압을 상승하게 하며 땀샘에서 땀이 분비되고 맥박도 빨라진다. 그야말로 열받는 것이다.

사과의 목적은 실수나 잘못을 저지른 사람이 피해자의 분노를 가라앉히고 관계를 개선하기 위한 것이다. 이를 의학적으로 해석하면 진실된 사과는 피해자가 분노로 인해 빨라진 심장 박동수를 늦추고, 올라간 혈압을 낮추는 효과가 있어야 한다. 정말 그럴까? 이에 대해 최초로 과학적 연구를 한 사람들이 있다. 캐나다 브리티시컬럼비아 대학의 심리학과 교수인 앤더슨(J. Anderson), 린든(W. Linden), 해브라(M. Habra)가 바로 그들이다. 세 명의 연구자들은 사과 여부에 따른 심장의 반응을 살펴보는 실험을 하여 그 결과를 2006년 〈행동주의 의학 Journal of Behavioral Medicine〉이라는 저널에 실었다. '적절한 사과를 하면 그렇지 않은 경우에 비해 정말로 올라간 혈압이 낮아질까?' 이것이 바로 연구자들이 실험을 통해 밝히고자 했던 질문이다.

실험 참가자는 남녀 대학생 각각 92명씩 총 184명이었다. 연령대는 15세에서 41세 사이였고, 평균 나이는 19.9세였다. 이들은 아시아인(48퍼센트), 유럽인/백인(42퍼센트), 인도-캐나다인(4퍼센트), 기타 인종(6퍼센트)으로 구성되었다. 실험 참가자들은 4개의 그룹으로 나뉘었는데, 그중 세 그룹에 대해서는 의도적으로 화를 '돋우는' 상황을 연출했고, 네 번째 그룹에는 앞의 세 그룹과 비교하기 위해 화나는 상황을 만들지 않았다.

그리고 나서 첫 번째 그룹에는 적절한 사과를 제공했고, 두 번째 그룹에는 부적절한 사과를, 세 번째 그룹에는 사과를 제공하지 않았다.

실험은 다음과 같이 진행되었다. 실험 참가자들을 혼자 편안히 앉아 있도록 한 후 처음, 2분, 10분, 12분 등 총 네 차례에 걸쳐 혈압을 측정했다(정확한 혈압 측정을 위해 실험 시작 열두 시간 전부터 술, 카페인, 흡연, 심한 운동을 하지 않도록 미리 조치했다).

마지막 혈압 측정을 마치면 연구자가 방에 들어와 계산과 같은 인지적 작업을 할 때 나타나는 신체 반응을 알아보기 위한 실험을 한다고 설명했다. 그러면서 실험 참가자에게 9000에서부터 7을 빼나가며 숫자를 크게 말하도록 지시했다. 즉 9000, 8993, 8986, 8979…… 하고 큰 소리로 말하는 것이다. 숫자를 빼는 작업을 총 13분 동안 진행하면서 3분 간격(0, 3, 6, 9, 12)으로 다섯 번에 걸쳐 혈압과 심장 박동수를 측정했다.

네 번째 그룹을 제외한 앞의 세 그룹에게 5분째, 8분째, 11분째에 연구자가 들어와 화를 '돋우는' 말을 던졌다. 5분째에는 이렇게 말했다. "선생님은 항상 뺄셈이 느리군요. 더 빨리 하셔야겠어요. 아까 중단했던 부분부터 다시 시작하세요." 8분째에는 "아직도 너무 느리군요. 게다가 부정확하기까지 해요. 이게 최선인가요? 아까 멈췄던 부분부터 다시 시작하세요"라는 말로 화를 돋웠다. 11분째에는 좀 더 강도를 높였다. "확실히 선생님은 이 작업에는 맞지 않아요. 이제부터라도 좀 더 잘해보세요. 계속하시라고요!"

이쯤 되면 누가 들어도 화가 치밀 것이다. 연구자들은 이들의 행복, 분노, 공포, 슬픔, 역겨움, 놀람 등의 여섯 가지 감정을 화나기 전과 후에 측정했는데, 행복지수는 의미 있는 감소를 보였고, 나머지 다섯 가지 감정(대부분 부정적 감정)은 모두 의미 있는 증가를 보여주었다. 가장 큰 변화를 나타낸 것은 분노의 감정으로, 무려 네 배 이상 상승했다. 이에 따라 수축 및 확장 혈압이나 심장 박동수 모두 상대적으로 크게 상승했다.

이렇게 '열받게' 만든 후, 10분간 '회복 시간'을 갖게 되는데, 이때 첫 2분 이내에 연구자가 두 그룹에게만 두 가지 사과 중 하나를 했다. 적절한 사과 그룹(첫 번째 그룹)과 부적절한 사과 그룹(두 번째 그룹)에 각각 다음과 같이 말했다.

"선생님, 조금 전엔 제가 너무 무례했습니다. 이 점 진심으로 사과드립니다. 아까 뺄셈을 하면서 제가 선생님 기분을 상하게 한 것은 모두 제 잘못입니다. 실험 목적을 위해 일부러 그렇게 했던 것입니다. 보통은 친절하고 프로답게 행동합니다. 하지만 좀 전에는 그렇게 할 수밖에 없었던 것을 유감스럽게 생각합니다. 죄송합니다."

"선생님께서 기분이 상하셨던 것 같은데, 실험 중에 화가 나셨다면 유감입니다. 하지만 선생님께서 좀 더 빨리 하는 것이 중요했습니다. 그렇지 않으면 실험이 제대로 진행될 수 없으니까요."

결과는 어땠을까? '회복 시간' 5분째 측정했을 때, 적절한 사과 그룹, 부적절한 사과 그룹, 사과를 받지 않은 그룹의 순서로 혈압에서 뚜렷한 차이가 나타났다. 즉 사과를 받지 못한 그룹이 혈압이 가장 높았고, 적절한 사과를 받은 그룹은 혈압이 가장 낮게 나왔다. '회복 시간' 10분 끝에 측정했을 때에는 적절한 사과 그룹과 부적절한 사과 그룹의 차이는 줄어들었지만, 여전히 사과를 받지 않은 세 번째 그룹이 나머지 두 그룹보다 혈압이 높았다.

연구자들은 실험을 시작하기 전 참가자들의 적대적인 특성을 측정하여 저-중-고 그룹으로 분류했는데, 적대적 특성이 높은 그룹에서 진실된 사과의 효과가 가장 뚜렷하게 나왔다. 즉 사과를 받지 못한 그룹이나 부적절한 사과를 받은 그룹에 비해, 적절한 사과를 받은 그룹에서 분노로 올라간 혈압이 가장 빠르게 내려가며 심장의 정상적 '회복'을 보였던 것이다.

이 연구의 의미는 무엇일까? 이것은 사과가 피해자의 분노를 가라앉힌다는 가설을 의학적으로 측정하여 입증한 최초의 연구다. 피해자가 흥분하여 혈압이나 심장 박동수가 상승했을 때 적절한 사과를 받게 되면, 빠른 속도로 심장이 정상 상태를 회복한다는 사실을 보여준 것이다. 특히 상대방이 적대적인 특성을 갖고 있을 때 적절한 사과는 더 큰 힘을 발휘한다는 사실을 과학적으로 입증한 것이기도 하다.

무엇보다도 이 실험은 사과의 기술이 얼마나 중요한지를 보여주었다. 연구자들은 적절한 사과문을 만들기 위해 여러 가지 조사를 미리 수행하여 사과문을 만들었다. 또한 적절한 사과를 하기 위해서 목소리의 톤이나 얼굴 표정, 자세 등에 대해 특별 코칭을 받았다. 그 결과 적절한 사과가 부적절한 사과와 비교했을 때 피해자의 혈압을 강하하는 데 더 좋은 효과를 보여준다는 것을 입증한 것이다.

"하루에 사과 하나면 의사를 멀리 할 수 있다"는 서양 속담이 있다. 그만큼 먹는 '사과'는 건강에 유익하다. 먹는 사과뿐 아니라 우리가 진심을 담아 전달하는 '사과' 역시 피해자의 신체나 정신 건강에 유익함을 준다는 것이 사과의 과학이 전달하는 메시지다.

손실 비용을 줄이는 비밀

세계 최고의 의료기술을 가진 미국에서는 의료사고로 사망하는 사람이 몇 명이나 될까? 이 질문에 답하기 위해 자주 거론되는 통계가 있는데, 1999년 미국 의학원(Institute of Medicine) 보고 통계다. 이에 따르면, 미국에서 매년 의료사고로 숨지는 사람은 9만 8천 명에 이른다고 한다. 최악의 테러인 9·11 사태로 인해 숨진 희생자는 무려 3천여 명. 즉 그 30배가 넘는 수의 사람들이 해마다 병원에서 의료사고로 사망하는 것이다.

우리나라에는 아직 정확한 통계가 없다. 따라서 미국의 인구를 3억, 대한민국의 인구를 5천만으로 놓고 단순하게 비교해보면, 우리나라에서도 매년 1만 6천여 명이 의료사고로 사망한다고 추정할 수 있다. 만약 미국의 절반 수준이라고 가정해도 매년 8천여 명이 의료사고로 사망한다고 추정할 수 있다. 우리나라 사망 원인 5위인 교통사고로 사망하는 사람이 매년 7~8천 명이라는 것을 감안하면 얼마나 심각한 수준인지 짐작이 갈 것이다.

환자의 건강과 생명을 보호하기 위한 미국의 여러 정책 연구 중에 우리가 눈여겨볼 것은 버락 오바마 대통령과 힐러리 클린턴 국무장관이 상원의원 시절 함께 제안한 '메딕(MEDiC) 법안'이다. 2006년 5월 권위 있는 임상의학 저널인 〈뉴잉글랜드 의학저널New England Journal of Medicine〉에 기고한 이들의 칼럼(Perspective)을 보면 의료사고의 공개와 보상에 대한 법안인 메딕 법안의 핵심이 잘 나타나 있다.[3] 변호사 출신인 힐러리와 오바마는 이 글에서 의료사고에 대한 과학적인 연구 결과를 바탕으로 "법적인 책임에 대한 두려움이 환자와 병원/의사 사이의 오픈 커뮤니케이션을 가로막고 있으며, 이것이 의료사고 환경을 악화시키는 요인"이라고 주장하고 있다. 예를 들어, 의료사고가 발생했을 때 의사는 법적 책임을 두려워해 진실을 말하기보다 변호사에 의존하며 방어적인 자세로 환자와의 커뮤니케이션에 임한다는 것이다.

힐러리 클린턴과 버락 오바마의 글은 두 가지 사례를 보여준다. 미국의 최고 의료기관으로 손꼽히는 미시간 대학 병원은 2001년 의료사고가 발생했을 때 '투명한 사건 자료 공개와 의료진의 적극적인 사과'를 병원 방침으로 도입하기로 했다. 그 후 2001년과 2005년의 의료사고로 인한 소송 건수를 비교해본 결과, 소송 건수가 262건에서 114건으로, 연간 소송에 들어가는 비용은 300만 달러에서 100만 달러로, 소송을 해결하는 데 소요된 시간은 20.7개월에서 9.5개월로, 모두 절반 이하로 줄어들었다. 최근 자료에 따르면, 미시간 대학 병원의 연간 소송 건수는 2007년 83건으로 크게 줄었다.[4]

또 다른 예로, 켄터키에 있는 참전군인을 위한 병원(Veteran Affairs Hospital)은 1987년 두 건의 의료사고 소송으로 무려 150만 달러를 쓰고 난 뒤, 진실 말하기 프로그램을 실행해왔다. 비교 대상인 다른 병원이 소송 한 건당 평균 9만 8천 달러를 쓰는 데 비해, 이 병원은 1만 5천 달러가 들 뿐이다. 의료사고 소송 등으로 소요된 기간도 도입 전에는 2~4년이었으나, 이 프로그램 덕분에 2~4개월로 무려 12분의 1로 줄어들었다.

메딕 법안은 아직 통과되지 못했지만 그 정신은 진실 말하기 프로그램을 통해 미국의 주요 법원들에서 실천되고 있다. 실제로 미국의 30개 주에서는 의사의 사과 행위가 법정에서 불리하게 사용되지 않도록 법적으로 보호하고 있다.

여기에서 기업은 무엇을 배워야 할까? 최고의 엘리트로 구성된 의사 집단에서도 수많은 의료사고가 나오듯이, 기업도 각종 실수와 사고로부터 자유로울 수 없다. 하지만 우리는 사고 후 진심 어린 사과를 하기보다는 부인과 침묵으로 일관하는 기업과 정부의 사례를 끊임없이 목격한다. 뒤늦게 의례적인 사과로 뒷북을 쳤다가 스스로 입지를 좁히고 결국 '동네북'이 되고 마는 불행한 사례가 너무나 많다.

사과하면 손해 본다고? 천만의 말씀! 사과는 조직의 손실 비용을 줄여주며, 사과에 대한 개방적인 자세는 사회적 가치를 높이고 연봉을 높이는 기회를 제공한다. 이 정도면 사과의 경제적 가치는 충분하지 않을까? 사과는 경제적으로나 윤리적으로 바람직한 결과를 제공하며, 효과적 리더십을 가능하게 만든다.

의료 소송의 새로운 패러다임 – 진실 말하기

"1998년 5월 어느 날 새벽 2시경이었습니다." 의료사고의 새로운 패러다임이자 실천 방안인 진실 말하기 프로그램 확산의 중심에 서 있는 쏘리웍스 연합(Sorry Works! Coalition)의 창립자 더그 워체식(Doug Wojcieszak) 씨의 얘기다. 필자(김호)는 2007년 10월 더그 워체식 씨와 세인트루이스에서 만나 인터뷰를 한 적이 있다.[5]

그는 악몽 같은 기억으로 이야기를 시작했다. "저의 형 짐(Jim)은 당시 서른아홉 살이었고, 체격도 좋았어요. 가슴과 어깨의 심한 통증과 복통 때문에 혼자 신시내티의 한 병원 응급실로 갔어요. 그런데 병원은 형처럼 젊고 건장한 청년이 심장병에 걸릴 수는 없다고 오판하고, 기본적인 피검사도 하지 않은 채, 단순한 치료제를 주어 돌려보냈습니다." 그러나 그의 형은 그로부터 이틀 동안 계속 고통을 호소하며 피를 토했다. 결국 가족 주치의가 심각하다고 판단하고 병원 응급실로 급히 보냈다. 그런데 이번에는 같은 병원에서 한 달 전 심장 진료를 받았던 아버지의 차트와 형의 것을 혼동하는 사태가 벌어진데다가, 병원에 있어야 할 심장 전문의는 신시내티 시내에서 교통체증 때문에 빨리 병원에 도착하지도 못했다. 결국 그의 형은 병원에서 사망하고 만다.

짐의 장례식을 치른 후 가족들은 왜 그가 죽었는지 알아야 했다. "그때부터 병원의 태도가 갑자기 달라졌어요. 의사에게 설명을 부탁했더니, '병원의 법률 자문 변호사로부터 이 사건에 대해 아무런 언급도 하지 말라는 요청을 받았다'는 대답뿐이었습니다. 심지어 우리 가족과 만나기로 한 미팅에도 의사들은 참석하지 않았지요. 소중한 가족이 갑자기 죽었는데, 납득할 만한 설명을 듣지 못한 우리는 결국 법적으로 호소할 수밖에 없었습니다." 이후 그의 가족은 지리하고도 고통스러운 소송의 과정을 밟게 된다. 마침내 법원은 이 사건을 명백한 의료사고로 규정했다.

병원과의 소송에서 이기고 보상금도 받았지만 가족들은 뭔가 허탈한 기분을 느꼈다. 사건이 종결되고 나서 병원은 변호사를 통해 미안하다고 전했을 뿐이었고, 의사로부터는 어떤 말도 들을 수 없었기 때문이다. 병원 측이 투명한 설명과 진심 어린 사과, 그리고 재발 방지 대책을 제시했더라면 고통스러운 소송까지 가지 않았을 것이라는 안타까움을 떨칠 수 없었다. "뭐랄까, 끝맺음을 했다는 느낌을 가질 수가 없었습니다. 사람들은 의료사고에서 가족들이 원하는 것이 보상금이라고 얘기하지만, 그것이 가장 중요한 것은 아닙니다."

그러던 중, 그는 우연히 한 저널에서 '공개와 사과의 접근 방식이 병원의 의료사고 소송을 줄인다'는 글을 읽게 되었고, 이 일을 계기로 새로운 결심을 하게 된다. '공개와 사과'라는 접근 방식에 전적으로 공감했던 그가 구체적인 방안을 모색하게 된 것이다. 이것이 바로 워체식 씨가 쏘리웍스 연합을 창립하게 된 배경이다. 같은 뜻을 가진 의료사고 관련 변호사, 의사, 보험회사 등이 동참했고 홍보 컨설턴트였던 그는 경험을 십분 발휘해 의료사고의 해결책으로 '사과'를 핵심으로 삼아 쏘리웍스 연합을 이끌고 있다.

"의사들은 트레이닝 과정에서 완벽함을 요구받습니다. 그러다 보니 실수를 인정하기가 힘든 것도 어찌 보면 당연하지요. 하지만 사람들은 완벽함을 기대하지는 않습니다. 아무리 의료 기술이 발달하고, 첨단 의료장비가 나오더라도, 의사도 사람인 이상 실수를 하게 마련이지요. 하지만 실수가 발생했을 때 솔직함보다는 거짓과 숨김으로 일관하면서 실수로부터 배우고 줄여가려는 노력을 게을리 한다는 게 문제입니다. 그러면 사람들은 당연히 분노할 수밖에 없습니다."

여기에서 그는 '플러스 요인(plus factor)'이라는 개념을 설명했다. "병원 측에서는 의사들의 사과가 법정에서 불리할 것이라고 생각하지만, 사실은 그 반대입니다. 의료사고를 대리하는 변호사들에 따르면, 의사들이 자신의 실수를 인정하지 않고, 부정과 부인으로 일관하는 것이 오히려 환자 측 소송인에게는 유리한 '플러스 요인'이 되지요." 그에 따르면, 사우스캐롤라이나의 소송 변호사협회 회장은 이런 말까지 했다고 한다. "환자 측 소송 대리인으로서 자신은 결코 의사가 법정에서 사과하는 모습을 보이는 것을 원치 않는다"라고 말이다. 그렇게 되면, 환자 측 소송인이 불리해지기 때문이란다. 환자 측 소송 대리인으로서 그의 역할은 '의사가 부인으로 일관하는 부정적인 모습을 최대한 부각하는 것'인 셈이다.

미국에서 의료사고에 대한 전통적인 전략은 '부인하고 방어하라(deny and defend)로 요약된다.[6] 즉 의료사고가 발생하는 순간, 의사는 뒤로 빠지고 변호사가 앞으로 나서게 되며, 정보는 가능한 한 공개하지 않는다. 이러한 전략에서 의사가 환자에게 사과한다는 것은 기대할 수 없다. 하지만 이 전략은 매우 비효율적이다. 미국에서 의료사고로 인해 보상금으로 쓰는 돈 1달러 중 54센트는 변호사 비용을 포함한 행정적 비용이다.[7] 게다가 고소를 하는 환자나 환자 가족, 의사, 병원 모두 지루하고도 공포스러운 경험을 해야 하며, 소송 과정에서 환자와 의사, 병원 사이에는 두터운 불신의 벽이 쌓일 뿐이다.

지난 20년 동안 〈유에스뉴스앤드월드리포트〉가 선정한 미국 내 최고 병원 1위를 차지한 존스 홉킨스 병원과 하버드, 스탠퍼드, 미시간, 버지니아를 비롯해 41개 병원과 연계하고 있는 가톨릭 서부 헬스케어 병원 등은 더 이상 부인과 방어의 패러다임을 쓰지 않는다. 대신 이들은 의료사고 발생 시 환자와 가족에게 투명하게 공개하는 방식을 택했다.

이들 병원이 새로운 접근 방식을 채택한 데에는 그만한 이유가 있었다. 의사도 실수를 하는 인간인 이상, 의료사고를 완전히 없애는 게 불가능하다면, 앞으로도 계속 '부인과 방어, 그리고 소송'의 방식으로 이 문제를 해결해나가야 하는가에 대한 근본적인 회의 때문이다. 불투명하게 숨기는 것보다 투명하게 공개하고 적절한 사과를 하는 것이 오히려 소송을 줄일 수 있다. 그뿐 아니라 환자와 의사의 고통을 덜어주며, 심지어 병원 측에는 의료사고로 인한 불필요한 비용까지 줄여준다는 것이 계속 밝혀지고 있다.

미국에서 '미안해(I'm sorry)'라는 표현은 자신의 잘못을 인정하는 것으로 향후 법적으로 불리할 수 있다. 하지만 문제 해결의 출발점은 '문제가 있다는 것'을 인정하는 데에서 출발해야 한다는 공통된 의견 속에, 현재 미국의 많은 병원이 의료사고 시 오픈 커뮤니케이션의 중요한 요소로 사과를 택하고 있다. 여기서 우리는 의사나 병원들이 자신들의 실수나 잘못 앞에서 계속 은폐와 방어로 일관하게 되면, 실수로부터 배우는 효과가 없다는 점에도 주목해야 한다. 즉 한 건의 의료사고가 향후 열 건, 백 건의 의료사고를 예방하는 효과를 거두는 것이 아니라 같은 실수가 반복될 가능성이 높은 것이다.

쏘리웍스! 사과는 반드시 먹힌다

그렇다면 미국의 주요 병원을 중심으로 확산되고 있는 진실 말하기 프로그램에서는 사과를 어떻게 활용하고 있을까?[8] 먼저 사고가 발생하면 환자를 피하는 것이 아니라, 환자와 공감하는 것이 중요하다. 의사나 병원의 전통적인 반응인 '부인과 방어'가 아니라 '피하지 않고 접근하는' 방식을 취해야 한다.

이를 위해서는 사과의 첫 단계로, 유감을 표시하는 것이 중요하다. 우리말에서는 '안타깝다'라는 표현 정도가 이에 해당한다. 아직 의료진의 실수나 잘못이었는지 확인되지 않은 상태이므로 책임의 인정은 하지 않는다. 물론 '안타깝다'는 말이 첫 단계의 전부는 아니다. 환자에게 의사나 병원이 이 사고와 관련하여 아무것도 숨기지 않을 것이며, 환자와 지속적으로 소통할 것이고, 신속하고도 투명하게 사고 조사를 할 것을 약속해야 한다. 다른 사람에게 책임을 떠넘기거나 비난하는 행동을 해서는 절대 안 된다.

《쏘리웍스 Sorry Works!》에 나온 적절치 않은 예를 살펴보자.

"왼쪽 다리가 아니라 오른쪽 다리를 수술한 것에 대하여 정말 유감스럽게 생각합니다. 하지만 그것은 전적으로 간호사의 과실입니다. 그 간호사가 왼쪽 다리에 'X' 표시를 했고 저는 그 다리를 수술해서는 안 된다는 의미로 생각했습니다. 간호사는 왼쪽 다리에 'O'라고 표시해두었어야 합니다. 모든 사람이 그것을 알고 있습니다. 저희 병원 정책도 그렇게 하도록 되어 있습니다." [9]

그리고 일단 사고에 대한 조사에 들어가면, 조사는 신속하면서도 객관적으로 이루어져야 한다. '객관적'이라는 말은 병원 측이 폐쇄적인 사고 조사를 하지 않고, 환자 가족이 조사 결과를 신뢰할 수 있도록 제3자를 조사에 참여시키는 것을 뜻한다. 환자 가족이 원할 경우, 환자 측 의사나 변호사가 참여하기도 한다.

조사 결과에 따른 조치에서도 솔직해야 한다고 쏘리웍스는 조언한다. 먼저 의사와 병원 측의 실수로 결론이 났을 때에는 신속하게 환자 가족에게 책임 인정과 보상책을 제시하는 사과를 해야 한다.

정리하면, 사과는 크게 네 가지 요건을 충족해야 한다. 유감("안타깝습니다"), 책임 인정("제가 실수를 저질렀습니다"), 설명("조사 결과 이런 문제점이 발견되었습니다"), 그리고 배상/해결책의 제시("저희 병원에서 이와 같은 배상을 제시할 수 있습니다")다. 《쏘리웍스》는 다음과 같은 모범 사과문의 예를 제시한다.

"환자의 방사선 사진을 잘못 판독한 것에 대하여 송구스럽게 생각합니다. 저로선 변명할 여지가 없습니다. 의료가 완전한 과학이 아니라는 것을 이해해주시기를 희망할 뿐입니다. 저는 최선을 다해 주의를 기울여 매일 방사선 사진을 판독합니다. 그런데도 때때로 실수가 발생합니다. 저희는 이런 상황이 발생한 이후 판독 오류를 줄이기 위해 여러 가지 방법을 강구했습니다. 전날 판독한 것을 아침마다 재검토하는 새로운 정책을 시행하기로 했습니다. 저희는 이것이 다른 진료에서도 효과를 발휘할 것이라고 기대합니다. 제가 환자를 위해 기꺼이 할 수 있는 것은 골절을 치료하는 데 필요한 수술 비용과 골절 및 통증과 관련된 진료 비용에 대하여 배상하는 것입니다. 저는 환자의 외과의사로부터 투약 및 재활 비용은 물론 수술 및 관련된 예상 비용을 들었습니다. 이것을 감안하여 1만 5천 달러의 보상금을 제안합니다."[10]

조사 결과 의사의 과실이 없는 것으로 밝혀질 때에는 어떻게 해야 할까? 의사와 병원 측은 그래도 환자 가족과 만나 조사 결과에 대해 상세하게 설명해주고, 궁금증에 대해서는 성실하게 답변해주어야 한다. 그 밖의 배상책을 제시한다든지 등의 조치는 하지 않는다. 사과의 수준에서도 유감의 뜻을 표현할 수는 있으나, 책임을 인정하는 사과는 절대 하지 않는다. 물론 조사 결과를 인정하지 않고 소송으로 갈 수도 있겠지만, 조사 초기부터 객관적으로 참여한 환자 측이 소송할 가능성은 현저히 줄어든다. 앞서 보았듯이, 일리노이 주립대학 병원의 경우 의사가 자신의 실수를 인정한 37건 중, 환자 측이 소송을 한 경우는 단 한 건에 머물렀다. 즉 3퍼센트에 미치지 못했다.

진실 말하기 프로그램의 결과는 놀라웠다. 2001년에 이 프로그램을 도입한 미시간 대학 병원의 환자 측 소송 건수 추이는 다음과 같다.

 이뿐만이 아니다. 2001년 8월에서 2007년 8월까지 소송 한 건당 해결되는 시점까지의 기간은 20.3개월에서 8개월로 줄어들었다. 미시간 대학 병원이 소송으로 쓰는 평균 비용은 61퍼센트 감소했다.[11] '진실 말하기' 프로그램 이외의 요소가 기여한 바를 고려하더라도, 매우 놀라운 수치다. 무엇보다 미시간 대학 병원은 때론 그들과 적대적인 관계에 놓일 수 있는 환자(와 소송 대리인)들로부터도 '신뢰'라는 커다란 자산을 얻게 되었을 것이다.

 미시간 대학 병원 사람들은 이 프로그램에 대해 어떻게 생각할까? 98퍼센트가 2001년 이 프로그램 시행 이후, 병원의 패러다임 변화를 긍정적으로 평가했으며, 55퍼센트는 자신이 미시간 대학 병원에서 근무하는 동기 중 하나로 진실 말하기 프로그램을 꼽았다. 단 한 가지 불만은 진실 말하기 프로그램을 주관하는 미시간 대학 병원의 위험관리 부서가 자신의 과에 좀 더 관심을 가지고 함께 일해서 의료사고를 줄여나가고 싶다는 것뿐이었다.[12]

 진실 말하기 프로그램은 병원은 물론 기업에도 중요한 시사점을 던져준다. 트위터와 페이스북 등 소셜 미디어가 발달하면서 기업을 가장 곤혹스럽게 만드는 것 중 하나가 '소비자 불만의 공개적인 논의'다. 과거에는 기업의 소비자 불만센터를 통한 상담원과의 대화가 거의 전부였다면, 이제 소비자들이 직접 기업에 대한 불만을 개인 미디어를 활용하여 이슈로 삼을 수 있게 되었다.

진실 말하기 프로그램은 소비자 불만이나 피해에 대해 기업이 대응할 때 '사과의 기술'이 매우 효과적인 툴이 될 수 있다는 것을 보여준다. 기업 역시 자신들의 실수나 잘못에 대해 침묵하거나 은폐, 축소하기보다 투명한 조사를 약속하고, 그 결과에 따라 사과 또는 설명을 할 때 소비자의 신뢰를 얻고, 비용을 줄일 수 있을 것이다.

특히 진실 말하기 프로그램에서 단계에 따라 사과의 다양한 표현을 어떻게 사용하는지 주목할 필요가 있다. 우리 기업들은 사고가 나면, 법정에서 혹은 검찰 조사 끝에 마지못해 '어정쩡한' 사과를 하는 경우가 많은데, 그보다는 위기 상황에서는 일단 상황에 대한 유감을 짤막하게라도 발표하고, 공정하고 신속한 조사에 적극 협조할 것을 약속해야 한다. 그리고 조사 결과에 따라 기업이 더 강도 있는 사과를 할 것인지 말 것인지를 결정할 수 있다.

의료 소송에서도 사과는 경제적 이익을 가져다주었다. 병원의 입장에서 볼 때 의료사고는 윤리(ethics)와 이윤(profit) 추구 사이에서 서로 충돌하는 딜레마다. 정직하고 '착하게' 운영하면 절대 돈을 벌지 못한다는 생각이 지배적이다. 소위 원칙을 지키며 병원을 운영하는 사람들이 드물기 때문에 언론의 조명을 받기도 한다. 그만큼 윤리와 이윤을 함께 추구하는 사람은 드물다. 진실 말하기 프로그램은 윤리와 이윤이 서로 상충하지 않고, 함께 갈 수 있다는 것을 보여준 혁신적인 프로그램이다. 투명한 공개와 사과, 적절한 해결책을 합쳐, 의사와 병원의 영원한 과제인 의료사고의 관리에 새로운 패러다임을 보여주고 있다. 우리 기업들이 '진실 말하기'의 패러다임을 적극적으로 검토하고 적용하기를 필자들이 간절히 바라는 이유이기도 하다.

끝으로 쏘리웍스의 더그 워체식 씨가 한 말을 인용하면서 이 장을 마무리할까 한다. 우리 사회가 깊이 새겨볼 대목이다.

"미시간 대학 병원이 진실 말하기 프로그램을 실시한 후, 한 가지 변화가 생겼어요. 그들이 의료사고에 대한 입장 발표를 하면 사람들이 믿게 된 것이지요. 이제 미시간 대학 병원이 어떤 의료사고에 대해 책임이 없다고 발표하면 변호사들은 소송을 꺼릴 정도가 되었습니다."

chapter 8

왜 사과를 했는데도 화를 내는 것일까?

"자기 기만보다 더 쉬운 것은 없다.
 우리는 원하는 것에 대해서, 그게 사실이기를 바란다."

― 데모스테네스 Demosthenes, 고대 그리스의 정치가

예의 바른 그가 미움을 사는 이유

 진정한 프로는 기술을 발휘해야 할 때와 하지 말아야 할 때를 잘 안다. 진정 논리적인 사람은 논리를 앞세워야 할 때와 감정에 충실할 때를 구별할 줄 안다. 마찬가지로 사과의 과학은 '무조건 사과하시라니까요!'라고 윽박지르지 않는다. 사과를 제대로 했을 때 우리는 상대의 분노를 가라앉히고 관계를 개선하는 순(純)효과를 경험할 수 있다. 그러나 모든 것에는 역(逆)작용 또한 있는 법. 사과도 예외는 아니다.

 앞에서 우리는 사과의 타이밍에 대해 이야기하면서 때론 빠르게 때론 늦게 하는 사과가 효과적인 경우를 살펴보았다. 두 경우 모두 실수나 잘못을 '저지른 후에' 언제쯤 사과를 하는 것이 적절한가에 관한 것이었다. 그렇다면 '저지르기 전에', 즉 '미리' 사과하는 경우도 있을까?

 예를 들어보자. 우리는 약속 시간이 다가오는데 제시간에 도착하지 못할 것 같을 때, 상대방에게 전화를 걸어 "죄송한데, 제가 10분쯤 늦을 것 같습니다. 조금만 더 기다려주시겠어요?"라고 말한다. 또는 회의에 참석하면서 다른 약속이 있어 먼저 자리를 떠야 할 때, 미리 말을 해놓는다. 이처럼 우리는 일상생활 속에서 가끔 '미리 사과'를 한다.

 그러나 엄밀히 말하면, 이는 사과라기보다 '양해(excuse)'에 속한다. 아론 라자르는 양해와 사과를 혼동하지 말라고 조언한다. 미리 말을 해놓으면 면죄부라도 되는 양 상대방에게 불리한 일을 '선전포고' 하는 경우가 그것이다. 사과란 과거의 잘못에 대한 뉘우침을 전제로 하기에, '미리 사과하는 것' 은 결코 있을 수 없다.

그래서인지 '미리 하는 사과' 는 역작용을 불러일으키기도 한다. 만약 어떤 사람이 미리 사과를 하면서 당신에게 불합리한 피해를 주었다면, 당신은 그 사과를 받아들이겠는가? 상대방에 대해서는 어떻게 생각할까? 캐나다와 미국의 경영학 교수인 스칼리키(D. Skarlicki), 폴저(R. Folger), 지(Gee)는 비즈니스에서 종종 한쪽이 상대방에게 공정하지 못한 행위를 하면서 '미리' 혹은 '거의 동시에' 하는 사과의 효과에 대해서 의심을 품고 흥미로운 실험을 했다. 이를 위해 '최후통첩 게임(Ultimatum game)' 이란 경제학 게임을 활용했다.

최후통첩 게임은 1982년 독일 훔볼트 대학의 연구팀이 개발하여 행동경제학자들의 연구 대상이 되었던 대표적인 실험 중 하나다. 두 명의 실험 참가자 가운데 한 명은 제안자, 한 명은 반응자가 된다. 게임을 주재하는 사람은 제안자에게 예를 들어 만 원(10만 원도 상관없다)을 건넨다. 제안자는 이 돈을 자기 몫과 상대방(반응자)의 몫으로 나눈다. 5대 5의 비율도 좋고 9대 1의 비율도 좋다.

반응자는 둘 중 하나를 선택할 수 있다. 제시한 금액을 받아들이거나 거부하는 것이다. 만약 반응자가 제안을 받아들이면 두 사람 모두 돈을 받을 수 있지만, 거부할 경우에는 두 사람 모두 한 푼도 받을 수 없다. 경제학적인 논리로 따지자면 반응자의 입장에서는 10퍼센트만 받더라도 전혀 받지 않는 것보다 이득이므로 무조건 제

"선생님, 늦어서 죄송해요! 주차할 데가 있어야 말이지요."

안을 받아들여야 하지만 실제로는 그렇지 않다. 학자들이 그동안 실험한 결과를 보면 반응자가 10퍼센트 혹은 20퍼센트의 제안을 받을 경우 제안을 매몰차게 거절하는 경우가 67퍼센트나 되었다. 학자들은 그들이 거절하는 이유가 제안이 공정하지 않다고 느끼기 때문일 것으로 추정하고 있다. 하지만 왜 인간이 경제적 논리를 따르지 않는지는 정확히 규명되지 않았다.

스칼리키 교수 등은 미국 남동부에 위치한 대학교 학부생 114명을 대상으로 최후통첩 게임을 실시했다. 평균 나이는 23.2세였으며 73명(64퍼센트)은 남성, 41명(36퍼센트)은 여성이었다. 연구팀은 실험 참가자들을 두 그룹으로 나눈 뒤 서로 다른 방에 분산시켰다. 그러고는 각 방에 들어가 동전을 던져 상대방 팀이 제안자가 되었다고 설명했다. 실은 반응자의 심리를 알아보는 것이 실험의 주요 목적이기 때문에 두 그룹 모두에게 다른 방에 있는 그룹이 제안자라고 속인 것이다.

각각의 실험 참가자에게는 다른 방에 있는 제안자 한 명과 짝을 이루어 최후통첩 게임을 한다고 설명하고 게임 방법을 알려주었다. 그리고 다른 방에 있는 제안자가 50달러의 상금을 받을 수 있는 열 장의 복권 티켓 중 두 장(20퍼센트)을 제안했다고 말했다.

그런데 이 실험에서는 일반적인 최후통첩 게임과는 달리 반응자가 제안을 받을 때 세 가지 상황을 연출했다. 첫 번째는 '친절' 상황이다. 여기에 속한 실험 참가자들은 두 장의 복권 티켓 제안과 함께 손으로 쓴 메모를 받았다. "제가 드리는 복권 티켓 제안을 받아주시기 바랍니다. 저의 제안이 받아들일 만한 것이었으면 좋겠습니다. 고려해주셔서 감사합니다"라고 적힌 '친절한' 메모였다. 두 번째는 '사과'의 상황이다. 역시 두 장의 제안과 함께 "더 많이 제안드리지 못해 죄송합니다. 제 사과를 받아주시기 바랍니다. 저의 제안을 받아주시면 좋겠습니다"라고 사과의 메시지를 전달했다. 세 번째 상황은 친절이나 사과의 메시지가 전혀 없이 '두 장의 티켓 제안'만을 받는 상황이다. 각각의 실험 참가자는 세 가지 상황 중 어느 하나에만 속했다.

결과는 어땠을까? 놀랍게도 뚜렷하고 일관된 결과를 보여주었다. 즉 열 장 중 두 장이라는, 공정하지 않은 제안을 하면서 전달한 사과나 친절의 메시지는 모두 역작용을 불러일으켰다.

결과를 좀 더 자세히 살펴보자. 연구자의 요청에 따라 반응자가 제안자의 공정성을 평가한 결과 친절(7점 만점에 3.14)과 사과(3.18)의 메시지를 전달한 그룹보다 아무런 메시지도 전달하지 않은 제안자(4.15)에게 월등히 높은 점수를 주었다. 제안을 매몰차게 거부하겠다는 의도를 측정한 결과, 사과 그룹의 제안을 거절하겠다는 사람이 가장 많았다(0.96). 그다음이 친절 그룹(0.94), 그리고 아무런 메시지도 전달하지 않은 그룹은 오히려 가장 낮은 수준(0.79)으로 거절하겠다고 답했다.

연구자들은 반응자가 제안자를 처벌할 의사가 있는지 살펴보기 위해 2차 실험을 했다. 우선 반응자에게 조금 전 게임에서 20퍼센트를 제안한 상대방과 2차 게임을 다시 진행하면 여섯 장의 보너스 티켓을 받을 수 있다고 했다. 더불어 1차 게임에서 50퍼센트의 공정한 제안을 했던 또 다른 제안자가 있다고 알려주면서 이들과 2차 게임을 하면 다섯 장의 보너스 티켓만 받는 대신에 자신과 1차 게임을 진행했던(즉 20퍼센트의 제안을 했던) 제안자를 더 이상 게임을 하지 못하고 탈락시키는 처벌을 할 수 있는 기회를 부여했다. 그 결과 친절(0.77)과 사과(0.74)의 메시지를 전달한 그룹에 대해서는 오히려 높은 수준으로 처벌하겠다는 의도를 보인 반면 아무런 메시지도 전달하지 않은 그룹에 대해서는 낮은 수준(0.48)의 처벌 의도를 보였다. 이처럼 미리 하는 사과는 상대방의 기분을 오히려 안 좋게 만드는 효과가 있었다.

　이 실험 결과에서 우리가 얻을 수 있는 교훈은 무엇일까? 불공정한 행위를 '합리화'하기 위해 미리 혹은 동시에 사과를 하는 것은 역작용을 불러일으킨다는 것이다. 뒤집어서 이야기하면, 상대방이 당신의 사과가 계산된 것이라고 느끼거나 당신의 친절이 단순한 '사탕발림의 메시지'라고 느끼는 순간, 당신의 사과를 받아들일 가능성이 급격히 낮아지는 것은 물론 당신을 공정하지 못한 사람으로 평가한다. 더 심각하게는 기회만 된다면 당신에게 '복수'를 할 의도를 강화한다.

　사과의 역작용은 사과의 순수성을 저버릴 때 발생한다. 사과란 자신의 잘못을 덮기 위해 달콤하게 사용하는 것이 아니다. 자신의 실수와 잘못으로 인한 쓴맛을 기꺼이 보겠다는 것이 바로 사과다. 그래서 사과는 보험이라기보다는 '자진 납세하는' 벌금과 같다.

남자는 과연 사과에 서투를까?

10만 원짜리 경품 당첨과 주가 상승, 주차위반 딱지 5만 원과 승진 누락. 이 네 가지 사건이 당신에게 한꺼번에 일어났다면 아내에게 어떻게 알리는 것이 가장 현명할까? '우린 비밀 같은 거 없어' 타입의 부부라면, 퇴근하자마자 집으로 달려가 아내에게 시시콜콜 알리겠지만, 행동심리학자들은 나쁜 소식 두 개를 먼저 알리라고 충고한다. 그러고 나서 하루에 하나씩 좋은 소식을 알리면, 아내에게 큰 기쁨을 줄 수 있다는 것이다.

행동심리학의 여러 실험 결과에 따르면 실수를 고백할 때 빠른 시간에 한꺼번에 하는 것이 좋은 이유는 그래야 그 기억이 오래 가지 않고 실수가 '큰 과오'로 각인되지 않기 때문이라고 한다. 같은 원리로, 좋은 소식을 한꺼번에 얘기한다고 해서 두 배 좋아지는 것도 아니고, 오래 가는 것도 아닌 만큼 한 번에 하나씩 얘기하는 것이 좋다.

이 원리를 바탕으로, 유럽이나 미국의 선진 기업들은 예기치 못한 대형 사고가 터졌을 때 대처하는 위기관리의 첫 번째 원칙으로 "숨기면 작은 것도 커지고 밝히면 큰 것도 작아진다"를 꼽는다.

결국 밝혀질 일이라면 숨기지 말고 바로 모든 잘못을 한꺼번에 고백해야 사건이 빨리 종결되고, 사람들도 너그럽게 받아들이게 된다. '비판은 내 입으로, 칭찬은 남의 입을 통해' 하는 것이 현명하다는 것을 그들은 잘 알고 있는 것이다.

그런데 우리의 경험에 의하면, 행동심리학자들의 조언에도 불구하고 남성은 여성에 비해 사과에 인색하다. 코미디언 짐 벨루시(Jim Belushi)가 쓴 책의 제목(*Real Men Don't Apologize*)처럼, 진짜 남자는 여자보다 사과를 하지 않을까? 일반적으로 생각하는 것처럼 남자는 여자보다 경쟁심이 강하고 인간관계를 '파워게임'으로 인식하기 때문에, 여자보다 사과하는 것을 힘들어할까?

캐나다 워털루 대학에서 심리학을 가르치는 카리나 슈만(Karina Schumann) 교수와 마이클 로스(Michael Ross) 교수는 이처럼 사과에 대한 태도에서 남녀 차에 대한 선입견이 널리 퍼져 있지만, 과학적 연구는 거의 없었다는 점에 주목해 실험을 했고, 그 결과를 2010년 〈사이콜로지컬 사이언스〉라는 저널에 실었다.[13]

실험은 다음과 같이 진행되었다. 18세에서 44세에 이르는 남녀 대학생 각각 33명씩에게 12일 동안 매일 저녁 온라인 설문지에 답변하도록 했다. 설문지는 크게 두 부분으로 나누었다. 하나는 "당신은 오늘 하루 동안 남에게 사과를 했거나, 사과를 할 만한 일을 했습니까?"라고 묻는다. 다른 하나는 "당신은 오늘 남으로부터 사과를 받았거나, 사과를 받아야만 할 일을 겪었습니까?"라고 묻는다. 각각의 질문에는 최대 3개까지 사건을 진술할 수 있도록 했다.

사건을 진술할 때에는 기억나는 대로 자세하게 적도록 했다. 즉 어떤 사건이었고, 누가 관여되었으며, 실제로 사과를 했거나 받았는지, 그리고 사과가 있었다면, 정확히 어떤 단어들을 써서 사과하거나 받았는지 적도록 했다. 쉽게 말하면 12일 동안 남녀 각각 33명이 '사과 일기'를 적은 셈이다.

연구자들은 이렇게 해서 수집한 869개의 사과와 관련된 사례를 과학적으로 분석했다. 사과를 주거나 받은 사람들은 어떤 관계였을까? 이 중에는 가족이나 연인이 아닌 친구 사이(46.94퍼센트)가 압도적으로 많았다. 그다음으로는 모르는 사람(20.71퍼센트), 연인관계(9.43퍼센트), 동료(7.92퍼센트), 그냥 아는 사람(7.87퍼센트), 가족(7.13퍼센트)의 순이었다.

구체적으로 살펴보면, 여성들은 217건의 사과 사례를 보고한 반면, 남성들은 158건에 그쳤다. 즉 여성이 사과를 받거나 사과를 한 사례가 남성보다 더 많았다. 또 여성들은 자신들이 잘못한 사례를 267건 보고한 반면, 남성들은 196건에 그쳤다. 자신이 잘못했다고 판단한 사례에 대해서는 여성과 남성 모두 약 81퍼센트가 사과를 한다고 답변했다.

사과의 표현은 어땠을까? 즉 유감, 책임 인정, 잘못 인정, 용서 구하기, 향후 더 잘하겠다고 약속하기, 설명과 보상 등등을 기준으로 분석하면 남녀의 차이가 있었을까? 예상과는 달리 '사과의 표현'에서도 남녀의 차이는 뚜렷이 나타나지 않았다

혹시 실험에 참가한 남성들이 알량한 자존심 때문에 자신이 잘못한 것을 축소하여 보고한 것은 아닐까? 그렇지 않았다. 남성들은 남들이 자신에게 끼친 실수나 잘못에 대한 보고에서도 위와 같은 패턴을 보여주었다. 즉 여성이 남성보다 남에게서 더 피해를 받았다고 보고한 것이다.

'사과에 대한 남녀 차'를 좀 더 깊이 연구하기 위해 이들은 또 다른 실험을 했다. 남녀 실험 참가자들에게 세 가지의 가상 시나리오를 주었다. 첫 번째 시나리오는 공동 과제물을 수행하는데 한 친구가 이틀이나 늦게 주는 바람에 다른 친구는 중간고사 준비를 늦추어야 하는 상황이었다. 두 번째 시나리오는 학교에서 기분이 안 좋

은 상태로 돌아온 후에 친구에게 짜증을 내는 상황이었다. 세 번째 시나리오는 친구에게 실수로 새벽 3시에 전화를 걸어 잠을 깨우는 바람에 그다음 날 취업 인터뷰를 앞두고 있던 친구가 몇 시간밖에 잠을 못 잔 상황이었다.

동일한 시나리오에 대해 남녀 실험 참가자들은 어떻게 평가했을까? 여성(7점 만점에 5.1)은 남성(4.75)보다 더 심각하게 평가했으며, 따라서 여성(6.58)은 남성(6.23)보다 위의 시나리오에 대해 '사과해야 한다'고 평가하는 비율이 더 높았다.

정리하자면, 남녀 모두 잘못했다고 판단한 행동에 대해서는 비슷한 비율로 사과해야 한다고 답했고, 남녀 모두 사과의 표현이나 세심함에 있어서도 큰 차이가 없었다. 다만 여성이 남성보다 사과하는 횟수가 더 많았다. 다시 말해, 여성과 남성은 잘못을 판단하는 기준에 대해서는 큰 차이를 보이는 반면, 일단 잘못으로 판단하면 사과하려는 의지는 비슷했다. 똑같은 상황인데도 여성은 잘못했다고 느끼지만 남성은 잘못했다고 느끼지 않는 것이다. 이 점은 남녀 관계를 유지해나가는 데 참고할 만하다.

토라진 여성을 영문도 모른 채 달래는 남성이 왜 그토록 많은지 이제 이해가 될 것이다! 부부나 연인 관계에서 여성은 잘못이라고 판단하는 반면, 남성은 뭐가 문제냐고 생각하는 경우가 있다는 얘기다. 당연히 두 사람 사이에 갈등이 발생할 수 있다. 여성은 사과를 해야 한다고 생각하지만, 남성은 자신이 왜 사과를 해야 하는지 도무지 이해할 수 없다. 정말 지구에는 화성에서 온 남자들과 금성에서 온 여자들로 가득 차 있는 것이다.

위와 같은 상황이 발생하면 과연 우리는 어떻게 해야 할까? 남자친구가 만날 때마다 30분씩 늦는 습관이 있다고 치자. 여자친구의 입장에선 매번 말도 없이 남자친구가 30분씩 늦는 데다, 별다른 사과도 없는 것이 이해가 가지 않는다. 반면 남자친구는 일하느라 바빠서 30분 정도 늦는 것은 큰 잘못이 아니라고 생각할 수 있다.

위의 연구 결과를 적용해보면, 갈등의 초점은 '어떻게 사과 한마디 없이 번번이 약속에 늦을 수 있는가' 라기보다는 '무엇을 잘못으로 보는가'의 기준이 서로 다르다는 데 있다. 즉 여자친구가 "어떻게 매번 사과도 없이 이렇게 늦을 수가 있어!" 하고 화내면, 남자는 "별것도 아닌 걸 가지고 왜 이렇게 난리야!"라고 반응할 것이다. 이럴 때 '상대방의 잘못에 대한 기준이 나와 다를 수 있다'는 점을 이해하고, 이 부분에서부터 대화를 시작하면 괜한 감정싸움으로 번지는 것을 막을 수 있다.

이런 경우 사건에 대한 사실과 그에 대한 본인의 감정이나 의견을 분리시켜 얘기하는 방법을 택할 수 있다. 예를 들어, 남자친구에게 "우리 이번 달에 데이트 일곱 번 했는데, 자기는 여섯 번이나 30분 넘게 늦은 거 알아?"라고 사실에 대해 동의를 구한 뒤, "자기는 어떻게 생각할지 모르지만, 난 자기와의 약속이 중요하기 때문에 꼭 제시간에 오는데, 자기는 별로 신경 쓰지 않는 것 같아서 서운해. 게다가 사과 한마디도 없으니 속상하기도 하고. 만약 자기가 매번 30분씩 나를 기다려야 한다면 기분이 어떻겠어?"라고 말해보는 것이다. 물론 화를 꾹 참고 차근차근 얘기해야 하는 인격적 성숙이 필요한 일이다(필자들이라고 항상 그러는 건 아니다!). 그런데 이렇게 얘기했는데도 상대방이 사과를 하기는커녕 오히려 몰아붙인다면? 그때는 정말 두 사람의 관계에 대해서, 특히 '상대방의 성격'에 대해서 심각하게 생각해볼 만하다.

chapter 9

사과문은 그저 통과의례일 뿐이다?

"과거는 결코 사라지지 않는다.
 심지어 과거는 아직 지나간 것이 아니다."

― 윌리엄 포크너 William Faulkner, 작가

단언컨대, 이 책을 읽은 독자들은 앞으로 종이신문을 읽는 새로운 재미 하나를 얻게 될 것이다. 바로 신문 하단에 실리는 '기업의 사과문'을 꼼꼼히 살펴보는 일이다. 아니, 세상에나! 이 우주에서 가장 재미없는 글 중의 하나인 '그들의 사과문'을 들여다보는 일이 재미있을 거라고? 하지만 사실이다. 앞으로 당신은 신문에 실린 사과문을 그냥 지나치지 못할 것이다.

먼저 평소 슬쩍 지나치던 사과문을 떠올리면서 다음의 몇 가지 질문에 대해 함께 생각해보기로 하자. 기업의 사과문에서 당신이 가장 눈여겨보는 대목은 무엇인가? 사과문 앞부분의 직접적인 사과 대목에서 '미안합니다', '죄송합니다', '송구스럽습니다', '유감입니다' 중 가장 마음에 드는 표현은 무엇인가? 사과의 표현이 사과를 받아들일 것인가, 아닌가를 결정하는 데 영향을 미치는가? 사과문을 보면서 진정성을 느껴본 적이 있는가? 만약 있다면 어떤 내용이 담겨 있을 때 기업의 진심 어린 사과를 경험했는가? 책임을 통감한다고 했을 때? 궁금한 사항이 있으면 언제든지 연락 달라며 연락처가 적혀 있을 때? 그것도 아니라면 '지금 즉시 보상해드리겠다'라는 보상책이 명시돼 있을 때? 사과문을 쓴 주체가 어떻게 명시돼 있을 때 당신은 가장 적절하다고 느끼는가? ○○○ 사장 배상, ○○○ 주식회사 임직원 일동, ○○○ 주식회사 올림? 기업은 어떤 근거로 사과문의 주체를 결정할까?

　이쯤 되면 지루하기 짝이 없는 사과문이 흥미롭게 보일 것이다. 읽는 소비자 입장에서도 명확하게 답할 수 있는 질문이 하나도 없고, 기업의 작성자 입장에서도 곤혹스러운 질문일 것이 틀림없다(대개 회사 내에서 사과문을 작성하는 팀은 실수를 범하거나 잘못을 저지른 직접적인 책임자가 아니다. 사과문을 쓰는 것이 '업무'인 이들에게 과연 사과문의 진정성을 기대하는 것이 가능하긴 한 걸까 하는 의문이 들기도 한다).

효과 없는 정당화 전략

이화여대 김영욱 교수에 따르면, 우리나라 기업들은 신문에 사과문을 실을 때 주로 자사의 잘못을 정당화하는 내용을 담는다고 한다. 김영욱 교수는 2003년과 2004년, 2년 동안 조선일보에 게재된 18개의 사과문을 분석한 논문을 2006년에 발표했다. 그의 논문에 따르면 국내 기업들은 사건의 충격을 축소하기 위한 정당화 전략(44.6퍼센트)을 가장 많이 쓰고 있는 것으로 드러났다. 정당화 전략 중 국내 기업들이 가장 많이 사용한 전략은 '초월 전략(19.61퍼센트)'이었다. 초월 전략이란 예를 들어 소비자 안전사고를 일으킨 기업이 "폐사는 소비자의 안전을 최우선으로 삼는 기업으로서, 향후에도 최고 수준의 소비자 안전 확보를 위해 노력하겠습니다"와 같이 자신들의 실수에 대해 (구체적인 답변보다는) 이상적인 문구를 사용하는 것을 말한다(사과문에서 흔히 볼 수 있는 문구 아닌가!). 정당화 전략 다음으로는 사과, 재발 방지책 등의 수정 행위, 부인, 변명의 순으로 나타났다.

그렇다면 우리 기업들이 많이 사용한다는 정당화 전략은 과연 실질적인 효과가 있을까? 김 교수는 같은 논문에서 사과문에 대한 일반인들의 반응을 조사했는데, 재발 방지책 같은 수정 행위가 가장 효과적인 것으로 나타났다. 그다음으로 변명, 정당성, 부인 등을 주목하지만 그 효과는 떨어졌다.

이 밖에도 사과문의 효과 측정에 대한 연구가 몇 가지 더 있다. 성결대 백진숙 교수는 2006년에 발표한 논문에서 사과문 유형에 따른 사람들의 반응을 설문 조사를 통해 연구했다. 이 논문에 따르면, 사과문에서 잘못을 인정하고 나쁜 의도가 없었다는 점을 전하는 것이 진실성이나 평판 회복에 도움이 되는 것으로 나타났다.

고려대 윤영민 교수와 최윤정은 2009년 삼성과 농심의 사과문을 연구, 분석한 결과를 발표했다. 평소 삼성과 농심에 대한 호감이 높을수록, 그리고 반(反) 대기업 정서가 낮을수록, 두 기업의 사과에 대한 수용도가 높게 나타났다. 그러나 개인의 관용적인 성향은 사과 수용에 별 영향을 미치지 않는 것으로 드러났다. 사과문에 대한 태도는 잠재적 소비자들의 개인적인 성격이나 관용적인 태도보다는 '기업에 대한 정서'가 더 중요하다는 얘기다.

기업의 사과문은 감정에 호소하는 형식이 더 적절할까, 아니면 이성적으로 이해를 구하는 형식이 더 적절할까? 한국외대 이유나 교수와 문비치는 '사과 광고와 용서의 관계'를 연구한 2009년의 논문에서 '사고의 책임이 외부에 있는 해킹으로 인한 소비자 피해'와 '내부에 책임이 있는 개인 정보의 내부자 유출'과 같은 두 가지 형태의 기업 과오에서 감성적 접근과 이성적 접근의 사과 중 어느 쪽이 더 효과적인지를 살펴보았다.

결론부터 말하자면, 해킹과 같은 외부 책임의 사건에서는 '피해 확산 방지 및 자체 심의 방안 마련'과 같은 이성적 접근이, 개인 정보 내부자 유출과 같이 내부에 책임이 있는 사건에서는 "머리 숙여 진심으로 거듭 사죄드립니다"와 같은 감성적 접근이 더 효과적인 것으로 나타났다.

신문에 게재된 사과문의 효과에 대한 연구들을 정리해보면, 다음과 같다. 기업에서 사과문을 작성하는 사람들이 참고할 만한 사항이다. 첫째, 사과문을 작성할 때에는 과오에 대한 최종적인 책임은 기업에 있지만 기업의 의도가 그렇지는 않았음을 명확하게 밝혀주는 것이 좋다. 둘째, 기업이 자사의 실수나 잘못에 대해서 '재발 방지와 향후 개선'을 위해 어떻게 노력할 것인지를 구체적으로 제시하는 것이 중요하다. 셋째, 기업 내부에 책임과 잘못이 있을 때에는 "깊이 머리 숙여 사과드립니다"와 같이 공감을 불러일으킬 만한 감성적 접근이 더 효과적이다. 반면 해킹과 같이 외부의 영향으로 위기가 초래됐을 때에는 소비자들에게 구체적으로 어떤 조치를 할 것인지에 대해 '이성적으로' 접근하는 것이 적절하다.

마지막으로 사과문에 대한 수용도를 높이기 위해서는 평소에 일반인이나 잠재적 소비자와의 관계를 친밀하게 유지하고, 좋은 기업 평판을 얻기 위해 노력해야 한다. 기업 활동을 하다 보면 내외부적인 실수나 잘못으로 위기를 겪는 일이 종종 발생한다. 기업에 위기가 닥쳤을 때, 단기적인 대처도 중요하지만 이 경우에도 평상시의 기업 평판이 막대한 영향을 미친다는 사실을 명심해야 할 것이다.

" Do you have a card that stops short of saying ' *I'm sorry* ' yet vaguely hints at some wrongdoing ? "

www.CartoonStock.com

"저, 혹시 미안하다는 말까진 안 하면서도 뭔가 잘못했다는 걸 약간 암시해줄 수 있는, 그런 카드가 없을까요?"

우리의 눈이 멈추는 곳에 답이 있다 – 아이트래킹eye-tracking 연구

사람들이 신문의 사과문에서 가장 주목하는 부분은 어디일까? 어떤 대목을 가장 눈여겨보며, '용서'의 마음을 불러일으키는 내용은 어떤 것일까? 사과를 하는 기업의 입장에서는 정말 궁금하고, 그래서 꼭 답을 알고 싶은 질문이다. 쿨한 사과를 위해서라도 '어떻게' 사과해야 하는지를 명확히 이해할 필요가 있다.

이 질문에 답을 얻기 위해 필자들은 흥미로운 실험에 착수했다. 2010년 여름, 우리는 대전 지역 대학생 100명에게 가상의 식품업체인 '투 플러스 푸드'라는 기업이 대전 지역의 유성천을 오염시킨 가상 온라인 뉴스를 보여준 다음 설문 조사를 실시했다. 또 다른 169명의 학생들에게는 기사와 사과문을 함께 보여준 뒤에 설문 조사를 했다.

흥미로운 대목은 실험 참가자 169명을 30명 내외의 6개 그룹으로 나눈 뒤, 각각 조금씩 다른 사과문을 보여준 것이다. 사과문의 내용은 유감("죄송합니다")을 담은 기본적인 사과를 바탕으로, 소통 채널 중심의 사과("이번 사건과 관련해 궁금증에 응답하기 위하여 상담 전화를 개설했습니다"), 변명으로 방어한 사과("이번 사고는 협력업체의 잘못이었습니다"), 개선 노력을 밝힌 사과("정부 조사에 적극 협조하고, 환경단체와 함께 이 문제를 해결하기 위해 최선의 노력을 할 것입니다"), 책임 인정의 사과("저희 회사는 책임을 통감하고 있으며, 회피하지 않을 것입니다"), 그리고 부끄러움의 사과("도저히 고개를 들 수 없습니다") 등을 보여주었다. 설문 조사에서는 제시된 사과문에 대해 명성, 책임, 사과 수용도, 공감, 구매 의도, 분노, 용서,

부정적 입소문의 8개 항목을 제시해 평가하도록 했다.

결과는 어땠을까? 각각 평균을 내어 비교했을 때, 온라인상에서 기사만 보고 기업을 평가한 그룹에 비해, 어떤 형태로든 사과문을 본 그룹은 모두 부정적인 의견을 적게 나타냈다. 특히 기사만 보고 평가한 그룹에 비해, 사과문을 본 그룹이 책임(7점 만점에 3.21), 방어(3.13), 소통 채널(3.05)의 전략에 높은 점수를 주었다.

사과문들은 전반적으로 어떤 효과를 가져왔을까? 169명이 응답한 사과 점수를 모두 합쳐 평균을 내본 결과, 기사만 본 학생들에 비해 분노(3.4)와 부정적인 입소문(3.22)을 낼 의향이 적었으며 사과를 수용(3.13)할 의향이 높았다.

설문 조사에서 한 발 더 나아가, 우리는 사람들이 사과문을 볼 때 어느 부분에 더 집중하는지를 알고 싶었다. 신경과학적으로 볼 때, '시각적으로 집중한다'는 것은 시선이 머무는 시간이 그만큼 길어졌다는 것을 뜻한다. 더 오래 볼수록 주의집중을 하는 것이고, 그것이 사과에 대한 판단에 더 많은 영향을 미칠 게 틀림없다. 우리는 시선이 머무는 시간과 사과에 대한 판단은 서로 연관이 있다고 가정하고, 사과문에서 오래 응시하는 곳을 찾아보기로 했다. 오래 응시하는 곳을 측정하기 위해 사람의 눈동자 움직임을 통해 시선을 추적하는 아이트래커(eye-tracker) 장비를 활용했다.

우리는 실제 사과문과 가상으로 만든 사과문을 놓고 대전 지역의 대학생에게 아이트래커를 활용해 실험을 수행했다. 먼저 CJ푸드빌의 빕스(VIPS) 레스토랑의 식수 오인 사고 관련 사과문을 제시했다. 2008년 2월 15일 빕스 중동점을 방문한 초등학교 4학년 여자 어린

이가 직원에게 물을 달라고 요청했는데, 직원이 정수기 밸브 소독을 위해 물컵에 담아둔 금속 세척제를 식수로 오인해 어린이에게 제공하는 사고가 발생했다. 이를 마신 어린이는 응급실로 실려가 치료를 받고 5일간 입원했다.

아래 그림은 대학생 162명에게 빕스 레스토랑의 사과문을 보여준 뒤, 아이트래커로 촬영한 결과다. 붉은색으로 표시된 부분이 사람들의 눈길이 오래 머문 곳이다. 실험 참가자들의 시선 추적 결과를 살펴보면, 우선 '고개 숙여 사과드립니다' 처럼 기업이 직접적인 사과 표현을 어떤 수준에서 했는지 유심히 읽었다. 그런 다음 사과문

고객님께 진심으로 사과 드립니다.

금번 빕스 중동점에서 발생한 식수 오인 사고에 대해 진심으로 고개 숙여 사과 드립니다.

어떤 이유에서든 매장에서 지켜져야 할 관리규정이 제대로 지켜지지 않았다는 점은 저희의 명백한 책임입니다.
이 일로 피해를 입으신 고객과 평소 저희를 아끼고 사랑해주시는 고객 여러분께 죄송스러운 마음뿐입니다.

사고 발생 직후 저희는 전 점포 대상으로 강도 높은 안전점검을 실시하였으며, 재발 방지를 위해 전 점포 직원에 대한 위생 안전교육을 더욱 강화하였습니다. 특히, 전문가와 고객들로 구성된 푸드폴리스(food police)를 운영, 매장 내 위생관리준수 여부를 수시로 체크하고 고객 응대서비스 수준을 높이는 등 위생 및 안전에 대한 관리감독을 보다 강화하도록 하겠습니다.

이번 사고로 피해를 입은 고객과 그 가족에게 다시 한번 고개 숙여 사과 드리며 고객들께 더욱 신뢰받을 수 있는 빕스가 되도록 최선을 다하겠습니다.

VIPS 대표이사 박동훈 올림

을 두루 꼼꼼히 살펴보았지만, 그중에서도 푸드 폴리스 구성 등 재발 방지를 위한 개선책에 더 주목하고 있음을 알 수 있다.

필자들이 수행한 다른 실험들에서도 사람들은 개선책에 집중한다는 결과가 지속적이고 반복적으로 나왔다. 위에서 언급한 가상 기업 '투 플러스'에 대한 사례에서도 재발 방지를 위한 개선 노력을 표현한 사과를 만들어 28명을 대상으로 아이트래킹 실험을 한 결과, 개선 노력을 표현한 부분에 가장 많이 집중한 것을 볼 수 있었다.

◆ 투 플러스 푸드는 가상 기업임

또 지난 2010년 초 도요타 자동차에서 내놓은 리콜 사태 관련 광고를 대상으로 21명에게 아이트래킹 실험을 진행했는데, 여기에서도 구체적인 '조치 사항'에 더 주목하는 것으로 나타났다.

물론 모든 사과문에서 사람들이 개선 노력에 가장 많이 집중하는 것은 아니다. 예를 들어 필자들이 수행한 실험 중 2006년 옥션의 사례를 살펴보자. 당시 옥션은 선정적인 동영상 광고를 올렸다가 사회적으로 큰 비난 여론이 일자, 이를 슬쩍 내린 적이 있었다. 옥션의 사과문을 대상으로 아이트래킹 실험을 했더니 회사의 잘못을 시인하는 부분에 사람들이 가장 많이 주목했다.

반면 태안반도 기름 유출 사고가 났을 때 삼성중공업이 47일이 지난 후에 내놓은 광고를 대상으로 실시한 아이트래킹 실험에서는 실

> **머리 숙여 사과드립니다**
>
> 서해 북서방 해상에서 저희 해상 크레인이 항해 도중 갑작스런 기상 악화로 홍콩 선적 유조선 허베이스피리트호와 충돌하여 원유가 유출되면서 서해 연안이 크게 오염되었습니다. 국민 여러분께 큰 충격과 걱정을 끼쳐 드려 죄송합니다. 이 일로 지역 주민들께서 당하신 고통과 피해, 그리고 생태계 파괴라는 재앙 앞에서는 어떠한 말도 위로가 되지 못할 것입니다. 사고 직후 저희들은 현장 방제 활동에 전력을 다해 왔습니다. 이제 긴급 방제가 마무리되는 상황에서 앞으로 관련 당사자들과 함께 주민 여러분의 생활 터전이 조속히 회복되고 서해 연안의 생태계가 복원될 수 있도록 최선을 다하겠습니다. 다시 한 번 국민 여러분과 지역 주민들께 깊이 사과드립니다.
>
> 2008년 1월 22일
> 삼성중공업 대표이사 사장 김징완 외 임직원 일동

험 참가자들이 다른 사과문에 비해 사과문 자체에 별로 집중하지 않는 경향을 보였다. 구체적인 책임 인정이나 해결책 제시가 없는 '무늬만 사과'인 사과문에 대해 사람들은 시큰둥한 반응을 보인 것이다.

우리 실험에서 흥미로운 결과 중 하나는 "○○○에서 사과드립니다", "○○○에서 알려드립니다"와 같은 헤드라인에는 사람들이 별로 주목하지 않는다는 사실이다. 사과문의 앞부분에 의례적으로 붙는 헤드라인에는 사람들이 별 관심을 두지 않았다. 의례적인 표현, 관습적인 사과, 책임 불인정이나 해결책 없는 마무리……. 이런 사과문은 결코 사람들에게 진심 어린 사과를 전할 수 없음을 보여주었다.

그렇다면 사과문의 어디에 주목하는가와 그 사과문에 대한 평가는 상관관계가 있을까? 다시 말해 실험 참가자들이 직접적인 사과 표현이나 책임의 인정, 해결책 제시 등에 주목할수록 그 사과문을 읽고 기업을 용서하는 마음도 더 많이 들게 됐을까?

현재까지 얻은 결과를 가지고 조심스럽게 말하자면, 우선 위기 상황에서 소비자들이 궁금증에 대해 문의할 수 있는 소통 채널을 열고, 이를 사과문에 포함하는 것이 매우 효과적이다. 예를 들어, 필자들의 실험에서는 "이번 사건과 관련해, 주민 여러분의 궁금증에 응답하기 위해 상담 전화(080-○○○-○○○)를 개설하여 운영하고 있습니다. 궁금하거나 말씀하실 사항이 있으면 연락주시기 바랍니다"와 같이 제시를 했다. 그랬더니 이러한 소통 채널의 제시는 사과를 수용하는 정도, 향후 구매를 지속하겠다는 의도, 부정적 입소문을 최소화하는 것과 비교적 높은 상관관계를 나타났다.

아울러 자사의 잘못에 대한 개선책을 제시할 경우 분노와 부정적 입소문을 줄이는 데 큰 효과가 있는 것으로 나타났다. 또 책임 인정은 사과 수용에 큰 영향을 미쳤으며, 부끄러움의 표현은 사과 수용과 공감도를 높이는 효과가 있었다. 그러나 부정적인 입소문을 최소화하는 데에는 부끄러움의 표현이 오히려 역효과를 내는 것으로 나타났다.

우리는 사과에 대한 광범위한 기존 연구를 검토하고, 비즈니스에서의 실제 사례를 분석하고, 설문 조사 중심의 연구 방법론에서 벗어나 아이트래킹, 생리 반응 등 좀 더 과학적이고 실험적인 방법을 사용해 '사과의 효과'를 연구하고 있다. 조만간 기능성 뇌영상장치(fMRI)를 활용해 '사과문을 보는 동안 사람의 뇌에서 어떤 일이 벌어지는가'에 대한 연구도 수행할 계획이다.

기업의 실수나 잘못은 잠재 고객들에게 분노를 일으키며, 직접적으로 피해를 입은 당사자들에겐 큰 상처가 되기도 한다. 기업의 사과문이 용서로 이어질지, 아니면 냉소를 자아낼지는 그들의 뇌를 살펴보면 짐작할 수 있다. 분노와 감정적 고통을 유발하는 사과문은 '인슐라(Insular)'라는 작은 '분노의 뇌 영역'을 자극할 것이며, 진심 어린 사과문은 거울뉴런(mirror neuron)으로 가득한 측두엽 뒤쪽의 '공감(empathy) 영역'을 자극할 것이다. 어떤 사과문이 인슐라를 자극하는지, 아니면 공감 영역을 자극하는지를 알아낸다면 고객의 마음을 보듬는 사과문의 진실을 밝힐 수 있을 것이다.

아직 사과의 효과에 대한 연구가 마무리된 것이 아니어서 결론을 내긴 이르지만, 기존 연구를 포함해 지금까지의 연구 결과로 사과문 작성에 필요한 조언을 하자면 다음과 같다. 첫째, 앞서 얘기했던 것처럼 사과문의 기본 요소는 유감의 표시, 무엇이 미안한지에 대한 구체적인 설명, 책임 인정이다. 책임 인정은 기업의 사과문에 대한 소비자들의 수용도를 높이는 데 매우 중요하다. 특히 이유나, 문비치 연구팀의 연구 결과처럼, 기업 내부자에게 명백한 잘못이 있는 경우, 사과문은 '머리 숙여' 또는 '진심으로 거듭 사죄'와 같은 정서적인 표현을 쓸 필요가 있다.

둘째, 개선책의 제시는 여러 번 강조해도 지나치지 않을 만큼 중요하다. '위기관리 수단으로서의 사과' 연구를 수행하고 있는 키스 마이클 해릿(Keith Michael Hearit)은 보상책의 제시가 '21세기의 새로운 사과'로 불린다고 주장할 정도다. 경희대 조수영 교수와 이민우 연구팀은 사과 광고에서의 보상 유형을 연구했는데, 외부자에 의해 제품이 훼손된 경우(예를 들어, 기업 외부의 범죄자 등이 의도적으로 제품에 하자가 생기도록 만든 경우)에는 구체적인 보상책을 제시하는 것이 효과적이었고, 기업 내부에 책임이 있을 때에는 구체적이거나 추상적인 보상 모두 효과가 적었다. 연구 결과들을 종합해보면, 흥미로운 유사성을 볼 수 있는데, 기업의 위기가 해킹이나 외부자의 제품 훼손 등 외부의 책임이 큰 경우에는 보상책 제시는 물론, 전체 사과의 톤(tone)에 있어서도 구체적이고 이성적으로 접근하는 것이 효과적이다.

셋째, 필자들이 수행한 연구에서 가장 뚜렷한 결과는 '소통 채널의 제시가 매우 효과적'이라는 점이었다. 이 점은 특히 기업들이 눈여겨볼 필요가 있다. 실험에서는 전화번호 제시 등 소통 채널을 공지한 것만으로도 뚜렷한 효과를 볼 수 있었다. 소셜 미디어를 통한 대화와 소통이 더욱 중요해지는 시대에는 공개 사과와 소통 채널의 관계에 주목할 필요가 있다.

소통 채널은 크게 두 가지 맥락에서 생각해볼 수 있다. 하나는 위기 상황에서 급하게 개설하는 핫라인과 같은 형태이고, 또 하나는 장기적으로 평소에 소비자들과 소통할 수 있는 소셜 미디어 형태다. 위기관리와 사과 수용 상승 효과를 위해서는 평소 기업에 대한 호감도나 평판 관리가 중요한 것처럼, 소통 채널도 평소에 열어두고 대화하는 것이 중요하다. 트위터나 페이스북, 기업 블로그 등 소셜 미디어의 활용을 구체적으로 생각해볼 수 있다.

쿨한 사과는 책임지는 사과다. 뻔한 사과 표현, 궁색한 변명, 관습적인 책임 인정, 형식적인 향후 대책과 무성의한 약속……. 이런 것으로 기업의 실수와 잘못은 용서받지 못한다. 꾸준히 소통하고 잘못을 용기 있게 사과하는 회사, 책임과 보상책을 구체적으로 제시하는 장기적인 안목을 가진 회사. 이렇게 쿨한 사과를 할 줄 아는 회사가 장래성 있는 쿨한 회사다.

"First of all I'm sorry. Secondly I'd like to clarify what I meant by 'never apologize, never explain'."

"우선, 유감이야. 두 번째로, '절대 사과하지 않고, 설명도 하지 않는다' 라는 말로 의미했던 바는 그래도 좀 분명히 하고 싶고."

chapter 10

리더의 사과는 무능함의 표현이다?

"지금도 나는 어머니가 강조한 간단한 원칙,
즉 '네게 그렇게 하면 기분이 어떨 것 같니?'를 정치활동의 길잡이 중
하나로 삼고 있다. 나는 스스로에게 이런 질문을 던지는 것은
아무리 자주 해도 지나치지 않다고 생각한다. 국가 전체를 놓고 볼 때,
우리는 상대편의 처지에서 생각해보는 마음이 부족한 것 같다."

― 《버락 오바마 담대한 희망 The Audacity of Hope》에서

"만족한 고객들은 [자신의 경험을] 3명의 친구에게 말하고,
화가 난 소비자들은 3천 명에게 전달한다."

― 피트 블랙쇼 Pete Blackshaw, 온라인 마케팅 전문가

리더십 2.0의 키워드, 책임감

미국의 광고 분야 전문지인 〈에드버타이징 에이지〉는 2008년 올해의 마케터로 오바마 대통령을 선정했다. 마케팅 전문가인 배리 리버트(Barry Libert)와 릭 포크(Rick Faulk)는 《오바마 주식회사Barack, Inc.》라는 책을 통해 경영자들이 오바마를 벤치마킹해야 할 점들을 분석하기도 했다. 리더십, 커뮤니케이션, 마케팅 전략 등 기업 경영의 다양한 분야에서 오바마에 대한 관심은 매우 뜨겁다. 무명의 정치 신인이었던 그가 수많은 어려움을 헤치고 대통령이 되는 과정에서 기업들은 분명히 배울 점이 있다.

그런 오바마도 실수나 잘못을 저지른다. 2008년 11월 8일 대통령 당선 후 가진 첫 기자회견에서 그는 레이건 전 대통령의 부인인 낸시 레이건에 대해 언급하면서 "(그녀처럼) 혼을 부르는 의식 같은 것은 하고 싶지 않다"라고 확인되지 않은 소문을 이야기하는 실수를 했다. 백악관 비서실장 출신이 쓴 저서에서 낸시 레이건이 점성술사를 데려다가 주술적인 행사를 했다는 대목을 가져다 언급한 것이었다.

또한 그는 여기자에게 '스위티'라고 부르는 말실수를 했다. 이는 오바마의 말버릇이기도 한데, 가까운 친구에게라면 모를까 공식적인 자리에서 쓸 표현은 아니었다. 최근에는 오바마의 '정치적 대부'로 불리는 톰 대슐(Tom Daschle) 보건 장관 내정자와 백악관 최고 성과책임자로 임명한 낸시 킬리퍼(Nancy Killefer) 등이 모두 탈세 의혹으로 낙마하자, 그의 인선 과정이 너무 성급한 것 아니냐는 비난도 일었다.

우리가 이 장에서 눈여겨보려고 하는 것은 오바마의 실수나 잘못이 아니라, 그가 실수를 저지른 후에 어떻게 대처했는가 하는 부분이다. 지금까지의 관찰에 따르면, 오바마는 자신만의 위기 극복 전략을 갖고 있는 것처럼 보인다. 그는 실수를 저질렀을 때 매우 빠른 시간 안에, 그리고 매우 적극적인 태도로 사과하는 행동을 취했다. 낸시 레이건에게는 기자회견 후 바로 전화해 사과했으며, 전화를 받지 못하는 여기자에게는 음성 메시지로 자신의 실수를 인정하고 사과하는 말을 남겼다. 또 실패한 인선과 관련해서는 "내가 일을 망쳐놓았다", "나는 나 자신과 우리 팀에 대해 좌절감을 느낀다"라는 표현까지 써가며 자신의 실수를 적극적으로 인정하는 모습을 보여주었다. 이는 부시를 비롯한 기존의 미국 정치인은 물론, 우리나라의 대통령이나 정치인과도 매우 차별화되는 모습이다. 특히 취임 초기에 대통령이 직접 나서서 공개적으로 사과하는 것은 매우 드문 일이다.

리더의 자리에 있는 사람이 대중에게 사과하는 것은 최근에야 볼 수 있게 된 현상이다. 우리의 경우를 한번 살펴보자. 지금은 '대국민 사과' 란 표현이 흔해졌지만, 10년 전만 해도 보기 드물었다. 〈중앙일보〉에서 '대국민 사과' 를 검색해보면 2001년 이전 기사에서는 연평균 10건을 넘지 않는다. IMF 외환 위기가 터지기 전에는 '대국민 사과' 란 표현이 아예 검색조차 되지 않았다.

그러던 것이 2002년부터 2008년 사이에는 연평균 200건이 넘는 관련 기사가 검색된다. 특히 2002년은 주목할 만하다. 이 해에는 300건이 넘는 관련 기사가 검색되는데, 대표적으로 당시 김대중 대통령이 차남 홍업 씨의 구속 문제와 관련해 대국민 사과를 했으며, 김각중 전경련 회장 대행은 정권이 바뀌자 지난 30여 년간 있었던 기업 활동의 잘못된 관행에 대해 사과했다. 대선 투표 전날인 12월 18일 당시 노무현 대통령 후보와의 단일화를 약속했다가 갑작스럽게 파기한 정몽준 의원이 선거 막판에 혼란을 초래한 것에 대해 사과하기도 했다. 2002년은 '대국민 사과의 해'라고 해도 과언이 아니다.

사과의 급증 현상은 한국에만 국한된 것은 아니다. 아론 라자르는 '사과(apology)' 혹은 '사과하다(apologize)'라는 표현이 〈뉴욕 타임스〉와 〈워싱턴 포스트〉에 나타난 빈도를 조사한 바 있다. 그 결과 1990년에서 1994년 사이에는 1193건이던 것이 1998년에서 2002년 사이에는 2003건으로 두 배 가까이 증가했다.

그렇다면 최근 들어 사람들이 '사과해야 마땅한 일'을 더 많이 저지르게 된 걸까? 무능한 지도자가 사과할 만한 잘못을 더 자주 저질러서 '대국민 사과'가 그렇게 흔한 일이 된 걸까? 하버드 대학에서 리더십을 연구하는 바바라 켈러만(Barbara Kellerman)은 2006년 〈하버드 비즈니스 리뷰〉에 기고한 글을 통해 "리더의 공개적인 사과가 지금처럼 중요한 이슈가 된 적이 없다"고 말한다. 학계에서 '사과의 중요성'에 관심을 가지게 된 것도 최근의 일이다. 도대체 왜 정치나 비즈니스, 학계에서 '사과' 이슈는 점점 중요해지는 것일까?

첫 번째 이유는 디지털 테크놀로지의 발달과 그것이 불러온 사회

변화다. 2006년 6월 21일 영국의 언론 매체인 〈인콰이어러〉에 델 노트북 컴퓨터가 일본의 한 회의장에서 폭발하여 불타고 있는 사진이 실렸다.[14] 이 사진은 삽시간에 전 세계로 퍼져나갔다. 이 사진 한 장으로 사람들은 델의 배터리 문제를 지적하기 시작했고, 델은 처음에는 부인하다가 결국 8월에 가서야 문제점을 인정하고 사과한 뒤 전 세계에서 배터리를 리콜하게 된다.

그런데 이 사진은 당시 회의장에 있던 한 청중이 휴대전화에 달린 카메라로 촬영한 것이었다. 델 컴퓨터의 사례는 지금과 같은 디지털 사회가 되기 이전에는 불가능했던 시나리오였으나 이제는 언제든지 벌어질 수 있는 일이 됐다. '웹 2.0'으로 대변되는 디지털 문명은 비밀이 없는 투명한 사회를 만들어가고 있다. 예전에는 기자들이 카메라를 들고 다니며, 우리 사회에서 벌어지는 각종 사고를 취재했다면, 이제는 누구나 휴대전화에 달린 카메라로 일상을 '취재'할 수 있는 시대가 된 것이다. 2010년 전 세계를 발칵 뒤집어놓고 2011년에는 노벨 평화상 후보로까지 추천된 위키리크스의 존재는 더 이상 비밀이 존재하지 않는다는 것을 극명하게 보여준다. 기업의 실수나 잘못이 쉽게 공론화되고, 이에 따라 사과해야 할 경우의 수도 계속 늘어나고 있다. 즉 정부나 기업이 저지르는 실수나 잘못의 횟수가 과거와 비슷하다 하더라도, 공개적인 사과는 꾸준히 늘어나게 돼 있다는 것이다.

소위 '힘의 이동'이 조직에서 개인으로 옮겨가면서, 조직에 대한 충성심도 예전 같지 않아졌다. 삼성의 차명계좌 의혹으로부터 2008년 4월 이건희 회장이 물러나게 된 사건과 2006년 현대자동차의 비자금 사건은 모두 내부 고발자에 의한 것이었다. 국내 최고의 관리력을 자랑하던 삼성도, 국내 최고의 권위를 뽐내던 현대자동차도 내부 고발자에 의해 결국 대국민 사과를 하고, 후속 조치를 내놓아야 하는 상황에 몰렸던 것이다. 조직의 힘이 '빠지면서' 일반 소비자나 국민들로부터 받는 공개 사과에 대한 압력은 점차 늘어간다.

이와 더불어 기업에게 요구되는 사회적 책임감이 점점 더 커지고 있는 것도 지적하지 않을 수 없다. 이는 단순히 사업에 대한 책임을 넘어선다. 생각해보라. 지금처럼 기업에 '사회적 책임(CSR: Corporate Social Responsibility)'을 요구한 때가 있었던가? 소비자로부터 벌어들인 이익을 사회에 환원할 책임을 비롯해, 탄소 배출량을 감소시켜야 하는 환경적 책임까지 기업이 짊어져야 할 책임의 종류는 점점 늘어가고 있다. 책임의 무게와 사과의 가능성은 비례한다. 즉 더 많은 책임을 진다는 것은 이를 제대로 수행하지 못했을 때 리더가 나서서 사과해야 할 가능성이 높아진다는 것을 의미한다.

사과를 연구하는 학자들의 지적처럼, 사과는 인간이 가지고 있는 가장 오래된 '갈등 조정 수단'이다. 최근 들어 사과의 중요성은 점점 커지고 있지만, 책임감을 가지고 위기와 갈등을 '조정'하기보다는 오히려 '조장'하는 사과가 자주 목격되는 현실은 매우 안타깝다. 정부가 쇠고기 수입 개방에 대한 시민의 분노를 방관했던 일이나 삼성중공업이 태안 앞바다에서 유조선이 침몰한 것에 대해 뒤늦게야 사과했던 것 등이 대표적인 예다. 많은 경우 '법적인' 보호를 위해, 혹은 '밀리면' 안 된다는 정치적 고려 때문에 정부와 기업은 사과보다 변명과 자기합리화에 급급하다. 기껏 한다는 사과 역시 '의례적'이라는 인상을 주거나, 적절한 타이밍을 놓치는 등 '사과의 기술' 부족으로 사태를 오히려 악화시키곤 한다.

19세기 영국의 총리였던 벤저민 디즈레일리는 "사과는 어쩔 수 없는 경우에만 하는 것이다"라고 말했다. 19세기만 해도 "자신에 대해 솔직해지는 1분은 자기를 기만한 며칠, 몇 달 혹은 몇 년보다 값진 시간이다"라는 켄 블랜차드의 격언을 깨달았던 리더는 별로 없었다. 그만큼 사과에 대한 부정적 인식이 컸다. 그렇다면 21세기에도 기업의 리더들은 사과에 대해서 19세기적 인식을 가지고 있는 걸까?

하버드 대학의 바바라 켈러만은 사과에 대한 연구를 종합한 후 "실수나 잘못 앞에서 사과를 하는 리더는 잃는 것보다 얻는 것이 더 많다"고 결론을 내렸다. 그럼에도 불구하고 리더들은 전반적으로 사과가 가져오는 부정적 측면(예: 법적 고소의 가능성, 체면의 손상)은 과대평가하고, 긍정적 이득(예: 갈등 해소, 관계 개선, 문제의 해결)은 과소평가한다고 켈러만은 지적한다. '사과는 위험하다'는 우리의 본능적인 인식은 명백히 오해라는 얘기다.

필자들이 사과에 대한 연구를 시작하면서 각별히 오바마의 행동에 주목하는 진짜 이유는 따로 있다. '사과의 정치학'이라 부를 만한 그의 차별화된 행동 자체가 아니라, 그 이후의 결과 때문이다. 그는 위기 때마다 적극적인 사과를 했으며, 이는 대중들에게 진심으로 전해졌다. 사과를 통해 자신의 실수를 솔직히 인정하는 대통령을 국민은 믿기 시작했고, 실수나 잘못으로 인해 높았던 비난 여론은 빠르게 가라앉았다.

오바마는 인선 문제가 불거졌을 때도 인선 과정에 잘못된 점이 있었음을 시인하면서 다음과 같이 말했다. "책임의 시대에는 실수를 하지 않는 것이 아니라 실수를 인정하고 다시는 같은 실수를 하지 않도록 하는 게 중요하며, 우리는 그렇게 할 것이다."

책임감과는 거리가 멀어도 한참 먼 우리 대통령과 정치인들에게 들려주고 싶은 얘기다. 모두가 인정하듯이, 오바마는 리더십의 새로운 트렌드를 만들어가고 있다. 그는 '리더십 2.0'의 모범으로서 리더의 사과에 대한 새로운 트렌드, '사과 2.0'도 실천하고 있다. 오바마가 사과의 과학을 연구하는 필자들에게 더없이 매력적인 이유다.

예일대가 동국대로부터 소송을 당한 이유

2010년 9월 오영교 동국대 총장은 증인 신문을 위해 미국으로 출국했다. 2007년 우리 사회를 떠들썩하게 했던 신정아의 학력 위조 사건과 관련해, 동국대와 예일대 사이에 500억 원이 넘는 손해 배상 소송이 벌어지자 이를 위한 증인 신문에 참석하러 가는 길이었다.

동국대는 2005년 신정아의 임용을 앞두고 예일대에 신씨의 박사학위 확인을 위해 등기우편을 보냈고, 예일대는 신씨의 예일대 학위가 진짜임을 확인해주는 당시 파멜라 셔마이스터 대학원 부원장 명의의 팩스 문서를 보냈다. 2007년 신정아의 가짜 예일대 학위로 사회적 파문이 일자, 예일대는 애당초 등기우편을 받지 못했다고 부인했으며, 팩스가 위조됐다며 부인하다가, 결국 그해 11월에 가서야 "셔마이스터 부원장이 실수로 잘못된 팩스를 보냈다"라고 시인했다.

동국대는 신정아 사건으로 사회적 비난을 받았고, 학교 명예도 크게 실추되었다. 각종 기부금과 정부 지원금이 줄어 500억 원이 넘는 물적 피해를 보았다고 동국대는 주장했다. 동국대는 2008년 3월 예일대를 상대로 미국 코네티컷 주 지방법원에 손해 배상 청구 소송을 냈으며, 예일대는 이에 대해 소송기각 신청을 했지만 기각당했다.

그런데 2008년 8월 미국 법원에서 가진 1차 화의조정에서 예일대는 흥미로운 제안을 했다. 동국대의 한진수 경영부총장에 따르면, 예일대는 동국대가 소송을 취하하는 조건으로 한국의 일간지에 사과문을 싣고, 공식적인 사과 기자회견을 개최하며, 동국대를 위한 세계적인 교육 협력 프로그램을 제공하겠다고 제안했다. 동국대는 예일대의 제안을 거부했고, 법적 시비를 가리겠다는 입장이다.

예일대가 협상의 조건으로 내놓은 세 가지 중 두 가지, 즉 일간지 광고와 기자회견이 모두 사과라는 점은 눈길을 끈다. 결국 예일대의 사과 관련 제안은 "동국대가 소송을 취하하면 공식적으로 사과하고, 소송을 계속하면 사과하지 않겠다"라는 뜻으로 요약된다. 협상 카드로 사과가 활용되고 있는 것이다.

이와 유사한 경우를 다른 곳에서도 찾아볼 수 있다. 2009년 8월 초 빌 클린턴 전 미국 대통령이 북한을 방문해 미국의 두 여기자 석방을 이끌어냈다. 이를 두고 북한의 언론은 클린턴이 김정일에게 사과를 했다고 보도했고, 미국 언론은 그런 적이 없다고 보도했다. 또한 2009년 우리 국민 6명의 목숨을 빼앗아간 '임진강 참사'와 관련해 우리 정부는 북한에 사과를 요구했지만, 북한은 한 달이 지나서야 "남측에서 뜻하지 않은 인명 피해가 발생한 것에 대해 유감스럽다"고 짧게 발표하는 데 그쳐 정치적 계산에 의한 것이라는 비난을 피하지 못했다.

사과의 진정성은 매우 중요하며 특히 개인 간의 사과에선 더욱 그렇지만, 조직이나 국가 사이에서 이루어지는 사과는 종종 '협상의 카드' 역할을 한다. 동국대와 예일대의 사례로 다시 돌아가보자. 동국대의 소송 취하를 조건으로 사과하겠다는 예일대의 제안에서 사과는 '협상의 카드' 일 뿐, '진심 어린 사과' 와는 거리가 있다. 클린턴이 김정일에게 만약 사과를 했다 하더라도, 이는 두 여기자를 석방하기 위한 '카드' 였을 것이며, 임진강 참사에 대한 북한의 사과 역시 외교적 협상을 위한 것일 뿐 진심과는 거리가 멀었다. 그러나 협상의 결과물로 내놓는 사과는 진정성이 떨어지더라도 정치적 의미에서 갈등 해결에 기여하는 바가 크다. 직접적으로 말해, 권력의 우위를 점하고 있는 국가와 그렇지 못한 국가 사이, 뿌리 깊은 갈등을 가지고 있는 조직 사이에서는 사과를 한다는 '제스처' 만으로도 사태가 악화되는 것은 막을 수 있는 것이다.

법학자인 제니퍼 브라운(Jennifer Brown)은 2004년 한 법률 저널에 기고한 '협상에서의 사과의 역할(Apology: The Role of Apology in Negotiation)'[15]이란 글에서 사과는 종종 '제3자 효과(third-party effect)' 를 노리는 경우가 있다고 지적한다. 즉 사과를 하되 피해자를 겨냥한 것이라기보다, 제3자에게 자신의 의지를 보이기 위한 제스처라는 의미다. 아론 라자르는 2차 세계대전의 영웅이었던 조지 패튼(George S. Patton) 장군의 사례를 제3자 효과를 위한 사과의 예로 언급한 바 있다.

성격이 거칠었던 패튼은 부하 두 명의 뺨을 때려 문제가 되었다. 이는 군법회의에 회부될 수 있는 사안이었는데, 당시 상사였던 아이젠하워(Dwight D. Eisenhower)는 뛰어난 군인이었던 패튼을 살리면서도 문제를 잠재우는 카드로 '사과'를 썼다. 그는 먼저 패튼에게 해당 장병과 부대원에게 사과할 것을 엄명했고, 이 사건에 관심을 갖고 취재하던 기자들에게는 패튼이 사과했음을 알렸다. 이 과정에서 패튼은 사실상 자신의 행동을 뉘우치고 사과했다기보다는, 상사인 아이젠하워를 실망시키지 않고 전장에 복귀해 자신의 이름을 떨치기 위해 사과한 것이었다. 실제로 그는 폭행 사건에 대해 유감이라고 밝히면서 아이젠하워 장군의 심기를 건드리는 일은 절대 원치 않는다고 말했다. 아이젠하워의 입장에서는 피해를 입은 장병들의 명예를 회복시키면서 동시에 능력이 출중했던 패튼 장군을 보호하기 위한 카드로서, 패튼에게 공개 사과를 명령하는 카드를 활용한 것이다.

제니퍼 브라운은 또한 같은 글에서 최근 들어 협상 및 갈등 조정에 있어 사과의 역할에 대한 관심이 높아지고 있다고 적고 있다. 브라운은 협상에서 목적을 뚜렷이 하는 것이 중요하듯이, 협상의 카드로서 사과 역시 얻고자 하는 것이 무엇인지 명확한 상황에서 사용해야 한다고 기술하고 있다. 브라운은 협상이나 중재 과정에서 쓰이는 사과의 목적을 네 가지로 분류한 데보라 레비(Deborah Levi)의 이론을 인용하고 있다.

첫 번째는 '전술적(tactical)'인 것으로, 이는 피해자로부터 신뢰를 얻고, 협상 태도에 영향력을 끼치기 위해서 피해자의 고통을 인지하는 차원에서 하는 사과다. 두 번째는 '설명(explanation)'의 목적으로, 상대방에게 가해자 측의 행위에 대한 해명을 통해 이해를 구하기 위한 것이다. 세 번째는 '형식적(formalistic)'인 목적으로, 권위를 가진 세력의 요구에 '항복'하는 제스처를 보이는 것이다. 마지막으로 '해피엔딩(happy-ending)'은 책임성을 받아들이고 잘못된 행위에 대해 유감을 표시하는 사과를 말한다.

예일대의 경우, '전술적' 목적에서 사과의 카드를 시도했으나 실패했다. 무엇이 문제였을까? 협상이나 갈등 조정의 수단으로서 사과의 활용 가능성은 피해자와 가해자 모두에게 '윈-윈'을 이끌어 낼 수 있는지가 판단 근거가 되는데, 여기에는 카드를 쓰는 타이밍이 가장 중요하다. 예일대는 신정아의 학력 위조로 한국 사회가 떠들썩할 당시에는 팩스 회신의 위조 가능성을 제기하거나 심지어 동국대의 학력 조회 요청 서한을 받지 못했다는 식의 주장을 하다가 나중에야 실수가 있었음을 시인했다. 즉 예일대의 사과 '카드'는 동국대학교가 이 이슈로 한창 어려움을 겪고 있던 2007년 여름에 가장 빛을 발했겠지만, 정작 이 카드를 제시한 것은 그로부터 1년이 지난 2008년 8월 '1차 화의조정'에서였다. 동국대 입장에서는 신정아 사건으로 이미 여러 가지 어려움을 겪은 후였다. 따라서 예일대가 사건 초반기에 부정하다가 나중에 가서야 시인을 했다는 점에서 '괘씸죄'가 추가됐으며, 시기적으로도 이 이슈가 한국 사회의 관심이 멀어진 뒤에 제시된 '사과의 카드'라 그다지 힘을 발휘하지 못했다. 따라서 동국대로서는 예일대의 사과 카드를 거부하고 법정에서의 승리를 바란다는 강한 의지를 표명함으로써 추후 협상에서의 파워를 더 키워나가게 되었다. 이처럼 초기에 상대방의 신뢰를 잃게 되면 '사과 카드의 효력'은 없을 수도 있음을 유의해야 한다.

나쁜 입소문은 더 빨리 퍼진다

톰 파머(Tom Farmer)는 시애틀에 있는 한 마케팅 컨설팅 회사의 파트너. 그는 동료와 함께 2001년 휴스턴에 있는 호텔에 출장 갔다가 아주 '불쾌한' 경험을 하게 되었다. 분명히 호텔방을 예약해놓고 갔는데, 호텔 직원이 방을 다른 손님에게 내주고 이들에게는 딴소리를 한 것이다. 항의를 해보았지만 소용이 없었다. 결국 새벽 2시까지 거리를 헤매게 된 이들은 마케팅 컨설턴트로서의 기지를 발휘해 자신들의 불만을 파워포인트를 통해 전파하기로 작정했다. '불만의 입소문 마케팅'이랄까? 그 자료가 바로 아직까지 웹상에서 유명한 'Yours Is a Very Bad Hotel'이다.

이 자료를 웹상에 업로드하자 전 세계로부터 5천 통이 넘는 이메일이 쏟아졌다. 블로그가 활발하지 않았던 2001년임을 감안하면 엄청난 반응이었다. 지금도 구글에서 위의 제목(Yours Is a Very Bad Hotel)을 검색하면, 무려 천만 건이 넘는 자료가 나온다. 이중 10퍼센트만 직접적인 관련 자료라고 치더라도, 100만 건이 넘는다는 얘기다.

기업들이 최근 관심을 가지고 있는 입소문 마케팅은 제품의 장점을 퍼뜨릴 수 있는 훌륭한 방법이다. 하지만 동시에 제품이나 서비스에 대한 불만도 재빨리 퍼져나간다. 웹이 우리 일상에 깊이 들어온 21세기에는 더욱더 그렇다.

매년 초 세계경제포럼(WEF)에서 발표하는 PR컨설팅 회사 에델만의 신뢰도 조사 2009년 자료에 따르면, 조사 대상 한국인의 65퍼센트가 기업에 대한 긍정적 경험을, 50퍼센트가 부정적 경험을 온라인상에서 나눈 적이 있다고 밝혔다. 2010년 위기관리 전문기관인 더랩에이치 조사 결과[16]에 따르면, 일반인 중 15.9퍼센트가 최근 1년 사이 제품에 대한 리뷰를 인터넷에 올린 적이 있다고 답했다. 트위터 사용자들은 이 수치가 무려 67.2퍼센트에 달했다. 리뷰를 올린 경험이 있는 응답자를 대상으로 리뷰 내용이 긍정적이었는지 부정적이었는지를 물어보니, 일반인은 '주로 부정적이었다'는 응답이 41.8퍼센트, 트위터 사용자는 19.5퍼센트였다. 긍정과 부정 모두였다고 답한 사람은 트위터 사용자군에서 55.1퍼센트, 일반인군에서 37퍼센트에 달했다. 이처럼 인터넷은 기업이나 회사에 대해 부정적인 의견을 주고받는 장으로 활용되고 있고, 불만에 대한 입소문이 빠르게 퍼질 수 있는 공간이 되었다. 이에 비해 트위터는 사용자가 적고, 개인 정보가 노출돼 있어 부정적인 의견보다는 긍정적인 의견이 더 많이 소통되고 있지만, 정보를 빠르게 확산하는 기능이 발달해 '불만 입소문의 영향력'은 오히려 더 클 수도 있다.

'사과의 기술'이 비즈니스 현장에서 가장 집약적으로 쓰이는 곳은 기업의 '소비자 불만 처리 과정'이다. 사과의 기본적인 목적이 상대방의 분노를 가라앉히고 관계를 개선하는 것인데, 소비자 불만 처리 목적 또한 동일하기 때문이다. 수평적 사회화와 맞물려 소비자 보호주의는 점차 강화되고 있다. 따라서 소비자 불만 처리를 담당하는 직원들도 '사과의 기술'에 대해 철저한 교육을 받아야 한다.

소비자의 불만을 누그러뜨리기 위해 가장 먼저 해야 할 행동은 진심 어린 사과다. 소비자는 제품이나 서비스에 불만을 느낄 때 극도로 예민해지지만, 기업의 진심 어린 사과는 그들의 정서를 보듬고 이성적으로 행동하도록 만들 수 있다. 따라서 형식적인 사과, 변명의 기술이 아니라 상황에 따라 유감 표시에서 책임 인정, 보상 제시 등까지 포함하는 '포괄적인 사과 정책'이 필요하다. 불만 처리의 효과는 소비자들이 기업의 대응 태도나 결과물에 대해 얼마나 합당하게 느끼는가에 따라 좌우된다.

재밌는 것은 문화권에 따라 소비자의 불만에 대처하는 방식도 조금씩 달라야 한다는 점이다. 각 나라의 문화적 차이를 종합적으로 연구한 사람이 있는데, 기어트 호프스테드(G. Hofstede)다. 그는 사람들의 개인주의-집단주의적 성향에 초점을 맞춰 이를 판단할 수 있는 심리학적 설문 조사를 개발하고, 이를 전 세계 70여 개 나라에 적용했다. 호프스테드에 따르면, 개인주의 성향이 강한 나라가 있는가 하면, 집단주의 성향이 강한 나라가 있다. 주로 서구가 개인주의적인 성향이 강하다면, 아시아는 집단주의적인 성향이 강하다.

홍콩 중문 대학의 마이클 휘와 케빈 오는 바로 이 점에 착안하여 소비자 불만 처리의 문화적 차이에 대한 흥미로운 실험을 했다. 이들은 캐나다와 중국을 비교했는데, 캐나다(80점)는 미국, 호주, 영국에 이어 네덜란드와 함께 네 번째로 개인주의적 성향이 강한 나라이며, 중국(20점)은 아시아에서 개인주의적인 성향이 가장 낮은 나라로 나타났다.

실험은 캐나다와 중국의 대학교에서 호텔경영학 또는 관광학을 전공하는 3~4학년 학생들을 대상으로 진행됐다. 우선 이 실험을 위해 중국 황주(黃州)에서 89명, 상하이에서 86명의 학생들을 선발했다. 이들의 29퍼센트는 남자였고, 평균 나이는 22세였다. 반면 캐나다의 경우에는 동부 캐나다 지방에서 160명의 학생을 선발했고, 28퍼센트가 남자, 평균 나이는 21세였다. 이들에게는 다음과 같은 시나리오가 주어졌다.

"당신이 이틀 동안 4성급 호텔에서 묵게 되었다고 상상하시기 바랍니다. 하지만 당신이 느끼기에 호텔 서비스는 만족스럽지 못했습니다. 특히 당신을 짜증나게 한 것은 당신의 500달러짜리 코트가 (중국의 경우에는 비슷한 가치의 코트 현지 가격을 제시) 호텔의 먼지와 차(茶)로 인해 얼룩이 졌다는 사실입니다. 이런 얼룩은 세탁소에 맡겨도 완전히 지워지지 않습니다. 당신은 왜 코트에 얼룩이 남았는지 곰곰이 생각해보다가 당신의 짐과 코트를 옮겨주었던 벨보이가 바로 '범인'이라고 확신했습니다. 그 벨보이를 찾으려 했지만 실패했고, 결국 당신은 호텔의 매니저에게 이 문제에 대해 따져보려 합니다."

그러고는 불만을 처리하기 위한 세 가지 전략을 제시했는데, 전략의 효과를 좀 더 정확히 측정하기 위해 각각의 전략마다 두 가지 시나리오를 대비시켰다. 첫째는 경청, 즉 소비자의 불만을 얼마나 성실하게 듣는지의 여부다. 첫 번째 시나리오에서는 호텔 매니저가 불만을 주의 깊게 청취하고 노트를 꺼내 사건에 대해 적으며, 소비자에게 몇 가지 세부적인 질문을 한다. 두 번째 시나리오에서 매니저는 불만을 제대로 듣지도 않고 별다른 사실 확인을 위한 질문도 하지 않으며, 노트에 적지도 않고 건성으로 듣는다.

두 번째 전략은 보상의 차이다. 높은 보상 전략에서는 코트 값의 80퍼센트와 세탁 비용을, 낮은 보상 전략에서는 옷값의 10퍼센트와 세탁 비용을 제시하도록 했다.

마지막 전략은 사과 전략이다. 여기서도 두 가지 시나리오가 제시된다. "모든 사건에 대해 진심으로 죄송하게 생각합니다. 선생님께서 저희로 인해 불편하셨을 텐데 너그럽게 용서해주시기 바랍니다"라고 사과하는 시나리오와 "현재로서는 뭐라 드릴 말씀이 없습니다"라고 하면서 사과를 회피하는 시나리오다.

두 나라 사람들의 반응은 과연 어땠을까? 결과는 매우 흥미로웠다. 호텔 매니저가 불만을 성의 있게 청취하는 태도는 캐나다보다 중국에서 훨씬 중요하게 여겨졌다. 이는 한국이나 일본과 마찬가지로 중국은 수직적 관계 문화가 강하고, '체면'을 중시하기 때문인 것으로 해석할 수 있다. 일례로 우리는 종종 음식점에서 "사장 나오라고 그래!" 하고 고성이 오가는 소란을 보게 되는데, 그 배경에는 이러한 특유의 문화가 깔려 있는 것이다.

보상에 대해서는 캐나다의 소비자들이 더 민감하게 반응했다. 이는 상대적으로 수평 문화인 캐나다에서 소비자 권리가 더욱 강조된 영향으로 볼 수 있다. 미국이나 캐나다와 같은 소비자 권리의식이 강한 나라에서는 종종 '아시아에서는 보기 힘든' 보상을 받는 것이 관례화되어 있다. 예를 들어 미국이나 캐나다의 식당에서는 음식에 불만을 제기하면 음식값을 청구하지 않는 경우가 많지만, 우리나라에서는 식당 주인이 미안한 표정으로 넘어가는 경우가 대부분이다.

사과 전략에 대해서는 두 나라의 소비자 모두 고객의 불만을 해소하는 데 사과가 긍정적 효과가 있는 것으로 드러났다. 중국과 캐나다 소비자들 사이에서 사과에 대한 반응 차이는 없었다.

각 나라의 특성에 맞춘다고 해서 나라별로 차별적이고 불평등한 전략을 세우라는 것은 아니다. 위에서 보듯이 소비자 불만 청취 태도나 상급 매니저가 나서는 시점은 각 나라의 문화와 국민 정서에 따라 달리할 수 있겠지만, 소비자 피해보상 전략의 지나친 차별화는 오히려 역풍을 맞을 가능성이 높다. 특정 문화권이 보상을 상대적으로 중요시하지 않는다는 이유로 다른 문화권과 차별을 두어 보상 정책을 소홀히 했다고 치자. 최근에는 전 세계 소비자들이 특정 브랜드를 중심으로 인터넷에서 대화할 수 있는 공간과 기회가 많기 때문에, 이런 차별 사례는 금세 노출된다. 이렇게 될 경우, 그 기업은 차별화에 대한 '부메랑'을 맞을 수 있다. 즉 문화권에 따른 소비자의 특성 연구는 '맞춤' 불만 처리 전략을 세우는 데 사용해야 하며, 문화권에 대한 '차별' 전략으로서 사과의 기술을 사용하는 것은 적절하지 않다는 말이다.

사람들은 리더의 사과를 기억한다

2007년 7월 20일 연합뉴스는 '신세계 정 부회장, 홈페이지서 가족애 과시'라는 기사를 통해 신세계 정용진 부회장이 개인 홈페이지를 열고, 자신의 취미인 고전음악과 애용품인 아이팟(iPod)에 대한

이야기는 물론 부모, 여동생, 자녀 등 가족에 대한 단상까지 공개했다고 보도했다.[17]

보도가 나가자 많은 사람들이 그의 홈페이지로 접속했다. 재벌가에 대한 가십과 소문 기사는 수없이 보아왔지만, 주요 재벌가의 일원이 직접 홈페이지를 통해 자신과 가족의 얘기를 전하는 경우는 거의 없었기 때문이다.

아니나 다를까, 딱 일주일 만인 7월 27일 언론은 "'가족 공개에 부담감'… 정용진 신세계 부회장, 결국 개인 홈피 폐쇄"라는 기사를 내보냈다.[18] 언론은 신세계 관계자의 말을 인용해 "개인 홈페이지가 공개되는 바람에 세간의 관심이 집중돼 부담을 느껴 인터넷 공간에서 내린 것으로 알고 있다"고 전했다.

그 후 정용진 부회장은 트위터 붐이 일기 시작한 2010년, 제일 먼저 트위터 아이디를 개설한 CEO 중 한 명이 됐으며, 지금까지도 활발히 사용하고 있다. 2010년 8월 초 정용진 부회장과 한 여성 플루트 연주자 사이의 열애설이 불거지자, 그가 직접 나서서 트위터에 "오늘 팔로어 좀 늘겟(겠)군…네이버 검색 2위!"[19]라고 반응했다. 2010년 7월에는 같은 '집안'인 삼성의 갤럭시S 사용 중 생긴 문제를 트위터에 올려놓았고, 삼성전자가 이에 반응하면서 화제가 되었다.

이는 일방향적인 인터넷 홈페이지에서 트위터와 같은 '쌍방향적인 소셜 미디어'가 유행하면서, 소비자와 기업의 관계가 어떻게 변하고 있는지를 보여주는 사례다. 이는 기업의 위기관리에도 시사점을 주고 있다. 홈페이지에서는 주로 자사에 대한 긍정적 기사만을 올리고, 댓글에 대한 통제가 실질적으로 가능했다. 기업의 홈페이지에 제품이나 서비스에 대한 불만을 토로하며 "CEO의 입장을 듣고 싶다"라는 글을 올린다고 해도, CEO가 직접 대답해줄 가능성은 거의 없다. 하지만 트위터라는 공간에서는 일반 소비자가 CEO에게 직접 질문할 수도 있고, CEO가 직접 답변하기도 한다.

미국에서 한 주를 마감하며 주말을 기대하는 뜻에서 하는 인사인 TGIF(Thanks God. It's Friday)가 트위터(Twitter), 구글(Google), 아이폰(iPhone), 페이스북(Facebook)을 뜻하는 의미로 바뀐 '소셜 미디어의 시대'에 기업들은 위기관리에 있어서도 좀 더 적극적인 패러다임을 추구해야 한다.

즉 자사에 대한 배드 뉴스가 나오면 과거처럼 침묵하거나 축소, 부인하는 패러다임에서 벗어나 '쿨' 하게 대처해야 한다. 기업의 실수나 잘못으로 전개된 위기 상황에서 쿨하게 반응하는 커뮤니케이션을 통해 실수나 잘못을 투명하게 공개하고, 정중하게 사과하며, 말로만 하는 사과에서 그치지 않고 개선 노력과 해결책 제시를 해야 한다. 쿨한 사과가 기업의 신뢰를 높이고 충성심 높은 고객을 만든다.

2010년 4월과 5월에 걸쳐, 더랩에이치는 리서치 전문회사인 리서치앤리서치에 의뢰해 전국에서 일반인 500명, 트위터 사용자 305명을 대상으로 국내 10대 기업에 대한 인식을 조사했다.[20] 그 결과를 살펴보자.

가장 투명하고 솔직하게 잘못을 소비자나 대중에게 공식적으로 공개할 것 같은 기업

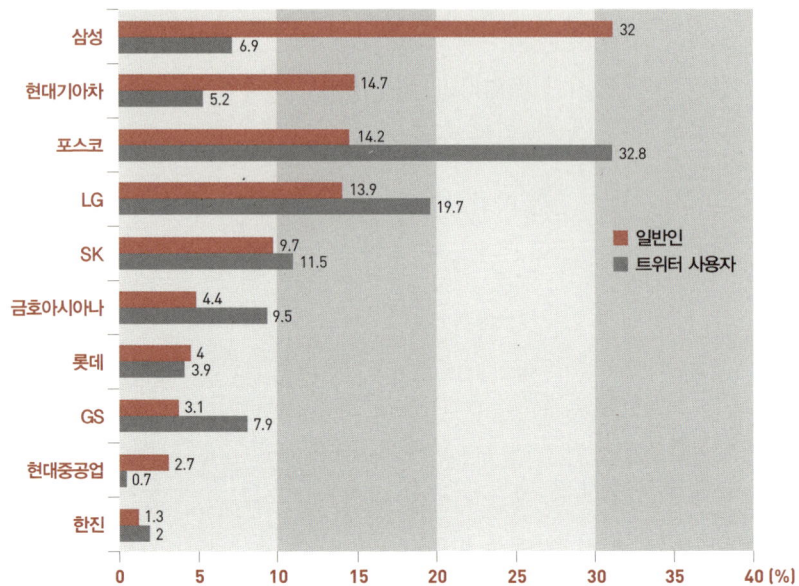

잘못에 대해서 가장 진실하게 사과할 것 같은 기업

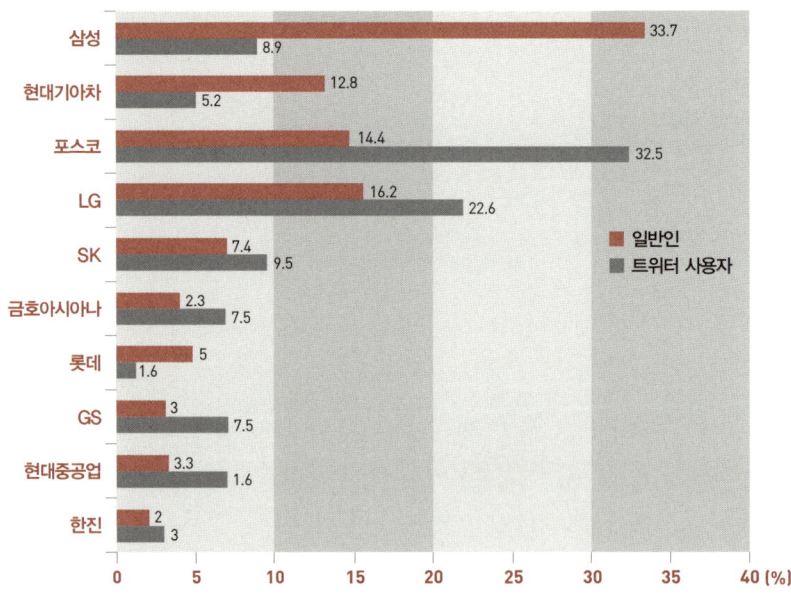

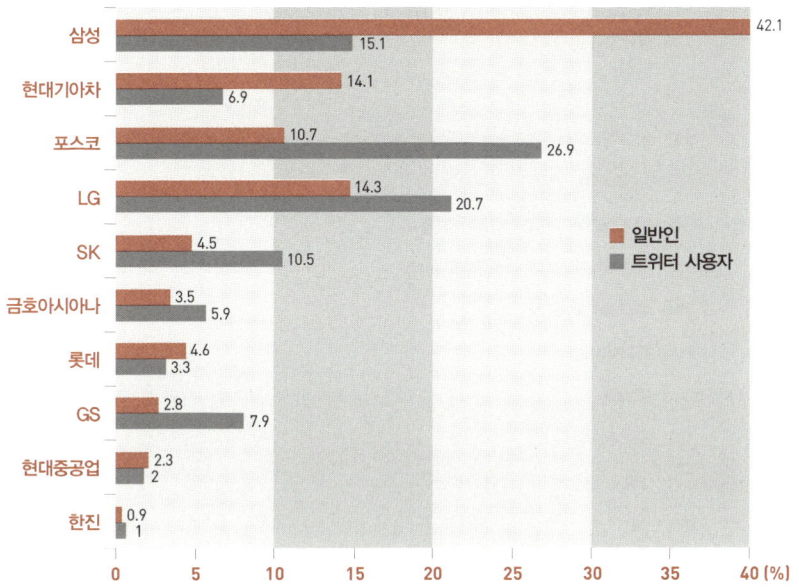

사과에만 그치지 않고 잘못을 개선하기 위한 노력을 가장 많이 할 것 같은 기업

이상 세 가지 조사에서 흥미로운 결과가 나타났다. 투명한 공개, 진실한 사과, 개선 노력 등 세 가지 분야에서 일반인들은 모두 삼성을, 트위터 사용자들은 모두 포스코를 1위로 꼽았다. 그리고 세 가지 점수를 합산해 순위를 매겼을 때, 삼성은 트위터 사용자에서, 포스코는 일반인에서 모두 4위로, 3위에도 들지 못했다. 또 일반인 그룹에서 평균 13.9점으로 3위를 차지한 현대기아자동차 그룹이 트위터 사용자에서는 5.8퍼센트로 7위를 차지했다. 이는 현대기아자동차가 트위터 사용자들에게는 그다지 투명한 이미지를 얻지 못하고 있음을 보여준다. 반면 LG는 일반인과 트위터 사용자 모두에서 2위를 차지, 비교적 고른 평가를 받았다.

세 가지 결과를 합산한 뒤 평균을 내어 지수로 나타냈을 때 (편의상이 지수를 C3Q라고 부르는데, Cool Crisis Communication Quotient의 약자다), 순위는 다음과 같다.

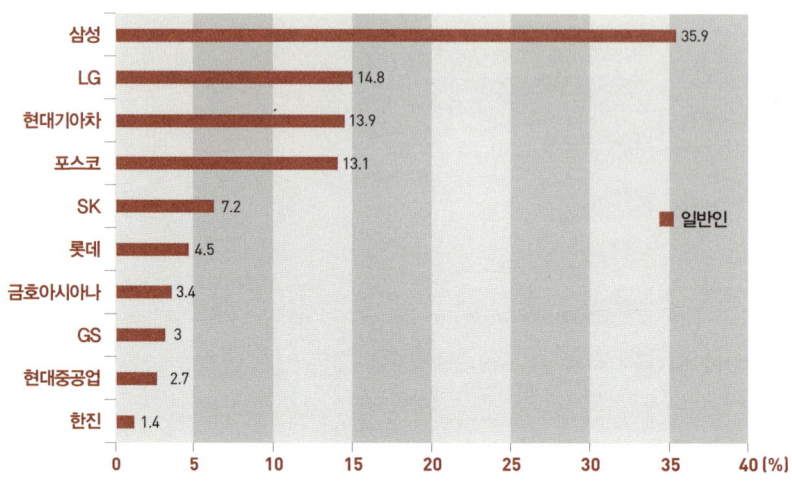

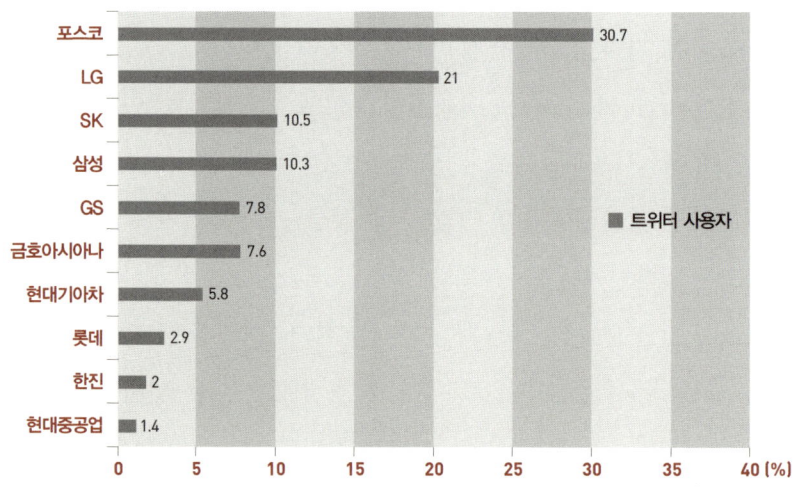

이처럼 일반인과 트위터 사용자들이 큰 차이를 보이는 것을 어떻게 해석해야 할까? 먼저 조사에 참여했던 트위터 사용자가 어떤 사

람인지 살펴보면, 실마리를 얻을 수 있다. 일반인 대비 트위터 사용자들은 서울 거주자가 세 배(21.2퍼센트 vs. 60.0퍼센트) 많으며, 20~30대 비율은 두 배(40.8퍼센트 vs. 85.6퍼센트)가 많았다. 대학 재학 이상의 학력자는 일반인군에서 50퍼센트인데, 트위터 사용자군에서는 97퍼센트에 육박했다. 400만 원 이상 월 소득자도 두 배(27.9퍼센트 vs. 56.1퍼센트)였으며, 화이트칼라의 비율은 네 배(16.4퍼센트 vs. 60.3퍼센트) 가까이 많았다. 굳이 따지자면 트위터 사용자들은 '좀 더 가진 사람'이었고 '가방끈이 좀 더 긴 사람들'이었다. 또한 트위터라는 소셜 미디어 관점에서 보면, 이들은 고급 정보에 대한 접근이 용이하면서, 정보의 소비는 물론 생산도 왕성한 사람들이었다.

설문에 참여한 소위 '소득이 높고 가방끈이 긴' 트위터 사용자들은 위기 상황에서 기업들이 내놓는 뻔한 입장 발표를 그대로 받아들이지 않는다. 뒤늦게 내놓는 사과 광고며, 기자회견, 보도자료 등의 내용만으로 '위기 상황에서의 기업의 책임'에 대해 평가하지 않는다는 것이다. 사회에서 활발하게 활동하는 이들은 어떤 사건이 발생했을 때, 언론의 기사나 광고, 기업의 일방향적인 발표에만 기대지 않으며 오히려, '뻔한' 발표의 이면이나 내부 사정을 충분히 파악하고, 이에 대해 소셜 미디어를 통해 활발하게 의견을 나눈다. 때로는 기업체 CEO에게 직접 입장을 묻기도 한다.

정보 소비는 물론, 생산과 유통에서도 왕성한 활동을 하는 소셜 미디어 사용자들은 앞으로도 각종 '사회적 이슈에 대한 여론 형성'에서 큰 역할을 해나갈 것이다.

2010년 10월 기준으로 〈트위터 한국인 인덱스〉 자료에 따르면,

한국인 트위터 사용자 계정은 180만 개를 넘어선 것으로 추정된다.[21] 또한 〈트윗 믹스〉에 따르면, 한국인 트위터 사용자들의 하루 평균 트윗 추정치는 100만 개를 넘어섰고, 링크가 포함된 하루 평균 트윗은 15만 개를 넘었다.[22] 홈페이지 시대와는 달리 소비자 사이에 엄청난 양의 대화가 이루어지고 있다.

트위터와 더불어 페이스북의 역할도 주목할 만하다. 트위터와는 달리 친구들 사이에 좀 더 친밀한 인간 네트워크를 형성하는 페이스북은 의견의 영향력이 훨씬 막강할 것임을 고려한다면, 트위터 못지않은 파급력을 보일 전망이다. 트위터와 페이스북으로 대표되는 소셜 미디어 시대에 기업의 부적절한 사과는 앞으로 위기관리 커뮤니케이션에서 기업의 치명적인 오점이 될 수 있다.

따라서 '쿨하게' 위기관리에 접근하는 패러다임이 절실한 시점이다. 삼성중공업이 태안반도 사태가 나고 법정에서의 자사 이익 보호에만 신경을 쓰다가 47일이 지나서야 뻔한 사과문을 낸 것처럼, 삼성은 손해 배상 비용을 벌었을 수는 있지만 기업의 이미지에 치명적인 오점을 남겼다. 앞서 살펴본 GS칼텍스처럼 신속하게 잘못을 인정하고 사과할 필요가 있다. 소셜 미디어는 기업의 잘못과 그에 대한 기업의 사과 태도를 바탕으로 빠르게 기업의 명성을 결정한다.

'쿨'한 커뮤니케이션이 기업의 위기 상황을 깔끔하게 마무리한 사례를 살펴보자. '조립식 컴퓨터'로 유명한 델은 2007년 6월 14일, 소비자 권리 보호를 주로 다루는 블로그 '컨슈머리스트'에 실린 '전임 델 영업 매니저의 22가지 고백'이라는 기사로 당혹스러운 상황에 처했다. 필라델피아에 있는 델에서 근무했던 한 매니저가 델과 거래할 때 유용한 조언들을 열거한 기사였는데, 이는 내부 사람만이 알 수 있는 정보였다.

문제는 엉뚱한 데서 불거졌다. 델 소속 변호사가 컨슈머리스트에 이메일을 보내 기사의 특정 부분을 삭제해달라고 요청한 것이다. 컨슈머리스트는 그 이메일 내용을 그대로 기사화해 델이 부당한 압력을 행사하려 한다는 점을 부각시켰다. 델이 언론사와의 위기 커뮤니케이션에 변호사를 앞세워 '법적인 사고'로 접근하는 실수를 저지른 것이다.

소셜 미디어가 발달한 투명성의 시대에 압력을 행사하는 듯한 변호사의 이메일이 그대로 기사로 나가는 예상치 못한 상황에 델은 더욱 당황했다. 전 영업 매니저의 '22가지 고백'이 컨슈머리스트에 올랐을 때, 델은 기사를 삭제하려 하기보다는 내용 중 적절하지 않거나 사실과 다른 점을 자사의 블로그에서 밝혔어야 했다.

결국 소셜 미디어에서 소비자들과의 원활한 의사소통을 위해 일하던 델 소속의 대표 블로거(Chief Blogger)로서 리오넬 멘차카(Lionel Menchaca)는 첫 기사가 나가고 이틀 뒤 '델의 23번째 고백'이라는 글을 올려 잘못을 솔직히 인정하고 사과했다. "델은 이미 공개된 정보를 관리하려 하기보다는 사실과 다른 내용을 고치려 했으면 됐다. 그런데 우리는 그렇게 하지 않았고, 지금 그 대가를 치르고 있다." 멘차카가 이렇게 인간적으로 쿨하게 잘못을 인정하자, 여론은 더 악화되지 않았다. 덕분에 델은 무사히 위기를 넘길 수 있었다.

이처럼 소셜 미디어 시대의 기업은 더욱 효율적인 위기관리를 위해 '사과 지수'를 높여야 한다. 쿨하게 자신들의 실수나 잘못을 소비자들에게 인정할 수 있어야 한다. 쿨한 사과는 '작은 사건, 사고에 무너지지 않는 기업'이라는 건실한 이미지를 준다. 솔직한 커뮤니케이션에 돌을 던질 소비자는 없다.

chapter 11

지난 일은 묻어두는 것이 최고일까?

"사과하기에 너무 늦은 때란 없다."

― 아론 라자르

세월이 흘러 그의 맏딸 박근혜가 나를 찾아왔다.
박정희가 세상을 떠난 지 25년 만이었다.
그녀는 거대 야당인 한나라당의 대표였다.
2004년 8월 12일 김대중 도서관에서 박 대표를 맞았다.
나는 진심으로 마음을 열어 박 대표의 손을 잡았다.
박 대표는 뜻밖에 아버지 일에 대해서 사과를 했다. "아버지 시절에
여러 가지로 피해를 입고 고생하신 데 대해 딸로서 사과 말씀 드립니다."
나는 그 말이 참으로 고마웠다. '세상에 이런 일도 있구나' 했다.
박정희가 환생하여 내게 화해의 악수를 청하는 것 같아 기뻤다.
사과는 독재자의 딸이 했지만 정작 내가 구원을 받는 것 같았다.

― 《김대중 자서전 1》에서

"진정한 화해란 단순히 과거를 잊는 게 아니다."

― 넬슨 만델라 Nelson Mandela

독일 vs. 일본의 과거사 사과

"사과의 위험: 일본이 독일로부터 배우지 말아야 할 것들."[23] 이는 국제정치학계의 가장 영향력 있는 학술지인 〈포린 어페어스〉 2009년 5/6월호에 실린 다트머스 대학 제니퍼 린드(Jennifer Lind) 교수의 다소 파격적인 논문 제목이다.

일반적으로 독일은 자신들의 과거 잘못에 대해 모범적인 사과를 했다는 평가를 받는다. 독일은 홀로코스트에 대해 공식적인 사과를 했으며, 이스라엘에 배상금을 지불했다. 또 유대인 희생자들을 기억하기 위한 박물관을 세우고, 학교 교육을 통해 전 세대의 잘못에 대해 투명하게 가르쳤다. 세계 역사상 '정치적 사과'에서 가장 극적인 장면인 빌리 브란트(Willy Brandt) 독일 총리의 '유대인에 대한 사과'도 빼놓을 수 없다. 그는 1970년 12월 폴란드를 방문했을 때, 나치의 학살로 희생된 유대인 추모비 앞에서 무릎을 꿇고 홀로코스트와 전쟁으로 고통받은 모든 유대인들에게 사죄했다.

반면 일본 정부는 몇 차례에 걸쳐 유감 표명은 했으나, 주변국인 한국이나 중국에 대해 '만족할 만한 사과'를 한 적이 없으며, 배상 문제에서도 소극적인 태도로 일관했다. 그래서 많은 학자들이 같은 패전국인 독일이 주변국들과 우호관계를 유지하고 있는 데 비해 일본은 그렇지 못한 실정에 대해 일본이 하루빨리 독일처럼 과거사에 대해 모범적인 태도를 보여야 한다고 주장해왔다.

과거사에 대한 독일과 일본의 태도에 차이가 있는 데에는 다양한 이유가 있을 것이다. 문화적으로 해석하면, 독일은 서양 기독교 전통에 기반을 두고 있는 반면, 일본은 민속신앙 체계인 신도(神道)에 뿌리를 두고 있다는 점을 들 수 있다. 기독교가 인간 중심의 세계주의를 기반으로 한다면, 신도는 국가 중심의 권위주의와 국수주의에 뿌리를 두고 있다. 지금까지도 한국을 포함해 주변국을 자극하는 일본 정치인들의 신사 참배는 바로 '신도의 예식'이다. 사과 문화는 인간 사이의 관계에 초점을 두고 있으며 '회개의 문화'와도 밀접한 관련이 있는 반면, 일본은 자국에 대한 보호 본능이 매우 강한 문화를 갖고 있다고 해석할 수 있다.

그런데 일본은 독일식 과거사 청산 사과를 배우지 말라니, 이게 무슨 소리일까? 사실 이 논문의 주요 메시지는 일본이 자신들의 전쟁 과오는 인정하되, 앞서 보여준 빌리 브란트식의 반성에 중점을 둔 사과가 아닌, 주변국과의 관계 개선에 중점을 두었던 콘라드 아데나워(Konrad Adenauer, 서독의 첫 번째 총리)의 미래 지향적 사과 모델을 받아들여야 한다는 것이었다.

일본의 과거사 사과는 정치적으로나 외교적으로 우리에게 매우 중요한 주제이므로, 린드 교수의 주장을 좀 더 살펴보자. 그는 "왜 일본은 독일처럼 사과하지 못하는가?"라는 질문보다는 "어떻게 독일은 일본과는 다르게 모범적인 사과를 할 수 있었는가?"라는 문제에 집중해야 한다고 지적한다.

그의 논문에서 중요한 포인트를 살펴보면 다음과 같다. 첫째, 독일이 전쟁 중에 저지른 만행에 대해 진지한 관심을 기울이기 시작한 것은 1960년대 말인데, 당시 독일의 공개 사과를 반대했던 사람들은 주로 보수파였다. 하지만 이들은 반대 입장의 목소리를 그리 높이지도 않은 데다가 나중에 찬성으로 돌아서게 됐는데, 여기에는 그럴 만한 이유가 있었다. 당시 독일의 외교 정책은 두 가지 중요한 목적을 가졌는데, 독일 통일과 소련의 공산주의로부터 서독을 보호하는 것이었다. 그런데 이 두 가지 외교 목적을 달성하기 위해서는 나치와 완전히 결별했음을 알리고, 주변국의 신임을 얻을 필요가 있었다. 이를 위해서 공개 사과나 배상 문제에 대해 보수적인 정치 리더들 사이에 묵시적인 합의가 도출됐다는 것이다.

반면에 일본의 사정은 다르다. 린드 교수는 일본이 전면적인 사과와 배상을 할 경우, 정치적 양극화와 혼란을 겪을 것이라고 지적한다. 실제로 사죄의 뜻을 밝히는 총리에 맞서 같은 내각의 장관이 반대 의사를 펼치는 경우가 있었다는 점을 든다. 또한 국민들이 전쟁으로 가족과 집을 잃고 도시가 파괴되는 경험을 갖고 있는 상황에서 공개 사과는 그들의 가족이나 조상이 전범으로 추락하는 것을 의미하므로, 반감의 정서가 팽배하다는 것이다.

때문에 린드 교수는 일본 정부나 정치 지도자들은 '전쟁 중 만행에 대한 사과'를 주저할 수 밖에 없으며, 독일의 빌리 브란트가 유대인 묘지에서 무릎을 꿇고 사과한 것과 같은 행동은 일본인에게는 현실적이지 않다고 주장한다. 즉 죄는 인정하지만 공식적인 사과는 일본 사회에 극심한 갈등을 불러일으킬 수 있으므로 권하지 않는 것이다. 대신 린드 교수는 아데나워식 모델을 권하면서 몇 가지 지침을 조언하고 있다. 먼저 주변국들과의 관계 개선을 위해 과거 잘못을 인정하되, 너무 반성에 치우치기보다는 '미래 지향적인 모습'에 초점을 맞추라고 제안한다. 이런 맥락에서 신사 참배를 중단하고, 대신 비종교적인 묘지나 국립묘지와 같은 곳에서 참배를 하도록 권하고 있다. 또한 정치인들이 과거의 만행을 찬양하는 행위에 대해서는 제재 조치를 취하면서 주변국과의 관계를 개선해나가야 한다고 제안한다.

이 논문이 발표되자, 그다음 호에는 미국에 있는 아시아 소사이어티의 연구원인 아야코 도이(Ayako Doi)의 반론이 편집자에게 보내는 편지 형식으로 실렸다.[24] 일본이 공식적인 사과와 함께 일본군 위안부를 포함한 피해자들에게 적절한 배상을 해야 한다는 논지였다. 또한 《공식 사과의 정치학 The Politics of Official Apologies》을 쓴 MIT대학의 멜리사 노블스(Melissa Nobles) 교수는 2010년 3월에 한국을 방문했을 때 한 일간지와의 인터뷰를 통해 일본의 공식 사과가 일본 내부에서 일으킬 문제를 감안하더라도 한국 정부는 공식적인 사과를 받는 것이 당연하며 일본과의 외교적 마찰 문제를 걱정하지 말고 사과를 요구해야 한다고 주장했다.[25]

그렇다면 실제 일본의 사과를 둘러싸고 한·일 양국 간 어떤 일들이 있었을까? 2010년은 일본이 한국을 강제 합병한 지 100년이 되는 해였다. 그래서 8월 10일 간 나오토(Kan Naoto) 일본 총리의 '식민지 지배 사과 담화'에 대한 기대가 컸다. 그런데 일본 정부가 린드 교수의 의견을 참고라도 한 것일까? 간 나오토 총리는 잘못을 일정 부분 인정하는 선에서 그쳤다. "식민지 지배가 가져온 다대한 손해와 고통에 대해 다시 한 번 통절한 반성과 마음으로부터의 사죄를 표명한다"라고 표현하면서, 배상 제스처로 조선총독부를 통해 한국에서 반출돼 일본 정부가 보관하고 있는 "조선왕실의궤 등 한반도에서 유래한 도서"를 가까운 시일에 반환하겠다고 밝혔다. 그는 또 "한국인들은 그 뜻에 반하여 이뤄진 식민지 지배에 의해 국가와 문화를 빼앗기고 민족의 자긍심에 큰 상처를 입었다. ······역사 사실을 직시하는 용기와 이를 인정하는 겸허함을 갖고 과오를 되돌아보는 것에 솔직하게 임하고자 한다"라고 말했다. 이와 더불어 '앞으로 한국과 일본이 손을 맞잡고 아시아가 세계 역사의 중심이 될 수 있도록 협력해 나아가자'고 말하기도 했다. 하지만 1910년 합병 조약의 불법성이나 일본군 위안부나 강제 징용 피해자에 대한 배상 문제 등은 전혀 언급하지 않아 아쉬움을 남겼다.

2010년 8월 15일 이명박 대통령은 65주년 광복절 경축사를 통해 일본 총리의 담화에 대해 "처음으로 한국민을 향해, 한국민의 뜻에 반한 식민 지배를 반성하고 사죄했다"고 말하며 이를 일본의 진일보한 노력으로 평가했다.

이보다 2년 전인 2008년 11월, 영국의 〈더 타임스〉는 이명박 대통령이 일본의 아키히토 천황에게 사과를 요구했다는 기사를 실었다. 이 대통령이 인터뷰 도중 빌리 브란트 독일 총리의 사례를 들어 일본이 아시아 국가에게 전쟁 범죄에 대해 단순한 유감 표명을 벗어나 좀 더 적극적인 사과를 할 필요가 있다고 제안했다는 것이다. 이후 청와대는 '사과'라는 표현을 하지는 않았다고 수정했으나, 어쨌든 전후 60년이 지나도록 일본의 과거사 사과의 필요성과 진정성에 대한 논란은 끊이지 않고 있다.

이승만 대통령부터 이명박 대통령까지 대한민국 대통령들의 공통점이 있다면, 일본 측에 과거사에 대한 반성과 사과를 어떤 형식으로든 꾸준히 요구했다는 사실이다. '강도(强度)'를 놓고 보면 2005년 3월 1일 86주년 3·1절 기념사에서 노무현 대통령이 언급한 내용이 가장 주목할 만하다. 노 대통령은 "과거의 진실을 규명해서 진심으로 사과하고, 배상할 일이 있으면 배상하고, 그리고 화해해야 한다"고 촉구했다. 한국의 대통령으로서는 처음으로 일본의 과거사 문제와 관련해 '배상'이라는 용어를 공개적으로 거론한 것이었고, 당시 많은 화제를 불러일으켰다.

사실상 일본 정부는 1960년대부터 수차례에 걸쳐 어떠한 형태로든 공개적인 사과를 했다. 그럼에도 불구하고 한국과 주변국들에게 인정이나 용서를 제대로 받지 못한 상태다. 이는 일본에 대한 신뢰를 떨어뜨리고 동아시아의 평화에도 좋지 않은 결과를 초래해왔다. '사과의 기술' 관점에서 평가했을 때, 일본의 문제는 과연 무엇일까?

한일 관계를 연구하면서 《일본, 한국, 미국 사이의 잘못된 사과들 Troubled Apologies among Japan, Korea, and the United States》이라는 책을 쓴 코네티컷 대학의 역사학자 알렉시스 두덴(Alexis Dudden) 교수는 일본이 "사과는 했지만 실패한 사과를 반복했다"고 평가했다.[26] 또한 2009년 3월 고려대학교 '동아시아연구원 가치와 윤리센터'는 '과거사 화해와 상속된 책임성'을 주제로 국제 워크숍을 개최했다.[27] 멜리사 노블스를 비롯하여, 한국, 미국, 영국, 일본의 학자들이 참석한 이 워크숍은 '문제점에 대한 배상 중심의 과거사 청산' 보다 미래 지향적인 '화해'에 초점을 맞추었다는 점에서 린드 교수의 제안과 어느 정도 같은 맥락을 가지고 있다.

사과에 대한 연구자로서 필자들은 일본의 과거사 사과에 대한 문제의 핵심을 '일관성의 결여'라고 꼽는다. 비일관성의 문제점을 지적해보면 다음과 같다. 첫째, 일본 극우파의 반대는 이해하더라도, 앞서 지적한 것처럼 심지어 같은 내각의 장관이 총리의 사과를 반대하는 일이 있고 극우적인 발언이 계속되고 있다는 점이다. 이것은 일본 정부가 해온 과거사 사과의 진정성을 의심하게 하는 대목이다.

둘째, 철학자 닉 스미스가 제시하듯, 사과란 피해자와 가해자가 관련 사건에 대한 동의가 있을 때에 가능하다. 일본은 2010년 총리 담화에 이르기까지 일부 진전이 있었지만, '한일 합병 조약의 불법성'이나 '일본군 위안부 문제' 등에 대해 선뜻 인정하지 않고 있다. 이처럼 역사적 사실에 대한 해석 차이를 좁히지 못한 채 일본 정부가 사과를 한들, 주변 피해국들은 이를 진심 어린 사과로 받아들이기 힘들 것이다.

마지막으로, 사과와 실천 사이의 비일관성이다. 사과와 일관된 '책임성 있는 실천'이 따라야 하는데, 실제로는 오히려 역사 교과서 왜곡 문제를 일으키고 있다. 노무현 대통령과 이명박 대통령 모두 일본의 사과 노력에 대해서는 진전을 일부 인정하면서도 책임감 있는 실천에 더 집중해야 한다고 언급한 것도 같은 맥락으로 봐야 한다. 태평양 전쟁 당시 강제로 끌려간 한국의 일본군 위안부 할머

니와 유족들이 제기한 '후생연금 탈퇴수당 지급 청구'에서 일본 정부가 1인당 99엔(약 1250원)씩 지급하기로 결정한 것은 일본의 과거사에 대한 입장을 의심하기에 충분하다.

즉 일본 지도층 사이에서 과거사 사과에 대한 입장 정리, 주변 피해국들과의 역사적 사실에 대한 동의, 그리고 사과에 걸맞은 '책임 있는 실천' 사이의 일관성을 확보하지 않는 한, 일본이 과거사 문제로 신뢰를 얻기란 힘들 것이다.

역사적 잘못에 왜 후손들이 부끄러워하는가?

〈포린 어페어스〉에 실린 제니퍼 린드 교수의 논문에 대해 아시아 소사이어티의 아야코 도이의 반론이 실린 지 한참 뒤인 2010년 6월 20일 안드레아스 K.(Andreas K.)라고 하는 오스트리아인 독자의 글이 인터넷에 올라왔다. 도이의 반론에 대해 반대 의견을 피력한 글이었다. 2차 세계대전이 끝나고 30년이 지난 1975년에 태어난 그는 독일인과 오스트리아인은 홀로코스트에 대해서 미안하게 생각해야 하며, 책임을 공유해야 한다는 의견에 대해 강력하게 반박한다. 그는 "홀로코스트 등의 만행이) 유감이긴 하지만 책임감을 느끼지는 않는다. 나는 아무것도 (잘못) 한 것이 없다. 이 문제와 관련해 나는 죄가 없다"[28]라고 쓰면서, 과거에 만행을 저지른 일본인들은 대부분 사망했으므로, 현재의 일본인들 역시 죄의식을 느낄 필요도 없고, 책임질 필요도 없다고 주장했다.

한 독자가 인터넷에 올린 의견일 뿐이지만, 과거사를 사과할 필요가 없다는 입장의 논리가 아주 극명하게 나타나 있다. 이는 공개 사과와 관련해 중요한 문제를 제기한다. 예를 들어, "박근혜 의원은 아버지 박정희 대통령이 저지른 유신 독재에 대해 대신 사과해야 할까?"라는 이슈와도 맥락을 같이한다. 즉 "조상의 잘못에 대해서 후손들이 사과해야 하는가?" 하는 문제다.

이는 정치철학자들에게도 중요한 질문이다. 2010년 우리 사회에 '정의 신드롬'을 일으킨 하버드 대학의 마이클 샌델(Michael J. Sandel) 교수는 《정의란 무엇인가 Justice》에서 '충직 딜레마'를 다루면서 역사적인 부당 행위에 대해 후손들이 '대신' 사과하는 것은 과연 정당한 것인가를 논하고 있다.

이 문제에 대해 나름의 해답을 얻기 위해서 우리는 간단한 사고 실험(Thought experiment)을 생각해볼 수 있다. 엉뚱하게 들릴 수 있겠지만 2002년 한·일 월드컵에서 우리 선수들이 4강에 진출했을 때, 또 2010년 9월 17세 이하 여자 축구 대회인 국제축구연맹(FIFA) U-17 여자 월드컵에서 사상 첫 우승을 차지했을 때, 한국인들은 모두 기뻐하고 자랑스러워하지 않았는가?

반면 2007년 4월 16일 월요일 아침, 미국 버지니아 공대에서 한국인 조승희가 총기를 난사해 무려 32명이 죽고, 29명이 부상당했을 때, 한국인들, 특히 미국에 있는 한국인들은 자신이 저지른 범죄가 아님에도 불구하고 부끄러워하는 감정을 느끼지 않았을까? 당시 〈타임〉은 '한국인의 집단적인 죄의식'이라는 기사를 통해, 노무현 대통령이 세 번 이상 미국 측에 '애도의 메시지'를 보냈으며, 이태식 미국 대사는 32명의 사상자를 추모하기 위해 32일간의 단

식을 선언했다고 보도했다.[29]

〈타임〉의 기사는 한국인의 집단적인 공동체 의식을 다소 '유별난' 것으로 보았지만, 마이클 샌델은 해외여행에서 미국인의 추태를 접했을 때 미국인 역시 같은 부끄러움을 느낄 것이라고 쓰고 있다. 즉 정도의 차이가 있을 뿐 '같은 나라 국민으로서 자부심이나 수치심을 공유한다'는 측면에서 한국인이나 미국인은 비슷하다.

마이클 샌델은 과거사 사과 문제에 대한 다양한 입장을 소개하면서 도덕적 개인주의, 즉 '자신이 직접 저지르지 않은 조상이나 같은 민족의 죄에 대해서는 책임이 없다'는 입장은 지나치게 소극적인 태도라고 지적한다. 그가 소개한 자세 중에서 주목할 것은 알래스데어 매킨타이어(Alasdair Macintyre)의 '이야기하는 존재'로서 인간을 바라보는 것이다.

이는 인간이란 독립된 존재라기보다는 민족, 국가, 부모, 형제 등 다양하고도 거대한 이야기의 일부라고 보는 입장이다. 즉 우리가 월드컵 전사들의 승리를 기뻐하고, 조승희가 저지른 범죄에 부끄러움을 느끼는 것은 우리가 한국이라는 '이야기'의 일부이기 때문이다. 따라서 이 입장에 따르면, 조상의 잘못에 대한 죄의식이나 책임을 공유하게 되고, 과거의 잘못에 대해서도 후손들은 사과해야 할 책임이 있다. 마이클 샌델 교수는 다음과 같이 지적하고 있다.

연대와 소속 의무는 내부만이 아니라 외부로도 향한다. 내가 사는 특정 공동체에서 나오는 특별한 의무 가운데 일부는 같은 공동체 사람에 대한 의무다. 그러나 나머지는 '내 공동체가 역사적으로 도덕적 책임을 져야 하는 사람들에 대한 의무다. 이를테면, 독일인이 유대인과의 관계에서, 미국 백인이 미국 흑인과의 관계에서 부담해야 하는 책임이다. '역사적 부당 행위에 대한 집단적 사죄와 보상'은 연대 의식이 내 공동체가 아닌 다른 공동체에도 도덕적 책임을 지게 하는 좋은 예다. 내 나라가 저지른 과거의 잘못을 보상하는 일은 내 나라에 충성을 맹세하는 한 방법이다.[30]

과거사 사과 6장면 – 늦었지만, 아주 늦지는 않았다

사과의 타이밍으로 보면 과거사 사과는 가장 늦은 경우에 속한다. 수십 년에서 심지어 2천 년 동안의 잘못에 대해 사과하는 경우도 있다. 과거사에 대한 사과는 무엇보다 진정성이 중요하다. 이미 때가 늦었고, 가해자와 피해자 사이에 직접적으로 오가는 사과가 아닌 경우가 대부분이기 때문에 보상책 등 책임 있는 사과를 해야 한다. 설령 보상이 어려운 경우라도 사과 내용에 풍부한 표현을 통해 진정성을 내포한다면, 피해자의 후손이나 일반인들은 사과의 진정성을 충분히 읽을 것이다. 대표적인 과거사 사과의 '세 장면'을 살펴보자.

교황 요한 바오로 2세 : 과거사 사과에서 가장 빼놓을 수 없는 장면은 교황 요한 바오로 2세가 2000년 3월 12일, 새로운 밀레니엄을 맞아 가톨릭교회가 과거 저지른 잘못에 대해 공개적으로 사과한 것이다. 지난 2천 년 동안 가톨릭교회의 대표적인 잘못을 사과한 것인데, 중

'Lapse of judgement day'

'심판의 날 폐지'
"저기, 재난과 질병이 너무 많았던 거, 정말 미안해.
근데, '그땐' 내가 좀 어렸잖아……."

세의 마녀사냥, 로마 교황청이 갈릴레이를 종교재판에 회부하여 지동설을 포기하도록 한 것, 유대인에 대한 박해 등을 언급했다. 요한 바오로 2세는 "겸손한 마음으로 용서를 구합니다. ……특히 우리 형제들 중의 일부가 저지른 복음서에 반하는 행동을 모른 체할 수 없습니다. ……과거의 잘못을 인정하는 것은 현 시대에 화해하고자 하는 양심을 일깨울 수 있습니다"[31]라고 발표했다. 교황의 사과는 가톨릭이 한 단계 성숙한 종교로 발전해나가는 데 크게 기여했을 뿐 아니라, 다른 종교에도 귀감이 됐다.

투스키지 실험 : 미국 앨라배마 주 투스키지(Tuskegee)는 전설적인 싱어송라이터인 라이오넬 리치(Lionel Richie)가 태어나고 자란 곳이다. 이곳은 또한 미국 보건당국이 1932년부터 1972년까지 '투스키지 실험'을 한 곳으로도 유명하다. 미국 정부는 매독 치료제가 없던 1930년대 초, 매독 환자를 치료하지 않고 두었을 때 어떤 현상이 발생하는지, 그리고 매독이 어떤 단계를 거쳐 진행하는지를 이곳에서 연구하기 시작했다.

자신이 매독 실험 대상인 줄도 모르는 399명의 가난한 흑인들을 이용했다는 점에서 이 실험은 심각한 도덕적 문제를 안고 있었다. 심지어 1940년대 후반, 페니실린으로 매독을 치료할 수 있게 되었음에도 정부는 연구를 위해 이를 처방하지 않았다. 1972년 이 비윤리적인 연구의 존재가 언론에 알려지면서 정부는 결국 실험을 중단했다. 미국 정부가 실험을 시작한 지 65년, 세상에 알려진 지 25년이 지난 1997년 5월에 와서야 빌 클린턴 대통령이 처음으로 공개 사과를 하게 된다.

클린턴은 다음과 같이 사과했다.

"미 합중국 정부는 심각하게, 뿌리 깊이, 도덕적으로 잘못을 저지른 적이 있습니다. 이는 모든 시민들에게 청렴하고 평등해야 한다는 미국 정부의 약속에 대한 위반이었습니다. 우리는 이제 침묵을 깨야만 합니다. 우리는 이제 머리를 (진실이 아닌) 다른 쪽으로 돌리던 것을 멈춰야 합니다. 우리는 지금 여러분의 눈을 쳐다보고, 국민들을 대신해, '미 합중국 정부가 한 일이 부끄러운 것이었다'고 말할 수 있습니다. 저 또한 깊은 유감을 느낍니다."[32]

2010년에는 투스키지 실험에 대해 연구하던 미국 웨슬리 칼리지의 수전 레버비(Susan M. Reverby) 교수가 충격적인 사실을 폭로했다. 1946년에서 1948년까지 과테말라에 있는 죄수, 정신병 환자와 군인 약 700명을 대상으로 미국 보건당국이 투스키지 실험과 같은 '매독 실험'을 했다는 것이다. 이에 대해 힐러리 클린턴 국무장관과 캐슬린 시벨리우스(Kathleen Sebelius) 보건장관은 정부의 이러한 연구가 "명백하게 비윤리적"이라고 표현하면서 사과했다. 이들은 "비록 64년 전에 일어난 사건이지만, 공중보건이라는 이름으로 이처럼 부끄러운 연구가 진행되었다는 점에 분노한다. ······이런 일이 발생한 것에 대해 유감을 표하며, 이처럼 혐오스러운 연구로 인해 상처받은 모든 분들에게 사과한다"라고 말했다.[33]

한센병 환자 차별 : 2009년 5월 16일. 전남 고흥군 도양읍 소록리 우촌 복지관에서 열린 '국립소록도병원 개원 93주년 기념식'과 '제6회 전국 한센 가족의 날' 행사가 열렸다. 작은 사슴을 닮았다고 하여 '소록도'라고 불리는 이곳은 1916년 조선총독부가 한센병 환자들을 강제로 이주시켜 격리한 곳이다. 소록도 주민들은 1992년까지도 강제로 정관수술이 행해질 만큼 끔찍한 차별을 받아왔다. 그런데 이날 현직 총리로는 처음으로 한승수 국무총리가 소록도를 방문해 과거 정부의 한센병 환자에 대한 차별을 공식 사과했다. 때늦은 감이 있지만, 한센병 환자들은 그나마 마음의 상처를 조금이라도 위로할 수 있었다.

물론 항상 후손들이 과거의 잘못에 대해 대신 사과하는 것은 아니다. 잘못한 사람이 직접 사과하는 경우도 있다. 다음 세 가지 사례를 살펴보자.

닉슨 대통령 : 정치인들의 인터뷰 중에서 가장 많은 시청자가 본 것은 무엇이었을까? 영국 공영방송 BBC에 따르면, 1977년 영국 방송기자인 데이비드 프로스트(David Frost) 경이 워터게이트 스캔들과 관련하여, 리처드 닉슨 미국 대통령을 인터뷰한 프로그램이 가장 높은 시청률을 기록했다고 한다(무려 4500만 명이 시청한 것으로 알려졌다). 프로스트는 1977년 3월 23일부터 무려 12일에 걸쳐 캘리포니아 해변가의 한 저택에서 닉슨과 독점 인터뷰를 진행했다. 이 인터뷰는 그로부터 거의 30년이 지난 후 런던과 브로드웨이에서 뮤지컬로 제작돼

큰 인기를 끌었으며, 2009년 초에는 〈뷰티풀 마인드〉를 만든 론 하워드 감독이 〈프로스트 vs. 닉슨(Frost/Nixon)〉이라는 영화로 만들기도 했다.

실제 이 인터뷰를 담은 책 《프로스트/닉슨 Frost/Nixon》을 보면 프로스트가 '숨이 멎는 순간'이라고 표현한 부분이 있다. 1977년 4월 15일. 9일째 인터뷰에서 닉슨이 워터게이트에 대해 '실수'라는 표현을 계속 쓰자, 프로스트는 '실수란 표현이 적절치 않다'며 다른 표현으로 설명해줄 것을 요구했다. 그러자 닉슨은 프로스트에게 "그렇다면 당신은 어떻게 표현하겠소?"라고 오히려 되물었다.

프로스트는 다음 세 가지를 지적했다. 첫째는 실수(mistakes)보다 더한 것, 즉 '잘못(wrong-doing)'이라고 할 수도 있고, 심지어는 '범죄(crime)'일 수도 있다는 점. 둘째, 대통령의 권력을 남용했다는 점. 셋째, 국민들을 심각한 고통에 빠뜨렸다는 점을 지적한다.

이날 닉슨 대통령은 프로스트의 예상을 훨씬 뛰어넘는 사과를 하게 된다. 데이비드 프로스트가 남긴 기록에 따르면, 닉슨은 당시에 다음과 같이 말했다.

"나는……, 나는……, 나는 국민들을 실망시켰습니다. 그 무거운 짐을 남은 평생 동안 짊어지고 가야 할 것입니다. 나의 정치 인생은 끝났습니다. 나는 결코, 결코 다시는 공직에서 봉사할 기회를 갖지 못할 것입니다. ……기술적으로는 내가 범죄를 저지르지 않았지만, 탄핵을 받을 만한 잘못을 저지른 것이지요. ……적어도 이 일(워터게이트 스캔들)과 관련해서는 완전히 망쳐버렸습니다. 나는 잘못된 판단을 너무나 많이 했습니다."[34]

워터게이트 사건이 발생한 지 5년이 지나, 사건의 당사자가 직접 인터뷰를 통해 과거사 사과를 한 것이다.

조지 말: 심리학자 조지 말(George Mahl)은 1995년에 심리학 저널인 〈아메리칸 사이콜로지스트〉에 '과학적 일탈에 대한 개인적 경험'이라는 짧은 사설을 싣는다.[35] 그의 실험 조교 중 한 사람이 그에게 인정을 받고 싶은 욕심에 조지 말의 가설에 부합하도록 실험 결과를 조작한 사건에 관한 것이다. 당시 말 교수는 실험 결과를 저널에 발표하기 전에 똑같은 실험을 다른 학생들에게 시켰는데, 정반대의 결과가 나오자 의문을 품었다. 그러고는 25년이 지나서야 처음 실험했던 조교로부터 '자신의 잘못을 고백하는' 사과 편지를 받게 된다. 물론 조지 말은 그의 사과를 받아들였다.

김근태: 우리 정치인이 돈과 관련해 했던 사과 중에서 인상적인 장면을 꼽으라면 단연 김근태 전 민주당 고문의 사과다. 2002년 3월 3일 김근태 고문은 2000년 민주당 최고위원 경선을 위해 모두 2억 4500만 원의 불법 선거자금을 썼다고 양심고백을 했다. 법적인 선거자금 한도를 지켜 선거를 한 정치인을 찾는 것보다는 그렇지 않은 정치인을 찾는 것이 더 쉬운 우리의 정치 풍토에서 정치자금과 관련해 그것도 자신이 저지른 불법 사안을 실토하고 용서를 구한 정치인은 거의 찾아보기 힘들다. 이러한 고백과 공개로 인해 겪을 수 있는 법적 위험성을 알고도 한 것이기에 그는 '정치자금 양심고백을 한 최초의 정치인'이라는 평을 들었다. 하지만 다른 정치인들

은 그의 행동을 못마땅하게 여겼다. '혼자 깨끗한 척한다', '현실 감각이 부족하다', '오버했다'는 비아냥이 잇달았던 것이다.

하지만 동료 정치인들과는 달리 국민들에게는 그의 '사과의 진심'이 잘 전달되었다. 당시 정운찬 서울대 총장을 비롯한 대학총장 10명은 서울지검장 앞으로 '양심고백한 김 의원에 대한 기소처분이 재고될 수 있기를 바랍니다'라는 탄원서를 제출했다. 서울지방법원 원장과 재판부에도 무죄를 선고해달라는 내용의 탄원서를 제출했다. 이 밖에도 이정복 서울대 교수와 손호철 서강대 교수 등 정치학자 73명은 성명을 내고 정치자금법 위반 혐의로 불구속 기소된 김근태 의원에 대해 기소결정의 취소를 요구했다.

김 대표는 한 발 더 나아가 "정치인들이 '집단적 양심고백'을 통해 정치자금 내역을 스스로 밝히고 국민에게 용서를 구하자"면서 이를 위해 '정치자금에 대한 특별법' 제정에 앞장설 용의가 있다고 밝혔다. 이것이 제대로 이루어졌다면, 사과를 통해 정치 선진화를 이루는 극적인 모습을 볼 수도 있었을 텐데, 아쉽게도 이루어지지 않았다. 2003년 12월 5일 법원은 1심에서 벌금형이 선고됐던 열린우리당 김근태 의원에게 선고유예 판결이라는 관대한 처분을 내렸다.

과거사 사과와 관련해, 독일과 일본의 전후 사과 이슈 및 다양한 사례와 함께 정치·외교적인 측면에서 제기된 문제들을 살펴보았다. 과거사 사과에서 우리가 주목할 만한 이슈가 네 가지 있다.

첫째, 공개 사과를 할 경우에는 변명이 포함될 순 있지만 주객이 전도되어서는 안 된다. 여론의 관점에서 볼 때 '무늬만 사과'란 소리를 듣지 않도록 주의해야 한다. 산드라 해리스(Sandra Harris)를 비롯한 세 명의 학자들은 영국의 정치인들이 행한 사과 사례들을 분석한 후,36 언론과 대중에게 수용될 수 있는 '유효한 사과(valid apology)'를 위해서는 유감의 뜻과 함께 자기 책임의 인정이 필수라고 말했다. 김근태 의원이 자신의 불법 정치자금 사용에 대해 변명으로 일관했다면, 사람들이 탄원서를 제출하는 일도 없었을 테고 법원의 판결도 너그럽게 나지 않았을 것이다.

둘째, 사건이 발생하고 한참 지난 후에 하는 공개 사과는 정치적, 전략적 고려가 포함돼 있다. 대개 과거사 사과는 희생자 측의 요구에 따라 이루어진다. 일본의 전쟁 범죄에 대해서도 피해 국가들이 끊임없이 사과를 요구하며 압력을 행사하고 있다. 투스키지 실험에 대한 사과도 마찬가지다. 클린턴이 사과를 하기 전해인 1996년, 투스키지 대학 연구자 및 역사학자, 공무원 등으로 구성된 위원회가 공식 사과를 요구했다. 더 중요한 맥락은 빌 클린턴의 첫 번째 임기가 끝나가면서 재선 캠페인을 앞두고 있었다는 점이다. 클린턴으로서는 자신이 직접 연관된 잘못은 아니었지만 사과를 통해 정치적 부담을 털어내는 동시에 흑인과의 관계를 개선할 필요가 있었다. 한승수 국무총리의 사과도 한센인 출신인 임두성 국회의원이 한 총리에게 100년에 가까운 정부의 한센인 인권 침해에 대해 정식 사과를 요청했고, 한 총리가 이를 받아들여 사과하게 된 것이다.

셋째, 과거사 사과 표현의 진정성에 대한 논란이다. 과거사 사과에 진정성이 담겨 있기란 쉽지 않다. 예를 들어 독일과는 달리 일본의 전후 유감 표명은 늘 논란의 대상이 되었다. 일본의 히로히토 천황은 미국과 중국에 대해 '유감스러운', '불행한' 등의 표현을 썼고, 1990년 아키히토 천황은 한국에 대해 처음으로 유감 표명을 했으나, 사과에 대한 진정성 논란은 계속되었다. 클린턴도 투스키지 매독 실험에 대해 사과하면서 '미국인을 대신하여' 사과한다는 표현을 씀으로써, 왜 '미국 정부를 대신하여'라고 하지 않았는지에 대해 일부 연구자들은 의문을 제기했다.[37] 따라서 보상이나 후속 조치에 더 주목할 필요가 있다.

끝으로 같은 맥락에서, 과거의 잘못에 대해 '사과 몇 마디로 충분한가' 하는 문제다. 프로스트의 닉슨 인터뷰가 방영되고 나서 갤럽이 여론 조사를 했을 때, 여론은 여전히 부정적이었다. 미국인의 69퍼센트가 닉슨이 진실을 감추고 있다고 생각했고, 72퍼센트는 그가 미국의 정의를 해쳤으며, 75퍼센트는 그가 더 이상 공적 역할을 해서는 안 된다고 대답했다.

클린턴의 투스키지 실험에 대한 사과를 연구한 하터(L. Harter), 스티븐스(R. Stephens), 재프(P. Japp)는 "15분간의 대통령 사과를 가지고 과연 40년 동안 국민을 기만한 것을 용서받을 수 있는가?"라고 의문을 제기한다. 2006년 정치적 사과에 대한 연구를 책으로 낸 사우스캐롤라이나 에이킨 대학의 네가시(Girma Negash) 교수는 일본의 주변국들이 일본의 전후 사과에 대한 분명치 않은 입장 표명에 지쳤다고 말하면서, 일본의 리더들이 해야 할 일에 대해 노무현 대통령의 발언을 인용했다. 즉 표현만 조금씩 바꾸는 사과를 하기보다는 일본이 과거 전쟁이나 식민통치 시절 저지른 잘못에 대해 이미 사과한 것에 '합당한 실천'을 강조한 것이다.

오랜 세월이 지나서도 사과의 필요성이 제기되는 사건들은 그만큼 피해자들의 상처가 깊고, 역사적 의미를 지닌다. '과거사에 대한 사과'를 하는 경우, 가해자 측은 사과가 '희생자 측과 신뢰 회복의 시작점'이라는 것을 염두에 두어야 한다. 일본의 경우에서 보듯 마지못해 하는 어정쩡한 사과 몇 마디로 마무리하려는 시도는 반드시 실패한다. 오랜 세월 사과하지 않았다는 것은 죄가 사라졌다기보다는 그만큼 희생자의 아픔이 깊어졌다는 의미다.

사과로 시작하여 그에 따르는 일관성 있는 보상책이나 구체적인 행동을 통해 '사과의 완성을 이루어간다'는 점이 과거사 사과의 핵심이다. 주로 정치적 이슈와 관련되다 보니 '전략적'이라는 일부 비판에도 불구하고, 과거사에 대한 사과는 뒤늦게라도 하는 것이 바람직하다. 그래서 "안 하는 것보다 늦게라도 하는 것이 낫다"라는 속담은 이 경우에 꼭 들어맞는다.

과거사 사과에 대한 논의를 마무리하면서, 중간에 제기했던 질문을 다시 떠올려보자. 만약 박근혜 전 한나라당 대표가 "자신의 아버지인 박정희 대통령의 유신 독재나 정치인 탄압과 같은 잘못한 과거사에 대해서 공식적으로 사과해야 하는가"라고 묻는다면 과연 어떻게 답할 것인가? 아마도 다음과 같이 대답해야 할 것이다.

"박 대표가 저지른 잘못은 아니지만, 대신 사과하는 것이 옳습니다. 세 가지 이유를 들겠습니다. 첫째, 돌아가신 김대중 전 대통령이 자서전에도 적었듯이 박 대표의 사과는 부친인 박 전 대통령과 그 피해자 및 우리 사회와의 화해를 도울 것입니다. 박 전 대통령도 이제는 화해를 원하지 않을까요?

둘째, 박 대표는 물론 독립적으로 훌륭한 정치인이지만, 알래스데어 매킨타이어의 비유를 쓴다면, 박 대표는 박정희 대통령이라는 '이야기' 안에서 존재하며, 이를 부정할 순 없습니다. 즉 박 대표와 반대 입장에 선 사람들은 박 대표와 박정희 대통령과의 관련성을 정치적으로 공격하는 데 이용할 것입니다. 따라서 이러한 부담을 계속 안고 가기보다는 진심 어린 사과를 하는 것이 정치적으로도 박 대표에게 도움이 됩니다. '독재자의 딸'이라는 이미지를 남기기보다는 '아버지의 과오를 대신 사과한, 겸손한 딸'이라는 이미지가 정치적으로도 더 이득이 되지 않을까요?

마지막으로, 어쩌면 가장 중요한 이유가 있습니다. 박 대표는 원칙을 중요시한다고 일관되게 강조해왔습니다. 박 전 대통령이 우리나라에 기여한 부분은 인정받는 것이 맞듯이, 잘못한 점에 대해서는 늦었지만 따님이 사과하는 것이 윤리적인 원칙에도 맞습니다."

PART 3

우리가 사과할 때 해야 할 모든 것

보리스 존슨 하원의원
"사과문을 하나씩 집어가세요."

chapter 12

당신의 사과문을 '쿨하게' 만드는 방법

"과거에 이미 벌어진 일에 대해서 제가 바꿀 수 있는 것은 없습니다.
하지만 미래에 우리가 어떻게 일해나갈지에 대해서는
제가 변화시킬 수 있습니다."

― 로버트 에커트 Robert Eckert, 마텔 CEO

이 책을 우연히 집어들어, 여기까지 읽었다면 사과에 대한 수많은 사례와 법칙만으로도 이미 우울한 기분에 빠져들었을 것이 틀림없다. 남의 얘기라고 해도 잘못을 저지르고 사과하는 에피소드를 읽는 일은 결코 유쾌하지 않다. 안타깝지만 이 장에서는 더 우울한 얘기를 꺼내야 한다.

만약 당신이 조직의 리더가 되어 직접 공개 사과를 해야 하는 상황이라면 어떻게 해야 할까? 당신이 속한 조직을 대표해서, 또는 자신의 직접적인 과오로 인해 공개적인 사과를 해야 하는 상황에 처하게 된다면, 당신은 어떻게 행동하겠는가? 당신이 직접 공개 사과문을 작성해야 한다면, 어떤 문장으로 시작해 어떻게 마무리하겠는가?

이런 생각을 하는 것만으로도 당신은 단번에 깊은 우울감에 빠지겠지만, 당신이 정작 잘못을 저질렀거나 조직이 위기에 처했을 때에는 아무런 생각도 나지 않을 것이므로 지금 해두는 편이 훨씬 유익할 것이다. 용기 있는 사과, 진심 어린 사과는 평소에 준비해둬야 한다.

이 장을 마련한 이유 중 하나는 '사과문을 만드는 공식' 같은 것을 알고 있으면 유익하지 않을까 하는 마음에서다. 사과문 공식에 꼭 들어가야 할 요소는 무엇일까? 사과할 때 이러한 요소들이 포함될 때와 그렇지 않을 때 어떤 차이가 날까? 이런 점을 미리 생각해본다면, 당신은 쿨한 사과를 할 준비가 되어 있는 것이다. 다행히도 전문가들은 나름대로 몇 가지 '공식'을 내놓고 있다. 2001년 《사과의 힘*The Power of Apology*》이라는 책을 쓴 베벌리 엥겔(Beverly Engel)은 의미 있는 사과에는 세 가지 R이 필요하다고 적고 있다. 유익한 공식이므로 한번 살펴보자.

Regret (유감) : 사과를 할 때에는 상대방에게 불편, 고통, 피해를 주어 미안하다는 표현을 반드시 해야 한다. 예를 들면 "지난번 제가 실수해서 피해를 드린 점 진심으로 미안하게 생각합니다"와 같은 표현 말이다.

Responsibility (책임) : 진정한 사과는 유감에서 그치지 않고 책임을 인정해야 한다. "제 잘못(또는 책임, 실수)입니다"와 같은 표현이 이에 해당한다. 이는 윤리적, 법적 책임을 감수하겠다는 의지의 표명이기도 하다.

Remedy (치유, 보상) : 이미 저지른 잘못은 되돌릴 수 없지만, 보상책을 내놓을 수는 있다. 물론 기본적으로 다시는 같은 실수를 되풀이하지 않겠다는 약속을 해야 하지만, 많은 사과문에서 이 부분이 종종 빠져 있거나 미흡하다. 따라서 사과를 할 때에는 보상책으로 무엇을 제시할지를 고려해야 한다.

의사이면서 리더십 전문가로서 《치유의 언어: 의학에서 사과의 힘*Healing Words: The Power of Apology in Medicine*》이라는 책을 쓴 마이클 우즈(Michael Woods) 박사는 엥겔의 3R을 소개하면서 한 가지 R을 덧붙였다. 바로 Recognition(인식)이다. 제대로 된 사과를 하려면 올바른 '상황 인식'이 선행되어야 한다는 것이다. 특히 이것은 사과의 타이밍을 조절하는 데 중요하다고 조언한다. 사과를 하려면 피해자의 입장이나 감정 상태는 물론 자신의 느낌이나 감정에 대해서도 제대로 인식하고 있어야 적절한 타이밍에 제대로 된 사과를 할 수 있다는 것이다.

엥겔의 3R은 주로 개인적인 관계를 염두에 둔 것이고, 우즈의 4R은 의료 현장을 고려한 것이지만, 모든 형태의 사과에서 참고할 수 있다. 필자들은 사과에 대한 연구를 바탕으로 비즈니스 현장에서, 특히 기업의 위기 상황 시에 공개 사과문을 만들 때에 중시해야 하는 세 가지 A를 제안하고자 한다.

Acceptance & Apology (인정과 사과): 기업이 공개적으로 사과문을 작성한다는 것은 실수나 잘못의 책임을 인정하는 행위다. 따라서 사과문을 쓸 때에는 명확하게 어느 선까지 책임을 인정할 것인지, 어떤 단어로 표현할 것인지를 고려해야 한다. 물론 법적인 검토가 먼저 이루어져야 하겠지만, 피해자나 대중의 여론 '정서'를 충분히 살펴야 한다. 법을 다루는 사람들은 당연히 '사과'에 대해 보수적일 수밖에 없다. 하지만 법적인 안전성만 따지다 보면, '사과 아닌 사과'를 하게 되어 오히려 반발심을 부를 수 있다. 사과의 수위는 법적 검토와 여론 정서 사이에서 균형을 잡는 것이 중요하다.

Apologia (해명) : 웹스터 사전은 apologia의 뜻을 "의견, 입장, 행동에 대한 방어"라고 정의하고 있다. 사과를 뜻하는 apology와 비슷한 것 같으면서도 뜻은 대조적이다. 기업이 사과를 하는 시점에는 이미 루머와 오해가 퍼져 있는 경우가 많다. 따라서 진심 어린 사과를 하되, 사실과 다른 점에 대해서는 적절한 해명을 해야 한다. 해명 과정에서 명심할 점은 제3자에게 화살을 돌리거나 비난해서는 안 된다는 것이다. 이는 사과문의 진실성을 단번에 없앨 수 있는 위험 요소다.

Action (대책) : 매우 중요하면서도 빼먹기 쉬운 대목이다. 소비자에게 단순히 "죄송합니다", "다시는 그런 일이 없도록 하겠습니다"라고 하는 것만으로는 진심 어린 사과로 받아들여지기 힘들다. 이 실수로부터 해당 기업이 무엇을 배웠으며, 소비자에게 끼친 잘못에 대해 향후 어떤 행동을 할 것인가를 제시해야 한다. 물론 여기에는 보상책이 들어갈 수 있으며, 재발 방지를 위한 구체적 조치를 언급할 수도 있다.

비즈니스의 사과에서 위 세 가지 요소 중 가장 중요한 것은 무엇일까? 물론 유감의 표시와 사과는 기본적인 것이지만, 실제 비즈니스 현실에서 사과를 완성시키는 것은 '액션(action)'이다. 즉 말로만 끝나는 사과가 아니라 구체적으로 어떻게 행동할 것인가를 제시해야 한다.

그렇다면 실제 상황에서 '액션'이 있느냐 없느냐가 결과를 얼마나 좌우할까? 사과를 받는 입장에서 액션은 어떤 의미이며, 이것이 사과에 대한 반응과 평가에 어떤 영향을 미칠까? 미국에서 벌어진 몇 가지 사례를 비교해보자.

스카이프 : 인터넷 전화로 인기를 끌고 있는 스카이프(Skype)가 2007년 8월 이틀간 서비스 중단 사고를 일으킨 적이 있다. 스카이프는 개인 간 통화뿐만 아니라 비즈니스를 위해 전 세계적으로 사용되고 있기 때문에, 이틀간의 중단 사고는 이용자들에게 큰 피해와 불편을 주었으며, 언론에도 널리 보도되었다.

스카이프는 사고가 발생한 뒤 나흘이 지나서, 글로벌 PR부서에 근무하는 직원이 블로그에 포스팅을 하는 형식으로 입장 표명을 했다. 회사를 대표하는 임원이 아닌 홍보부에서 나섰다는 것도 성의 없는 대응이었지만 가장 근본적인 문제는 '미안하다'는 유감 표시 한마디 없이 '해명'에만 급급했다는 사실이다. 심지어 블로그 포스팅의 제목도 '지난 8월 16일에 무슨 일이 있었는가?'였는데, 기업의 위기 대응 메시지의 제목으로는 매우 부적절하다. 스카이프는 '무엇이 발생했는가?' 보다는 이미 발생한 사건에 대해서 어떤 조치(action)를 취했는지에 집중해 커뮤니케이션해야 옳았다.

더 안타까운 것은 제3자를 비난하는 듯한 태도와 '테크놀로지와 통신 네트워크라는 것은 다 문제가 있게 마련'이라는 식의 말투로 해명의 글을 올렸다는 사실이다. 설사 테크놀로지에 문제가 생기는 게 당연하다고 해도 해명하는 글에 그것을 언급하는 것은 사건의 본질을 흐려놓는 일이다.

애플 아이폰 이슈 : 미국의 '얼리어답터'들은 2007년 6월 29일 애플에서 새로 출시하는 아이폰을 사기 위해 밤을 새워 기다렸다가 나오자마자 구매했다. 그러나 출시 68일 만인 9월 5일 애플 사는 599달러였던 아이폰 가격을 무려 200달러나 인하하는 조치를 단행했다. 밤을 새워 기다려가며 제값을 주고 샀던 소비자들은 분노했고, 블로그와 유튜브 등 개인 미디어를 통해 실망과 분노를 표출했다.

애플 사는 초기에 잠시 침묵을 지켰지만, 곧이어 스티브 잡스가 '아이폰 고객 여러분께'라는 제목의 공개 편지를 통해 대응에 직접 나섰다. 그는 특유의 자신감으로 애플 사가 왜 가격을 내려야 하는지를 조목조목 설명했다. 일반적인 사과문의 기준에서 보면 다소 '도전적'일 수 있는 글이었다.

그의 공개 편지에서 가장 중요한 대목은 다음과 같은 언급이다 "우리(애플 사)가 아이폰 가격을 급격히 내리게 되면서, 아이폰을 초기에 구매한 소비자들을 더 세심하게 신경 써야 할 필요가 있다. 우리의 초기 구매자들은 우리를 신뢰한 것이고, 이러한 시점에서 우리는 행동(action)으로써 그 신뢰에 보답해야 한다." 즉 행동의 중요성을 강조하면서, 뒤이어 초기 구매자들을 위해 100달러짜리 쿠폰을 지급하는 조치를 발표했다. 물론 그래도 만족하지 않은 소비자들도 있었지만, 스티브 잡스의 편지가 소비자들의 불만을 잠재우는 데 큰 도움이 된 것은 사실이다. 만약 스티브 잡스(Steve Jobs)가 단순히 사과만 하고 '액션'을 취하지 않았다면, 이 이슈는 장기화되고, 소비자의 신뢰를 잃었을 가능성이 높다.

반면, 3년 뒤인 2010년에 아이폰 4의 수신 문제가 불거지자 스티브 잡스가 했던 대응은 (독불장군 같은 그의 성격을 감안하면 이해는 가지만) 일반적인 기업의 리더들이 따라가야 할 사과는 전혀 아니다. 새로 나온 아이폰 4 그립의 특정 부분에 손이 닿으면 수신 감도가 급격히 떨어진다는 소비자들의 불만이 일자 스티브 잡스는 "휴대전화를 다른 방식으로 쥐거나 케이스를 사라"고 대응했다. 이 같은 대응은 '자살골'에 가깝다. 결국 2010년 7월 16일, 애플 사는 기자회견을 열고, 스티브 잡스가 직접 나와 "우리도 인간인 이상 실수를 한다"라고 일정 부분 문제를 인정한 뒤, 안테나 문제를 해결할 수 있는 케이스를 무료로 제공하겠다고 발표했다. 그래도 마음에 들지 않는 사람은 30일 안에 환불하라고 제안했다.[1]

 2007년과 2010년 스티브 잡스의 대응을 보면서 리더들이 배워야 할 점은 크게 세 가지다. 첫째, 중요한 이슈는 CEO가 직접 대응하라. 둘째, 사과를 하면서 남을 비난하지 마라. 셋째, 말로만 사과하지 말고, 반드시 구체적인 액션으로 뒷받침하라. 이것은 애플처럼 큰 회사만이 아니라 모든 수준의 사과에 통하는 조언이다.

타이거 우즈: '골프 황제' 타이거 우즈의 스캔들이 전 세계 언론의 관심을 끌었다. 2009년 11월 27일 새벽 타이거 우즈의 집 앞에서 있었던 차 사고에서 시작된 이 스캔들은 본격적으로 언론의 관심을 끌기 시작하더니 걷잡을 수 없이 확산되었다. 타이거 우즈의 섹스 파트너라고 자처하는 여성이 계속 등장했고, 타이거 우즈가 이혼할 경우 아내에게 침묵의 대가로 지불할 위자료는 얼마나 될지, 왜 섹스 파트너는 모두 백인 여성이었는지, 유명인의 사생활은 어느 정

도까지 보호되어야 하는지 등 연일 이슈가 끊이질 않았다.

또 다른 관점에서 커뮤니케이션 전문가들은 그가 사건에 대응하고 웹사이트를 통해 올린 첫 번째 공개 사과에 대해 여러 가지 의견을 내놓았다.[2] 타이거 우즈의 대응은 적절했을까? 그의 '사과 실력'은 어땠을까? 우즈가 자신의 웹사이트에 올린 첫 번째 공개 사과문은 다섯 문단, 26줄, 317개 단어로 이루어져 있다. 이중 진지한 사과는 두 문단 6줄인 데 반해, 자신의 프라이버시 보호에 대한 것은 세 문단 18줄이다. 공개 사과문의 70퍼센트 가까이를 자기 보호나 변명에 쏟았으며, 사과에는 30퍼센트만 할애한 것이다. 그의 사과문에는 정확히 무엇에 대해 사과하는 것인지, 그리고 그로 인해 실망한 가족이나 팬들에게 어떻게 할 것이라는 액션은 전혀 나타나 있지 않았다.

우즈가 쓴 사과문의 시작은 좋았다. 자신의 잘못을 받아들이고(Accept), 진지하게 사과(Apology)하는 모습을 보였다. "나는 내 가족들을 실망시켰으며, 진심으로 나의 위법 행위를 후회한다. 나는 내가 중요하게 여기는 가치들과 내 가족들이 응당 받아야 할 행동들에 진실하지 못했다. 나는 실수를 안 하는 사람이 아니며, 나아가 완벽함에는 한참 모자랄 뿐이다……."

문제는 그다음 문단부터다. 사과문에서 오해를 바로잡기 위한 변명이나 방어(Apologia)를 할 수는 있지만, 이 부분이 길어지면 대중은 사과문이 아니라 변명문으로 받아들인다. 억울하게 오해된 부분은 명확하면서도 간단하게 바로잡는 정도에서 그쳐야 한다. 타이거 우즈가 자신의 프라이버시를 중요시한다는 점은 이해한다. 그러나 사과문의 절반 이상을 '프라이버시에 대한 권리 주장' 및 '언론 보도에 대한 불만'을 표시하는 데 할애했다. 같은 프라이버시라 하더라도 자신의 권리라는 프레임에서 주장하기보다는 자신의 잘못과 이에 대한 과도한 관심으로 자신의 가족이 많은 상처를 받고 있다는 점을 언급하는 정도에서 그쳤다면 더 나았을 것이다.

타이거 우즈는 사과문에서 앞으로 어떻게 처신할지에 대해서는 구체적으로 밝히지 않았다. 이를테면 자숙 기간을 가질 수도 있고, 침묵에서 벗어나 일반인들의 궁금증에 대해 성실하게 답변하겠다고 액션을 취할 수도 있다. 혹은 결정되지 않은 상황에서 사과문을 발표한 것이니 조만간 구체적인 액션을 언급하겠다는 의지를 표현할 수도 있었다.

지금까지 국내외에서 볼 수 있었던 공개 사과들은 4R과 3A를 충족시키는 경우가 드물었다. 자신의 잘못을 인정하고, 피해자의 상처와 분노에 공감하며, 진심 어린 사과를 하고 구체적인 행동 계획과 사후 처리를 약속하는 것. 이것이 사과문의 기본적인 공식이다. 그럼에도 기본적인 원칙이 담긴 공개 사과를 보기 힘들다. 만약 당신이 공개 사과를 할 때는 꼭 이 원칙을 지키길 바란다.

"A sincere apology costs nothing and it's a smart career move."

"진실한 사과는 비용이 전혀 안 들면서도
경력 관리에 도움이 되는 묘책이지."

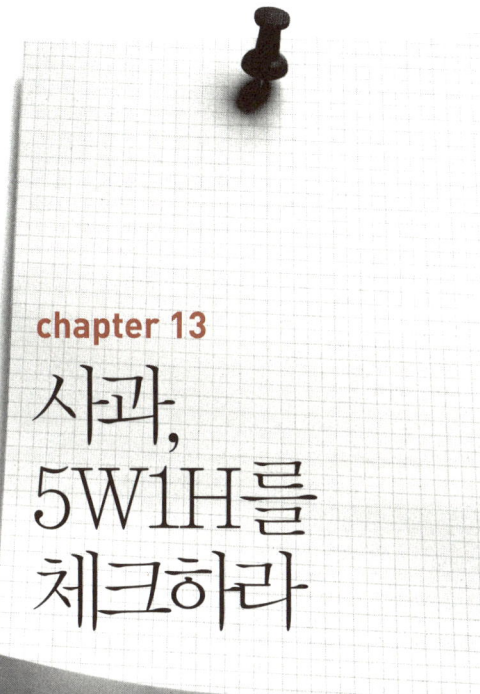

chapter 13
사과,
5W1H를
체크하라

"훌륭한 사과란 사과를 하는 사람이 피해자 혹은 대중들에게
진심으로 연결되는 것에서 시작한다. …… 그런데 불행하게도
자신의 직업 분야에서 최고의 자리에 오른 많은 사람들은
자아 도취적인 성격을 갖고 있어서, 그렇게 시작하질 못하곤 한다."[3]

— 패트릭 필드Patrick Field, CBAConsensus Building Institute, 합의형성기구 **북미 지역 이사**

앞서 살펴본 사과의 3A는 사과의 내용, 즉 메시지 표현에 관한 것이다. 필자들은 표현 구성요소에 덧붙여, 더욱 완벽한 사과를 하기 위한 '체크리스트'를 만들어보기로 했다. 체크리스트는 기업이나 정부, 정치인이나 연예인 등이 공개 사과를 하는 상황을 고려하여 만들었으나, 개인 간의 사과에서도 참고할 수 있다. 사과 체크리스트는 지금까지 필자들이 수많은 자료를 참조하고, 연구해온 것을 집약하여 만든 것으로, 이 책에서 다룬 내용들, 특히 1부의 요약이라고 볼 수도 있다. 먼저 공식부터 보자.

우리는 사과의 내용(m=message)에 관한 3A에 다섯 가지 요소를 덧붙이고자 한다. 적절한 타이밍(t=timing), 사과를 전달하는 적절한 채널이나 장소 등의 미디어 선택(c=channel), 당사자나 최고 책임자가 나서야 할지 아니면 변호사나 임직원을 시켜야 하는지에 대한 사람의 선택(p=person), 수동태나 조건부 등의 사용과 관련된 문법적 문제(g=grammar), 사과를 하는 대상과 이유에 대한 명확한 설명(r=reason)이 바로 그것이다. 이 여섯 가지 요소를 '사과의 육하원칙'이라고 불러도 좋다.

이 밖에 두 가지를 더 고려해야 한다. 사과 이전의 행동(PreAB = Pre-Apology Behavior)과 사과 이후의 행동(PostAB = Post-Apology Behavior) 역시 중요하다. 사건을 축소, 은폐, 부인을 하다가 마지못해 하는 사과는 효과가 떨어진다. 마찬가지로 사과를 잘해놓고, 이에 상응하는 행동이 따르지 않을 때, 피해자와 대중은 더 큰 배신감과 실망감을 느끼게 된다.

m = message(what) : 3A를 상기하라. 자신의 실수나 잘못을 인정하고(Acceptance & Apology) 잘못 오해된 부분은 해명하되 사과문의 25퍼센트 내외에서 그쳐야 한다(Apologia). 그리고 미안하다는 말만큼 꼭 필요한 것이 자신의 실수나 잘못을 어떻게 극복하고, 책임질 행동을 할지에 대한 구체적 대안(Action)을 내놓는 일이다. 공개 사과에서 이 부분의 중요성은 50퍼센트를 넘는다고 보면 된다.

t = timing(when) : 공개 사과는 빠를수록 좋다. 여론이 악화된 후의 사과는 아예 안 한 것보다 나을 수는 있어도 사과의 효과가 거의 없다. 사태 파악과 입장 정리 때문에 사과의 타이밍을 늦춰야 할 경우에는 침묵으로 기다리지 말고, 사건에 대해 인지했다는 점(awareness), 사태 파악을 위해 노력하고 있다는 점(efforts), 필요한 경우 관계 기관의 조사에 적극 협조하겠다는 약속(cooperation) 등의 커뮤니케이션을 초기에 해놓아야 한다(이를 holding statement라고도 한다).

c = channel(where) : 사과의 채널 문제다. 실수나 잘못의 경중에 따라 보도자료, 개인 블로그에서 공식 기자회견까지 고려할 수 있다. 최근 미국에서는 유튜브도 중요한 사과의 채널로 떠오르고 있다. 기자회견을 한다면 피해와 관련된 장소에서 할지, 아니면 일반적인

회의실 등에서 할지도 고려해야 한다.

p = person(who) : 공개 사과에서 발표는 크게 두 가지가 가능하다. 연예인처럼 개인 중심의 직업에서는 자신의 잘못에 대해서 변호사나 매니저를 대신 내세우기보다는 직접 사과하는 것이 좋다. 하지만 CEO나 대통령처럼 조직이나 국가를 책임진 경우에는 사안에 따라서 직접 하기도 하고, 담당자가 나서기도 한다. 때로는 자신이 직접 잘못한 것이 아니더라도, 최종 책임자가 공개 사과를 할 때 훨씬 효과적일 수 있다.

g = grammar(how) : 다른 요소들을 아무리 잘 지킨다고 하더라도, 마지못해 사과하는 것이라면 사과문 안에 어떤 방식으로든 드러나게 마련이다. 사과의 '공식'을 참고해야 하지만, '공식 같은' 사과가 되면 곤란하다. 자신의 목소리를 담아 적극적으로 사과하라. 이를 위해서 수동태나 조건문은 예외적인 경우(예를 들어, 외교 문제)를 제외하고는 쓰지 않는 것이 좋다.

r = reason(why) : 공개 사과는 법정에다 대고 하는 것이 아니라 여론에 대해서 하는 것임을 잊지 말자. 부정적 이슈에 휘말리는 순간, 법적 책임과는 별도로 여론에 대해 사과해야 할 점이 무엇인지를 따져야 한다. 법적 책임은 없지만, 공개 사과를 해야 할 때도 있다. 무엇에 대해 사과를 하는지, 사과하는 측이 명확하게 이해하고 있다는 것을 보여줘라.

PreAB = Pre-Apology Behavior : 사과하기 전에 보여준 처신과 행동이 매우 중요하다. 은폐, 축소, 지연, 부인을 일삼으며 끝까지 버티다가 사과하는 것은 별 의미가 없다. 과거에 유사한 실수나 잘못을 저질렀는지도 중요한 요소다.

PostAB = Post-Apology Behavior : 메시지의 3A 중에서도 해결책의 제시가 가장 중요하다고 지적했다. 하지만 더 중요한 것은 제시한 해결책을 제대로 실행하는지, 사과 이후 기업의 태도나 행동이 달라졌는지에 대한 것이다. 사과가 위기관리의 종착점이 아니라 시작이라는 사실을 인지해야 한다.

2010년 6월 20일 가수 이효리는 팬카페를 통해 자신의 4집 앨범 〈에이치로직〉에 실린 곡들이 무더기로 표절되었다는 이슈와 관련해 직접 입장을 밝혔다. 사과의 주요 내용은 다음과 같다.

"4집 수록곡 중 바누스 바큠으로부터 받은 곡들이 문제가 됐는데, 처음엔 데모곡이 유출됐다는 말을 믿었고, 또 회사를 통해 받은 곡이어서 의심하지 못했다. …… 그러나 조사 결과 그 곡들이 바누스의 것이 아니라는 사실이 드러났다. …… 두 곡은 원작자를 찾아 접촉해서 논의 중이며, 나머지 곡의 원작자도 찾는 중이다. …… 그분들에게 피해를 입힌 만큼 도의적인 책임을 지겠다. …… 문제를 해결하는 데 긴 시간이 필요해 후속곡 활동은 할 수 없을 것 같다. …… 많이 기다려준 여러분께 제일 죄송하다. …… 애착을 많이 가졌던 만큼 마음이 아프지만 모든 일을 잘 처리하는 게 제 책임이라고 생각한다."

이 사과문을 체크리스트 관점에서 점검해보자. 이효리의 사과문은 매우 잘 쓰인 사과문인데, 체크리스트에 포함된 여덟 가지 요소 중에서 가장 잘된 부분은 사과문의 말투가 정말 이효리의 말로 쓰여 있다는 것이다. 공식 사과문이라고 하면 전문가나 회사 측 담당 직원이 깔끔하게 적어주고, 당사자는 그냥 줄줄 읽는 경우가 태반인데, 이효리의 사과문은 그런 점에서 높은 점수를 줄 만하다.

또 하나 눈에 띄는 것은 '도의적 책임', '저의 책임'이라는 표현을 쓰며 자신의 책임을 인정한 부분이다. 즉 메시지(m)와 문법(g)을 잘 갖춘 사과문이다. 매니지먼트사나 변호사를 통하지 않고 본인이 직접 사과했다는 점(p), 얼굴 보고 하는 기자회견도 좋지만, 본인의 웹사이트를 통했다는 점(c) 등도 좋은 선택이었다.

다만, 이 사과에는 두 가지 문제점이 있다. 첫째, 타이밍(t)이다. 이효리가 4집 앨범을 내놓은 것은 4월 15일이고, 곧바로 표절 의혹이 일었다. 하지만 별문제 없다는 듯이 가만히 있다가 두 달 후인 6월 20일에 사과를 했다는 점은 사과의 진성성이 의심될 수 있는 부분이다. 둘째, 사과 이후의 행동(PostAB)이다. 사과문에서는 "문제가 해결되기 전에는 섣불리 활동할 수가 없다", "긴 시간이 필요해 후속곡 활동은 할 수 없을 것 같다"고 이야기해놓고, 보름 만에 예능 프로에 출연했다. 이효리의 입장에서는 노래가 아닌 다른 활동이니 괜찮은 것 아니냐고 할 수도 있겠지만, 공개 사과 후 불과 2주 만에 그것도 예능 프로에 얼굴을 내민 것은 책임 있는 행동은 아니다. 이효리 측도 사정이 있었겠지만, 팬들에게 좀 더 책임감 있는 모습을 보이기 위해서는 의혹 제기 이후 더 빨리 해명하고, 사과했어야 하며, 사과 발표 후 적어도 몇 달은 자숙하는 모습을 보여야 했다.

채널 관점에서 의미 있는 사과의 예를 더 들어보자. 2010년 7월 27일, 경기도 축산위생연구소는 대형 유통매장 등의 한우를 검사한 결과 신세계 이마트 광명점에서 한우로 팔렸던 쇠고기가 수입 제품이었다는 것이 적발됐다고 발표했다. 트위터 사용자들은 정용진 부회장에게 이 사건에 대한 입장을 트위터를 통해 물었다. 하루 만인 28일 이마트의 최병렬 대표는 라벨 작업에서 실수가 있었다면서 "가짜 한우 판매 보도에 대해 진심으로 용서를 구합니다"라고 트위터에 사과의 글을 올렸다. 정용진 부회장도 이를 리트윗하면서 "쇠고기 건으로 심려 끼쳐 죄송하다"는 사과의 글을 올렸다.

이 사과에서는 먼저 사과 이전의 행동(PreAB)을 주목해야 한다. 정용진 부회장의 트위터 활동과 관련해 여러 가지 논란이 있지만, 적어도 그가 우리나라의 대표적인 대기업 CEO로서 소비자들과 직접적인 채널을 열어놓고 소통해왔다는 점은 높이 살 만하다. 언론과의 인터뷰조차 꺼리는 대기업 CEO들의 관행을 생각할 때 더욱 그렇다.

소비자들이 트위터라는 미디어를 통해 정용진 부회장에게 직접 입장을 요구했다는 점을 고려하면, 그가 이마트의 CEO까지 사과를 하게 하고, 본인(p)이 이를 리트윗하면서 사과했다는 점은 채널(c) 사용에 있어서도 점수를 줄 만하다. 타이밍(t)도 불과 하루 만의 사과여서 적절했다.

  이 사례는 최근 들어 우리 사회에 많은 영향을 끼치고 있는 '소셜 미디어'가 사과의 채널로 기능할 수 있음을 보여준다. 특히 트위터는 다른 미디어에 비해 탁월한 정보 확산력을 가지고 있어, 사과의 채널로 주목할 만하다. 다만 한 번에 140자 이내의 짧은 글만 올릴 수 있다는 특성은 사과의 메시지(m)를 구성하는 데에 있어 제약이 될 수 있다. 향후 기업들이 트위터를 사과의 채널로 삼고자 한다면, 다른 웹사이트에 공개 사과문을 올리고 링크하는 형태 등을 고려해 볼 만하다.

"I think I'm cured. I now forgive my parents, love my wife, adore my children and hate *you*."

"제 생각에 전 완치된 것 같습니다.
제 부모님을 용서했고, 아내를 사랑하게 되었고,
내 아이들을 아끼게 되었고,
선생님이 짜증나니까요."

chapter 14
실전 예제

"좋은 이론만큼 세상에 실용적인 것은 없다."

― 커트 레빈 Kurt Lewin, **사회심리학자**

자! 이제 마지막 순서다. 우리는 사과에 대해 신경과학에서부터 경영학까지, 의학에서 커뮤니케이션학까지 여러 학자들의 다양한 연구 결과를 살펴보았다. 또한 이 이론들을 적용하여 국내외에서 실제로 발생했던 사건과 사과 사례들을 분석해보고, 무엇이 잘못되었는지, 그리고 어떻게 개선할 수 있을지에 대해서도 생각해보았다. 마지막으로 사과의 공식과 체크리스트까지 만들어보았다. 이쯤 되면, 독자 여러분은 사과에 대한 완벽한 종합선물세트를 갖췄다고 봐도 좋을 것이다.

하지만 가장 좋은 것은 실전에 부딪쳐보는 것이다. 다음번에 여러분이 실수나 잘못을 하여 남에게 폐를 끼친 경우에는 꼭 이 책에서 배운 것을 써먹어보길 바란다! 실전에 나가기 전 연습이 필요하다고? 그래서 필자들이 준비했다. 가상의 연습문제를 풀면서 사과의 실전 연습을 해보자. 첫 번째는 직장에서 상사에게 잘못한 경우, 두 번째는 상사가 부하직원에게 잘못한 경우, 그리고 마지막으로 기업이 소비자들에게 잘못한 경우를 준비했다. 자, 따뜻한 차 한 잔과 종이와 연필을 준비하시라!

연습문제 #1 : 이용일 대리는 대기업에서 기획 업무를 맡고 있다. 금요일 아침, 그는 출근하자마자 이메일을 열어보았다. 사회공헌부서

김 부장으로부터 이메일이 한 통 와 있다. "이 대리, 어제 퇴근 때까지 제출하기로 한 기획안 어떻게 됐지? 어서 보내줘!" 이 대리는 그제야 2주 전 김 부장한테 기획안을 내기로 한 것을 까맣게 잊고 있음을 깨달았다. 사실 그는 갑작스럽게 상무로부터 지시받은 업무 때문에 지난 주말에도 나와서 일했을 만큼 정신이 없었다. 어쨌든 김 부장과 먼저 약속한 기획안은 마감 시간을 넘긴 상황이다. 자, 당신이 이 대리라면 어떻게 사과해야 할까?

문제 풀이 #1 "자진 납세로 시작하라": 모든 일이 그렇듯 사과도 시작이 중요하다. 급한 마음에 김 부장이 보낸 이메일에 "부장님, 죄송합니다. 제가 지난주 상무님께서 주신 일을 처리하느라 정신이 없어서 깜빡했어요. 다음 주 월요일까지 시간을 주실 수 있을까요? 정말 죄송합니다"라는 답장을 보내면 어떨까? 그것이 최선일까?

잠시 숨을 고르고 앞에서 살펴본 내용을 떠올리며 이 문제를 생각해보자. 첫째, 김 부장을 직접 찾아갈 수 있는 상황이라면 당연히 찾아가는 게 좋다. 그럴 수 있는 상황이 아니라면 그다음 생각해볼 수 있는 것은 전화다. 전화도 할 수 있는 상황이 아니라면 그때 이메일(혹은 휴대전화 문자)을 고려해야 한다.

두 번째, 사과할 때는 어떤 말로 시작하는 것이 좋을까? 사과의 타이밍에 관한 논의에서 살펴보았듯이 처음부터 "죄송합니다"로 시작하는 것이 항상 좋은 것은 아니다. 그렇다면 위에서 하듯이 "제가 지난주 상무님께서 주신 일을 처리하느라 정신이 없어서 깜빡했어요"라고 이유를 제시하는 것은 어떨까? 당신이 사과할 때 주의할 것은 무의식중에 튀어 나오는 자기 방어 본능이다. 사과를 제대로 하는 사람은 자신의 실수를 변명하려고 하는 본능이 튀어 나온다는 점을 인식하고, 이를 자제하려고 한다. 사과를 변명으로 시작하면 오히려 괘씸죄까지 추가될 수 있다. 그러면 변명도 아니고 미안하다는 말도 곤란하다면 사과의 첫마디로 뭐가 좋을까? 자신의 죄(?), 즉 책임을 인정하는 말을 할 수 있다. 즉 부장을 찾아가서 "부장님, 제가 큰 실수를(잘못을) 했습니다"라고 '자진 납세'를 하는 것이다.

2010년 10월 12일 미국의 뉴스 채널 CNN에서 소개한 '완벽한 사과를 하는 법'에서는, 자신이 저지른 잘못이 사소한 것이라고 할지라도 그것을 '산더미'처럼 만들라고 조언했다. 다시 말해 "전 정말 그럴 의도가 아니었는데……"라고 말하며 잘못을 축소하려고 하지 말라는 것이다. 심지어 "부장님, 그 보고서가 꼭 지금 당장 필요하신 건 아니잖아요"라고 말하는 사람도 있는데, 이는 정말 최악의 상황이다. 그렇게 말하는 순간 당신은 단순히 '실수한 사람'에서 '뻔뻔하기까지 한 사람'이 된다는 것을 잊지 말자. 혹을 떼려다 혹을 붙이고 간다는 말은 이런 경우를 두고 하는 말이다. 이때는 "제가 이런 실수를 했다니, 정말 죄송합니다"와 같이 책임을 인정하는 발언으로 시작하는 것이 좋다.

세 번째, 사과를 할 때에는 일사천리로 하지 마라. 중간 중간 '뜸'을 들여서 상대방의 반응을 살피며, '피해자'인 부장에게 분노를 표현할 수 있는 기회를 주어야 한다. 사과의 '숙성'이 필요하다는 말은 바로 이런 뜻이다. 사과 중간에 가끔씩 상대방이 말할 수 있는 여유를 주도록 하자.

네 번째, '그러나', '하지만'이라는 말을 쓰고 싶어도 꾹 참자. "부장님, 죄송합니다. 하지만 지난주 상무님께서 갑자기 일을 시키시는 바람에……"라고 말하는 것은 실수를 용서받는 데 전혀 도움이 되지 않는다. 부장의 입장에서는 '그러니까 높은 사람이 시키는 일은 중요하고, 내 말은 무시해도 된다는 거야, 뭐야?'라고 생각할 수도 있고, 잘못을 상무 탓으로 돌리는 것으로 들릴 수도 있다. '하지만'을 빼고, 대신 무엇이 미안한지를 덧붙이는 것이 좋다. "부장님, 제가 어제까지 보내드리기로 약속했는데, 지키지 못한 점 정말 죄송합니다"라고 말하자.

마지막으로 사과를 하러 갈 때 이 대리는 나름의 '솔루션'을 가지고 가야 한다. 야근을 해서라도 마무리하겠다든지, 아니면 오전 중에 보고서 중 중요한 부분만 먼저 작성해서 제출하고, 나머지는 내일 오전까지 하겠다고 말하는 것이다. 여기에서 고려해볼 수 있는 점은 솔루션에 대해 상대방에게 조언을 구하는 것이 좋을 때도 있다는 것이다. 예를 들어 이 대리가 부장에게 자신의 잘못을 인정하고 사과한 뒤에 "부장님, 지금이라도 제가 어떻게 하면 조금이라도 제 실수를 만회할 수 있을까요?"라고 물어볼 수 있다. 물론 "왜 그걸 나한테 물어?"라고 할 게 뻔한 부장이라면 차라리 앞에 소개한 대로 "부장님, 오전 중에 우선 일부라도 마무리해서 보여드리겠습니다"라고 말하는 것이 바람직하다.

결국 이 대리의 사과 문장은 다음과 같이 요약할 수 있다. "부장님, 제가 큰 실수를 했습니다. 어제 퇴근 전까지 보고서 초안을 제출하기로 약속해놓고, 지키지 못했습니다. 정말 죄송합니다. (잠시 부장이 분노를 표출할 수 있는 시간을 준다) 부장님, 정말 면목 없는 말이지만, 제가 오전에 일부라도 먼저 마무리해서 제출하고, 나머지는 오늘 야근을 해서 끝내도록 하겠습니다."

연습문제 #2: 오 상무는 직원 45명이 일하는 영업 부서를 이끌고 있다. 매주 초 부서 직원들이 모여 주간 회의를 한다. 오늘은 바로 주간 회의가 있는 날. 회의가 끝날 때쯤 오 상무가 직원들에게 회식을 제안한다. "지난 달 여러분 고생했고, 성과도 좋았으니, 내가 한턱 쏘겠습니다. 이번 주 목요일에 회식합시다." 직원들은 오랜만의 회식 소식에 환성을 지른다. 오 상무는 "회식으로는 뭐가 좋겠습니까?" 하고 직원들에게 묻는다. 그러자 여성 직원인 신 대리가 손을 번쩍 들더니 "삼겹살에 소주요!"라고 외친다. 오 상무는 "신 대리, 그래서 신 대리가 그렇게 살찌는 거야! 그렇게 먹어대니 시집을 못 가지!"라고 농담으로 말한다. 그 말에 갑자기 분위기가 '싸' 해진다. 신 대리는 얼굴이 빨개진 채 고개를 숙이지만, 화난 게 틀림없다. 다른 여직원들의 표정도 좋지 않다. 이때 최 부장이 "상무님, 저희들이 알아보겠습니다"라며 어색한 분위기를 바꾸려고 한다. 오 상무는 상황을 수습하고 싶지만, 무슨 말을 해야 할지 생각이 나지 않아 어색하게 회의를 마친다. 나중에 최 부장이 오 상무에게 와서 "상무님, 아마도 신 대리가 상처를 받은 것 같습니다. 얘기 들어보니 최근에 남자친구와도 헤어졌고, 회의가 끝난 후 펑펑 울었답니다. 다른 여직원들이 애써 달랬다고 하는군요"라고 말한다. 자, 당신이 오 상무라면 어떻게 하겠는가?

문제 풀이 #2 "때론 두 번에 걸쳐 사과해야 할 때가 있다" : 자, 어떻게 해야 할까? 오 상무는 전혀 그럴 의도가 없었다고 하더라도 여러 사람들 앞에서 신 대리는 수치심을 느꼈다. 앞서 살펴본 것을 바탕으로 몇 가지 측면에서 살펴보자. 첫째, 신 대리를 불러 "내가 신 대리 귀여워서 농담한 걸 가지고…… 그렇게 표정이 싹 바뀌면 내가 무안하잖아?"라고 말한다면 당신의 리더십 커뮤니케이션 지수는 빵점이다! 당신의 뇌에서 방어기제가 활동하여 자신의 실수를 정당화하는 더 큰 실수를 저지르지 말기를! 이때는 먼저 신 대리를 개인적으로 불러 진심으로 사과해야 한다. 물론 여기에서도 '그러나'를 써가며 구차한 변명일랑 하지 말자. 연습문제 1에서 나왔던 것처럼 '자진 납세'로 시작하는 것도 좋다. "신 대리, 내가 아까 말실수를 했네. 내 딴엔 농담하려고 했던 건데, 너무 지나쳤어. (이때에도 잠시 여유를 주며 신 대리의 반응을 살피자. 뭔가 말할 수 있도록 말이다) 내가 잘못했어. 용서해 줄 수 있겠나?"라고 말을 건넬 수 있다.

둘째, 이런 경우 '솔루션'으로는 무엇을 할 수 있을까? 막상 아무것도 떠오르지 않는다면 사과를 한 뒤에 신 대리에게 솔루션에 대해 직접 물어볼 수도 있다. "내가 정말 미안해서 그런데, 어떻게 하면 신 대리의 마음을 조금이라도 풀 수 있을까?"와 같이 말이다. 이렇게 진심 어린 사과와 함께 솔루션에 대해 질문을 하는 것만으로도 부하직원의 맘이 풀어질 것이다.

셋째, 오 상무 입장에서 자신의 실수에 대한 수치심과 같은 감정을 표현하는 것이 상대방의 용서를 이끌어내는 데에 도움이 될 수 있다. "내가 신 대리에게 그렇게 생각 없이 말실수를 하다니, 정말 창피해서 고개를 들 수가 없네"와 같이 말이다.

넷째, 사과에 대한 전문가 수준의 지식을 갖게 되었다면 신경 써야 할 점이 하나 더 있다. 용서의 전 단계는 가해자와 피해자가 동등한 상태가 되는 것이다('상태의 평등화'에 대해서는 에필로그에서 자세히 다룬다). 오 상무의 입장에서는 무엇을 할 수 있을까? 맞다. 신 대리는 45명의 직원들, 심지어 후배 직원들도 보는 앞에서 창피를 당했고, 지금 오 상무는 신 대리와 단둘이 마주 보고 사과를 하고 있다. 바로 이러한 '불균형'을 개선할 필요가 있다. 오 상무는 다음 주 전체 회의 혹은 목요일에 있을 회식 자리에서 공개적으로 사과할 수 있다. "지난번 미팅에서 제가 신 대리에게 큰 말실수를 했습니다. 윗사람으로서 말을 더 가려서 했어야 하는데 그런 실수를 한 것에 대해 신 대리에게 개인적으로도 사과했지만, 이 자리를 빌려 여러분들이 보는 앞에서 다시 한 번 사과하고 신 대리에게, 그리고 여러분에게 용서를 빕니다." 이렇게 공개적으로 사과할 때 오 상무는 "부하직원에게 신중하지 못한 말로 상처를 준 상사"에서 "비록 말실수를 했지만, 자신의 실수를 솔직하게 인정하고 사과한 상사"가 될 수 있다. 다시 한 번 이야기하지만 신뢰란 장점을 자랑하는 것이 아니라 자신의 실수나 잘못을 어떻게 다루는지에 의해 더 크게 좌우된다.

물론 독자 중에는 '상사가 그렇게까지 해야 하나?'라고 생각하는 사람도 있을지 모르겠다. 과거 수직적인 조직 문화에서는 그럴 필요까지는 없었을지 모른다. 하지만 제러미 리프킨(Jeremy Rifkin)이 주장하듯 우리 시대는 이제 '공감의 시대'로 접어들고 있다. '공감하는 리더'는 과연 그런 상황에서 어떻게 행동할지를 생각해보면 답은 자명해진다.

연습문제 #3: 아래 가상 기사를 읽고, 만약 당신이 T푸드(가상 기업)의 위기관리 담당자라면 어떻게 사과를 해야 할지 연습해보라.

T푸드, 유성천 상습 오염

김동수 대표 검찰 연행
유성구 주민 대표자 회동, 집단 소송 준비

대전의 대표 식품 업체인 ㈜T푸드(대표: 김동수)가 유성천을 상습적으로 오염시켜온 사실이 드러나 충격을 주고 있다. 대전지방경찰청에 따르면 T푸드는 폐기물 처리 과정에서 허가업체에 용역을 주고, 관련 규정을 지켰어야 함에도 불구하고, 비용 절감을 위해 지난 2년여 동안 상습적으로 하천을 오염시켜온 것으로 드러났다. 대전경찰청은 T푸드에서 근무했던 전직 종업원의 제보로 그동안 수사를 벌여왔다.

이번 하천 오염으로 직접적으로 영향을 받게 된 유성구 아파트 입주자 대표들은 긴급 회동을 갖고, T푸드에 대한 집단소송을 포함, 대응책을 마련하고 있다. T푸드 측에는 현재 주민들의 항의 전화가 빗발치고 있으며 유성구 지역 아파트 자치 인터넷 커뮤니티에는 T푸드를 대전에서 추방하자는 불매 운동의 목소리도 높아지고 있다. 아울러 대전, 충남 지역 녹색연합, 대전시 환경운동연합 등 시민단체들은 T푸드 본사 앞에서 항의 시위를 벌이기도 했다.

T푸드 측 관계자는 이번 사건과 관련, "현재 수습책을 마련 중이며, 조만간 공식 입장을 내놓을 예정"이라고 밝혔다. 　　　　　　　　대전=김정철 기자

문제 풀이 #3 "사과와 함께 소통 채널 개설을 검토하라" : 자, 당신이 T푸드의 담당자로서 사과문을 작성해야 한다면 어떻게 할까? 앞서 필자들이 제시했던 사과 체크리스트에 맞추어 하나씩 점검해보자. 먼저 사과문의 메시지를 어떻게 만들 것인지 고민해보자. 3A 공식에 따라 기업의 입장을 정리해보는 것이다. 즉 인정하고 사과해야 할 부분(acccept & apology), 언론이나 소비자로부터 오해를 받고 있어 해명해야 하는 부분(apologia), 그리고 기업의 입장에서 이를 만회하기 위해 내놓을 대책(action)이다.

이 경우 사건의 원인과 관계 없이 지역의 주요 하천을 그 지역의 대표 기업이 오염시켜왔다는 점은 인정하고 사과해야 할 부분이다. 반면 용역 업체의 잘못에 대해서 T푸드는 몰랐고, 따라서 '상습적으로 하천을 오염시켜온 것'을 인지하고 있었다는 언론의 보도가 사실과 다르다고 치자. 이런 부분은 오해를 풀어야 할 것이다. 극복 노력과 대책으로는 경찰 및 해당 기관의 조사에 적극 협조하겠다는 의지 표명, 유성천을 되돌리기 위해 지역 환경단체와 협조하여 정화 대책을 내놓겠다는 계획 등이 있을 수 있다. 이와 같은 작업이 끝나면 사과문을 직접 써본다.

사과문

머리 숙여 사과드립니다.
사건의 문제가 해킹처럼 외부 요인이 아니라 자사의 책임이 클수록 '머리 숙여 사과'와 같이 감성적 접근을 시도하는 것이 좋다.

보도를 통해 접하신 바와 같이 T푸드가 폐기물을 처리하는 과정에서 유성천을 오염시킨 사건이 발생하였습니다. T푸드는 이번 잘못으로 인해, 대전 시민들에게 큰 상처를 입혔으며, 부끄러움에 임직원 모두 고개를 들지 못하고 있습니다. 대전 시민의 사랑을 받아온 대표적인 식품업체로서 T푸드는 이번 일과 관련하여 책임감을 느끼며 대전 시민들에게 깊이 머리 숙여 사과드립니다.
자신들이 무엇을 잘못했는지를 처음 문장에서 밝혔다. 물론 자신들의 잘못이 명확하지 않고 '사건'만 터진 상황이라면, 사건을 인지했다는 점 정도만 밝히고, 조사 중이며, 조사가 끝나는 대로 입장을 밝히겠다고 하는 것이 좋다. '부끄러움' 등은 감성적 접근을 위한 선택이다.

대전 지역 주민 여러분께 한 가지 이해를 구한다면, T푸드가 폐사의 하수처리를 맡고 있는 W사의 오염 사실을 알고 있었다는 일부 보도 내용은 사실이 아님을 말씀드립니다. 물론 감독을 좀 더 철저히 하지 못한 점에 대해 큰 책임을 느끼고 있으며 향후 체계적이고 엄중한 감독을 통해 다시는 이와 같은 일이 되풀이되지 않도록 할 것을 약속드립니다.
언론의 보도에서 사실과 다른 부분(여기에서는 T푸드가 알고도 상습적으로 했다는 부분)이 있다면, 여기에서와 같이 밝히는 것이 좋다. 다만, 이와 같은 해명(apologia) 부분이 사과문에서 너무 많은 비중을 차지해서는 안 된다. 여기에서는 오해에 대한 해명을 하고, 바로 자신들의 감독 책임 인정(responsibility)과 향후 엄중한 감독(action에 해당)을 통해 재발 방지 의지를 밝혀, 변명으로 일관하는 인상을 주지 않도록 했다.

T푸드에서는 이번 일과 관련하여 대전 지역 경찰 및 해당 정부기관, 환경단체 등의 조사에 적극 협조하고 있으며, 오염된 유성천을 되돌리기 위해 지역 환경단체와 회의체를 구성하여, 향후 유성천을 정화시키기 위한 최선의 노력을 다할 것입니다. T푸드에서는 이번 사건과 관련하여 소비자들의 궁금증에 답하기 위해 상담 전화(×××-××××-××××)를 개설, 운영 중에 있습니다. 궁금하시거나 의견이 있으실 경우 언제든 연락 주십시오. 인터넷 홈페이지를 통해서도 여러분의 궁금증에 대해 성심 성의껏 답변해드리도록 하겠습니다.

액션에 해당하는 부분이다. 자체 조사가 아닌 제3자의 조사에 협조하고 있다는 점과, 대책 마련에 대해서도 환경단체 등의 제3자와 협조할 것임을 밝혔다. 아울러 상담 전화를 개설한 것 역시 액션에 해당하는 부분이며, 지금까지 필자들의 연구에서 효과가 높은 요소로 나왔다.

다시 한 번 이번 일로 여러분께 심려를 끼친 것을 사과드립니다. 이번 사건을 계기로 대전 지역의 대표적 식품 회사로서 더욱 환경을 생각하는 회사로 거듭날 것을 약속드립니다.

T푸드 대표 김동수 올림

마지막 종결 부분이다. 사과문을 종결할 때에는 단순히 '죄송합니다'로만 끝내기보다, 다시 한 번 회사의 다짐 등을 표현하면서 긍정적인 내용으로 마치도록 한다.

이제 사과문 작성 외에 고려해야 할 요소들을 사과의 체크리스트에서 제시했던 것들을 중심으로 살펴보자. 첫째, 타이밍. 이미 경찰의 조사가 시작되었고, 주민들의 항의 전화와 시위, 불매 운동까지 나오는 상황에서 사과의 시점은 빠를수록 좋다. 기업의 최고 경영진을 중심으로 사과에 대한 입장을 빨리 정리하여 발표하도록 한다.

둘째, 채널. 언론의 보도가 나온 상태이므로 기본적으로 언론을 활용하는 것이 좋다. 그 외에 인터넷 블로그나 트위터 등을 꼭 살펴보라. 만약 사람들이 활발하게 이 사건 기사를 퍼서 나른다든지, 이 사건에 대한 소비자들의 논의나 대화가 활발하다면 소셜 미디어(블로그, 트위터, 페이스북, 동영상 등)를 통해서도 빠른 시간 안에 사과할 필요가 있다. 평소에 기업 공식 트위터나 블로그 등을 운영하고 있었다면, 물론 이와 같은 소셜 미디어를 통해서 사과를 해야 함은 물론이다.

셋째, 누가 사과를 할 것인가의 문제다. 최근 들어와 환경 이슈는 사회에서 중요하게 다루어지고 있는 민감한 사안이다. 따라서 대표 명의의 사과문을 내보내는 것을 고려하라. 대표가 개인적으로 트위터를 운영하고 있다면 트위터를 통해서도 문의나 입장 표명 등의 요구를 받게 될 것이다. 이때 침묵하기보다 인터넷에 띄운 사과문을 링크하면서 사과하라.

넷째, 문법적인 측면에서 자신이 만든 사과문에 수동태나 조건문 형태는 없는지 살펴보라.

다섯째, 사과하는 이유가 무엇인지에 대해서 회사 내부에서 다시 한 번 명확하게 할 필요가 있다. 주의할 점은 사과문을 법적인 차원에서 검토는 하되, 법적인 차원에서만 바라보지 말라는 것이다. 법적인 차원에서만 사과문을 검토하다 보면 사과의 수위를 지나치게 낮추고, 애매한 표현을 남발할 수 있다. 이런 사과문은 오히려 소비자의 분노를 일으킨다는 것을 명심하라.

마지막으로 사과 이전과 이후의 기업의 행동과 태도다. 사건이 발생하고 오랫동안 부인과 침묵으로 시간을 보내다가 마지못해 하는 사과는 그만큼 효력이 떨어진다. 사과 이후에는 가시적으로 대책을 제대로 지키고 있는지 점검하고, 이를 보여주는 것이 중요하다. 물론 같은 사건이 재발한다면 이는 최악의 상황이다.

Epilogue
인간은 용서와 화해의 동물이다

실수란 충만한 삶을 위해 인간이 지불하는 일종의 '과외비' 같은 것.
— **소피아 로렌** Sopia Villani Scicolone, **영화배우**

그 사람의 모카신을 신고
1마일을 걸어보기 전에는 그 사람을 비난하지 마라.
— **아메리카 원주민의 속담**

　인간은 실수하는 동물이다. 우리는 날마다 크고 작은 실수와 잘못을 저지르며 살아간다. 가정과 학교에서 교육을 통해 실수를 줄이는 법을 배우고, 법이나 제도를 통해 실수와 잘못을 통제하는 사회에 살고 있지만, 여전히 우리는 실수하고 잘못을 저지르며 살아가고 있다. 그 과정에서 누군가에게 잊을 수 없는 상처를 주고 누군가에겐 씻을 수 없는 분노를 안긴다.
　흥미롭게도 우리 사회에는 실수나 잘못을 예방하고 통제하기 위한 교육과 제도는 잘 작동하고 있지만, 그럼에도 불구하고 실수나 잘못을 저질렀을 때 어떻게 행동해야 하는지에 대해서는 아무도 가

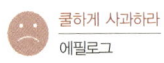
쿨하게 사과하라
에필로그

르쳐주지 않는다. 학교에서는 '누군가에게 잘못을 했다면 사과하라'는 당위론을 가르치고 있지만, 정작 잘못을 인정하면 벌을 받거나 처벌을 당하기 쉽다. 무엇보다도 피해를 입힌 상대방에게 어떻게 사과를 해야 하며, 이러한 사과 행위가 나에게 어떤 영향을 미치는지에 대해서는 구체적으로 배운 적이 없다.

그래서일까? 실수나 잘못 앞에서 '개운치 않은' 사과를 하는 리더들을 자주 보게 된다. 직장에서 자신의 실수나 잘못에 대해 사과하기는커녕 부하직원에게 화풀이를 하거나 뒤집어씌우기까지 하는 상사를 종종 접한다. 더 나아가 청문회에 나온 총리나 장관 후보자는 물론이고, 리콜 사태로 위기를 겪었던 도요타를 비롯한 외국 기업과 국내외 기업의 CEO들, 과거사 청산에 적극적 태도를 보이지 않는 일본 정부나 고위 관료, 연예인, 대통령을 포함한 정치인에 이르기까지, 리더들의 사과는 참으로 어설프기 그지없다. 그들이 어렵게 한 사과는 시민과 소비자들을 더 분노하게 만든다. 자신의 설 자리마저 잃고, 사과하고도 오히려 뻔뻔한 사람으로 기억되는 웃지 못할 장면들을 리더들은 계속 반복해오고 있다.

사과는 실수와 용서를 이어주는 다리

그렇다면 우리는 실수나 잘못을 저질렀을 때 왜 사과를 해야 하는가? '사과의 기술'을 얘기하면서 던지지 않을 수 없는 질문인데, (다양한 답들이 가능하겠지만) 한마디로 표현하자면 '내 잘못이나 실수로 피해를 본 사람에게 용서를 구하기 위해서'다. 사과는 '실수와 용서를 이어주는 다리'다. 내가 한 실수나 잘못에 대해 다른 사람들로부터 용서를 이끌어내는 과정이란 뜻이다.

그렇다면 우리는 왜 애써 용서를 구하려는 걸까? 자존심 상해가면서 용서를 구하는 이유가 뭘까? 그것은 사람과의 관계가 '오늘이 마지막'이 아니기 때문이다. 용서란 상대방의 잘못을 이해하고, 상대방에 대한 적대감을 해소하며, 내가 입은 피해를 바람직한 미래의 관점에서 새롭게 바라보는 것이다.

여기서 우리는 '바람직한 미래의 관점에서 새롭게 바라보는 것'이라는 대목에 주목해야 한다. 다시 안 봐도 될 사람이라면 굳이 용서를 구하지 않아도 될지 모르겠다(평생 마음의 짐을 안고 살아갈 각오가 돼 있다면!). 하지만 기업은 잠재적 고객인 국민들을 대상으로 물건을 팔아야 하고, 정치인들은 유권자인 국민들의 지지를 이끌어내야 한다. 때문에 잘못을 저지르면 사과를 해야 한다. 진심으로 용서를 구하고 좋은 관계를 유지하거나 더욱 발전시켜나갈 필요가 있다.

그러나 용서가 어디 쉬운가? 용서는 받기도 어렵고, 해주기도 어렵다. "실수는 인간의 몫이고, 용서는 신의 몫이다"라는 말도 있지 않은가? 용서를 구하는 것은 매우 중요하지만, 그만큼 어렵다. 사과

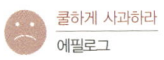

가 중요한 이유가 여기에 있다.

그렇다면 사람들은 언제 용서를 해줄까? 용서를 이끌어내는 여러 가지 요소들이 있을 텐데, 지난 수십 년 동안 '용서의 심리학'을 연구한 학자들에 따르면 가장 중요한 요소는 '공감(empathy)'이다. 나에게 피해를 입힌 기업의 입장에서, 또는 실수를 저지른 정치인이나 공인의 입장에서, 이 문제를 바라보고 그가 왜 그런 실수를 저질렀는지를 이해할 때 가해자를 바라보는 시각이 달라진다. 그것이 용서의 시작이다.

아메리카 인디언의 공감에 관한 격언이 있다. "그 사람의 모카신(moccasin, 녹피로 만든 신발)을 신고 1마일을 걸어보기 전에는 그 사람을 비난하지 마라." 상대방의 입장에서 생각해보지 않고 쉽게 말하지 말라는 뜻이다. 다른 사람이 겪고 있는 일을 내가 똑같이 경험한다면, 과연 어떤 느낌일지 이해할 수 있게 되고 용서할 준비를 하게 된다는 것이다.

그런데 인간은 놀랍도록 공감을 잘하는 존재다. 우리 뇌 측두엽 근처에 있는 거울뉴런들이 항상 민감한 촉수를 드리우고 있어, 다른 사람의 입장에서 생각하고 행동을 따라하며 쉽게 배우고 익힌다. 그것이 문명 발달의 추동력이 되었을 것이다. 인간이 위대한 이유는 상대방이 사과를 하는 순간 '용서할 준비'를 하기 때문이다. 사과가 얼마나 어려운지 잘 알기에, 진심 어린 사과 앞에서 모진 사람은 많지 않다. 우리는 진심 어린 사과 앞에서 언제나 용서할 준비가 돼 있다. 사과가 힘겨운 사람에게 해주고 싶은 조언은 '상대방은 항상 실수한 당신을 공감하고 이해하며 용서해줄 준비가 돼 있다'

는 것이다. 당신이 용기를 내기만 한다면, 용서도 사과만큼 힘든 행동이지만 얼마든지 이끌어낼 수 있다.

공감을 제대로 이끌어내지 못하면, 아무리 열심히 준비한 사과라 해도 용서를 이끌어낼 수 없다. 기업의 위기관리팀이 반드시 알고 실천해야 할 점은 피해자가 겪을 고통의 성격을 제대로 파악해야 한다는 것이다. '상실'은 우리를 슬프게 만들고, '배신'은 화나게 만들며, '복잡한 상황'은 혼란스럽게 만들고, '불확실함'은 불안하게 만든다.

만약 물질이나 인간관계, 직업, 애완동물 등을 잃었다면 피해자는 상실감을 느낄 것이며, 믿었던 기업에게 배신을 당했다면 화가 날 것이다. 그런데 기업이 사과문이랍시고 내놓은 게 천편일률적으로 '유감스럽게 생각한다'는 표현이라면 소비자들은 공감하지 못할 것이다. 또다시 어리석은 실수를 저지르는 셈이다.

일반적으로 '나도 그 감정을 이해한다' 식의 공감 표현을 많이 하는데, 설령 경험의 범주(상실, 배신, 불확실함 등)가 같다고 해도, 경험의 정도에 따라 '전혀 와 닿지 않는 공감'을 만들어낼 수 있다. 1992년 캐나다 선거 때의 얘기다. 캐나다 전 총리인 킴 캠벨(Kim Campbell)이 밴쿠버 빈민가에서 연설을 했다. 그녀는 청중인 유권자들과 공감대를 형성하려고 무진 애를 썼다. 행정가로서, 또 정치인으로서 이런 빈민가를 오랫동안 방치해두었다는 데 책임감을 느끼고, 그곳에서 노숙하고 있는 사람들의 심정을 충분히 이해하고 있다는 메시지를 그들에게 전하고 싶었다.

킴 캠벨은 그래서 자신도 어렸을 때 첼리스트가 되고 싶었으나 그

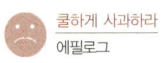

꿈을 이루지 못하고 결국 브리티시컬럼비아 법대에 진학했다고 말했다. 그 뒤 캐나다 법무부 장관과 국방부 장관, 총리를 지냈지만, 어릴 적 꿈을 이루지 못한 좌절감과 상실감을 아직도 간직하고 있기에 노숙자들의 마음을 헤아릴 수 있다고 했다. (이 엄친딸 양반아, 누구 열받게 할 일 있나!) 그 연설을 들었던 노숙자들의 마음은 어땠을까? 킴 캠벨의 연설은 당연히 대실패였다. 캠벨은 공감대를 형성해 의사소통을 하려고 노력했지만, 그녀가 사용한 비유는 너무 사치스러운 고민이었기에 청중들의 마음을 전혀 움직이지 못했다.

이처럼 다른 사람이 겪은 피해와 어려움에 공감하려고 할 때, 과녁을 잘못 맞히지 않도록 조심해야 한다. 진심 어린 공감이 아니라면 차라리 아무런 제스처도 취하지 않는 것이 낫다. 최악의 경우에는 가해자와 피해자 사이에 다리를 놓기는커녕 다리를 불태워버릴 수 있기 때문이다.

용서의 과학

'용서의 과학'에 따르면, 우리에게 피해를 준 사람을 우리는 '나와 다른 부류의 사람'이라고 판단하는 경향이 있다. 사람이나 기업을 범주화(categorization)하는 일은 주로 대뇌의 전전두엽에서 담당하는데, 용서를 구하는 사람은 상대방의 전전두엽을 자극해 '우리가 서로 비슷한 부류의 집단'에 속하는 존재임을 드러내는 것이 중요하다. 기업이 나쁜 의도와 부정적인 성격을 지닌 '다른 부류의 인간 집단'이 아니라, 나와 똑같은 철학과 도덕의식, 그리고 인간적인 성격을 가진 존재라는 것을 알려야 한다.

이때 조심스럽게 사용해야 할 표현이 있는데, '우리도 인간이라 실수를 한다' 라는 것이다. 몇 년 전, 한 외과의사가 수술 중에 환자 배 속에 가위를 넣고 봉합한 사건이 있었다. 그는 한 TV 시사 프로그램에서 "의사도 인간인 이상 실수를 한다"는 변명을 늘어놓았다. 그날 게시판은 그 의사의 변명에 화가 난 시청자들의 항의로 쑥대밭이 됐다.

'의사도 인간인지라 실수를 한다' 는 말은 이런 경우 아무런 도움이 되지 않는다. 그들도 인간이긴 하지만 '한 치의 실수' 가 환자의 생명을 좌우할 수 있기에 군대를 방불케 하는 위계질서가 용납되어 온 공간이 바로 병원이 아니던가? 또한 그렇기에 의사는 사회적 명예와 존경을 얻고 좋은 대우를 받고 있지 않은가? 그러니 인간인지라 실수를 한다는 표현은 이와 같은 경우에는 전혀 공감할 수 없을 뿐 아니라, 그들이 전문가적인 노력을 기울이지 않았음을 자인하는 것으로 비쳐져 오히려 역효과가 난다. '의사도 인간인지라 실수를 한다' 는 말은 피해자나 제3자의 입에서 나올 때 비로소 의미가 있다.

광산에서 수시로 폭발물을 다루는 미국 광부들이 쓰던 표현에서 시작되었다는 'Fire in the hole!' 은 "(곧) 폭발할 테니 조심해!"라고 동료들에게 외치는 경고의 말이다. 이는 미국 육군 및 해병대에도 널리 통용되는 용어로 퍼져 수류탄 투척 등 위험 시에 경고로 활용되었다. 그런데 동영상 사이트인 유튜브에서 'fire in the hole' 을 검색하면, 어렵지 않게 일부 젊은이들의 못된 장난을 볼 수 있다.

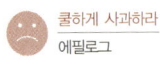
쿨하게 사과하라
에필로그

맥도날드의 '맥 드라이브'처럼 패스트푸드점에서 차에서 내리지 않고 주문을 하고, 창구에서 햄버거와 음료 등을 받을 수 있는 시스템을 '드라이브-스루(Drive Through)'라고 부르는데, 미국의 일부 청소년들이 드라이브-스루에서 주문해 받은 음료를 다시 창구 직원에게 던지며 'fire in the hole'이라 외치며 도망가는 모습을 담은 동영상이다.

제시카 세포니스(Jessica Ceponis)는 2007년 6월 미국 플로리다 주의 패스트푸드점인 타코벨의 드라이브-스루 창구에서 일하고 있었다. 두 명의 청소년이 차를 몰고 와서 32온스짜리 음료를 주문했고, 세포니스는 창구를 통해 차 안에 있는 소년들에게 음료를 건넸다. 그러자 소년들은 'fire in the hole'을 외치며 그 음료를 세포니스에게 던졌다. 이런 '장난'을 처음 접한 세포니스는 큰 충격을 받았다. 단순히 음료가 아니라 인격적인 공격으로 받아들였기 때문이다. 이 사고로 겁에 질린 그녀는 타코벨을 그만두었고, 다른 패스트푸드점에 취직하여 지금은 레스토랑 내부에서 일하고 있다.

두 소년은 세포니스에게 한 장난을 동영상으로 찍어 유튜브에 올렸고, 100만 명 이상이 동영상을 시청했다. 자신이 '당한' 모습을 유튜브에서 접하게 된 세포니스는 인터넷을 통해 두 소년을 추적해 찾아낸 다음 고발했다. 플로리다 주 법원은 각각 15세와 16세인 청소년에게 100시간의 지역봉사 명령과 함께 타코벨 측에 그들이 쏟은 음료 청소 비용을 지불하고, 마지막으로 동영상으로 사과를 한 후, 이를 유튜브에 올리라고 명령했다.[1]

세포니스는 이 사과를 받아들였을까? 아니다! 미성년이란 이유로

법원은 동영상 사과에서 청소년들의 이름이나 얼굴이 보이지 않도록 했으며, 소년들은 그저 적혀 있는 사과를 성의 없이 읽어댔던 것이다.

앞서 우리는 사과의 목적이 용서이며, 용서에서 공감을 형성하는 것이 가장 중요하다고 지적했다. 사과의 공감 형성 요소 중 중요한 것은 '상태의 평등화(status equalizing)'이다. 즉 피해자 입장에서 가해자도 비슷한 정도의 '피해'를 입었다고 판단할 만한 사과나 개선 조치를 취해야 하는 것이다. 남들 앞에서 부끄러움을 무릅쓰고 자신의 잘못을 인정하는 것 역시 '상태의 평등화'에 기여한다.

그렇다면 '상태의 평등화'를 통해 공감을 형성하는 구체적인 감정적 요소는 무엇일까? 이스라엘의 학자인 슐로모 하렐리(Shlomo Hareli)와 즈비 아이시코비츠(Zvi Eisikovits)는 2006년 이에 관한 흥미로운 연구를 수행하여 저널에 발표했다. 이들은 가해자가 사과를 할 때, 죄책감(guilt), 수치심(shame), 동정(pity) 등 세 가지의 사회적 감정을 함께 실어 보내는 것이 피해자의 용서와 어떤 관련이 있는지를 밝히려고 했다. 첫 번째 실험에는 여자 47명, 남자 46명 등 총 93명의 대학생이 참가했다.

친구가 자신을 다른 지인들이 보는 앞에서 모욕을 했고, 그날 저녁 그 친구가 자신에게 사과하는 상황을 가정했다. 그리고 가해자 친구가 사과를 하게 된 이유와 관련해 죄책감, 수치심, 동정 등을 느꼈는지 알아보고 용서 의향에 대해 조사했다.

두 번째 실험은 여자 59명, 남자 46명 등 총 105명을 대상으로 진행했는데, 첫 번째 실험과 동일한 상황에서 다만 가해자가 사과를

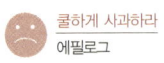
쿨하게 사과하라
에필로그

하며 느끼는 감정을 피해자가 믿을 만한 친구가 대신 알려주기로 했다. 첫 번째 실험이 가해자가 직접 사과와 함께 감정을 이야기하는 상황이었다면 두 번째 실험은 제3자가 전달하는 상황인데, 그럴 때 어떤 반응이 나타나는지를 보기 위한 것이다.

두 가지 실험 모두에서 결과는 명확하고 일관된 유형을 보였다. 우선 사과를 할 때 가해자가 느끼는 죄책감이나 수치심을 함께 표현할 때 모두 용서 의향이 높았다. 심지어 제3자를 통해 간접적으로 전달될 때에도 말이다. 분노 역시 가해자가 느끼는 죄책감이나 수치심이 피해자에게 전달되었을 때 크게 줄어들었다. 반면, 동정심을 표현했을 때에는 두 가지 실험 모두에서 용서 의향이 눈에 띄게 줄었다. 동정심은 표현하지 않을 때가 표현할 때보다 분노의 수준이 더 낮아진 것으로 나타났다. 즉 사과에서 동정 표시는 본전도 못 찾는다는 의미다.

진실성 평가는 어땠을까? 역시 죄책감이나 수치심이 동반될 때 진실성은 올라갔으며, 동정의 경우에는 오히려 감소했다.

이와 같은 '용서의 과학'이 우리에게 주는 교훈은 무엇일까? 세상의 모든 진심 어린 사과는 반드시 감정을 동반해야 한다는 것이다. 감정 동반이란 미안한 마음을 '느낀다는' 것이고, 그래야 진실성이 전달되며, 상대방의 분노를 줄일 수 있다. 분노의 감정은 사과의 감정으로 대응해야 한다. 논리적이기만 한 사과는 별 효과가 없다. 또 사과를 할 때 "내가 너에게 못할 짓을 했다는 것을 깨달았어" 혹은 "내가 그런 짓을 했다는 게 창피해서 고개를 못 들겠어"와 같은 죄책감이나 수치심을 상황에 맞게 표현하는 것이 효과적이다. 물론 그것이 진심일 때의 얘기다. 마지막으로 가장 중요한 포인트는 바로 '상태의 평등화'다. 세포니스가 언론과의 인터뷰를 통해 소년들의 사과 비디오에 대해서 "(이 정도의 사과 비디오는) 두 소년을 친구들 사이에서 (오히려) 영웅으로 만들 것이다"라며 푸념한 것에서도 드러나듯이, 사과는 가해자와 피해자가 비로소 평등해졌음을 느끼게 하는 과정이어야 한다. 직장에서 당신이 부하직원을 다른 직원들이 보는 앞에서 모욕을 주었다면, 사과를 할 때에도 직원들이 모인 가운데 하는 것이 따로 부르는 것보다 더 낫다는 의미다.

동정심의 표현이 용서에 역작용을 일으키는 이유도 '상태의 평등화'와 관련이 깊다. 동정이란 힘이 더 세거나 지위가 높은 사람이 그보다 못한 사람에게 표현하는 것이라는 사회적 의미가 내포돼 있다. 반면, 죄책감이나 수치심은 가해자가 자신의 상태를 피해자의 상태로 낮추는 역할을 한다. 어설픈 동정심은 진심 어린 사과와 어울리지 않는다.

화해는 사과나 용서와는 다르다

2009년 8월 18일 김대중(DJ) 전 대통령이 서거했다. 오랜 정치적 라이벌이었던 김영삼(YS) 전 대통령과의 인연이 새삼스레 사람들의 관심을 끌었다. "오랜 동지였고 경쟁자였던" DJ의 서거에 대해 YS는 "화해도 경쟁도 40여 년을 함께했는데 정말 안타깝다"라고 말했다. 이어 기자들이 그를 에워싸고 "생전에 전하지 못한 말이 없느

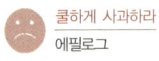
쿨하게 사과하라
에필로그

냐"고 묻자 그는 "이만 하자"라며 자리를 떴다.

DJ가 병원에 입원해 있는 동안 수많은 정치인들이 다녀갔지만 가장 큰 주목을 받은 것은 DJ가 서거하기 8일 전인 8월 10일에 전격적으로 이루어진 YS의 방문이었다. DJ의 병세가 위중해지자 YS는 이희호 여사를 찾아가 위로했다. 당시 병원을 나서면서 "이제 화해한 것으로 봐도 되느냐"는 기자들의 질문에 YS는 "그렇게 봐도 좋다. 그럴 때가 됐다"고 답했고, 언론은 둘 사이의 '극적인 화해'를 기사로 다루었다. 아쉬운 것은 DJ와 직접 얼굴을 맞대고 화해하는 장면은 끝내 연출되지 못했다는 점이다.

하지만 DJ가 건강했더라면 두 사람이 간접적으로나마 이렇게 빨리 화해를 할 기회가 없었을지도 모른다. YS의 병원 방문이 있었던 때로부터 불과 73일 전으로 시계를 되돌려보자. 5월 29일은 노무현 전 대통령의 영결식이 치러진 날이었다. 이날 두 전직 대통령은 나란히 앉았지만, 서로를 외면했고 화해의 분위기는 찾아볼 수 없었다. 3개월도 안 되는 사이에 어떤 변화가 화해를 만들어낸 것일까?

화해는 사과나 용서와는 다르다. 사과는 가해자가 피해자에게 자신의 잘못을 인정하는 것이고 피해자는 이에 대해 용서를 할 것인지 말 것인지 판단하게 된다. 보통 피해자는 분노하게 마련이며, 가해자는 피해자의 분노를 누그러뜨리고 관계를 개선하기 위해 사과를 한다. 반면 화해는 경쟁이나 분쟁 관계에서 '서로' 양보를 통해 더 이상 싸우지 말자는 뉘앙스를 가지고 있다. 서로 차이를 인정하고 한 발 뒤로 물러선다는 뜻이다. 이 상황은 사과와 굳이 비교하자면 서로가 서로에게 화가 난 상태에서 '관계 개선'을 시도하는 것이다.

때론 사과와 용서를 통해서 서로 화해를 하기도 하지만, 두 사람이 화해했다고 해서 사과와 용서를 주고받았음을 의미하진 않는다. 즉 사과 없이 화해가 이루어지는 경우도 있다. YS는 병문안을 갔지만, DJ와 직접 만난 것도 아니고, 사과는 아예 하지도 않았다. 이희호 여사와 DJ의 가신들을 만났을 뿐이다. 하지만 세상은 YS의 방문 자체를 두 사람 사이의 화해로 받아들였다.

　화해는 많은 경우, 특히 공인 사이에서 '정치적 제스처'로 행해지고 세상에 비추어진다. YS와 DJ는 무려 40년간 경쟁 관계에 있었고, DJ가 대통령에 취임한 1998년 이후 두 사람의 관계는 더욱 악화되었다. 가끔 공적인 자리에서 맞닥뜨렸을 때 두 사람이 취할 수 있는 제스처는 화해 혹은 외면의 제스처, 둘 중 하나였다. 예를 들어, 두 사람이 나란히 앉아 서로 다른 방향을 쳐다보며 외면하는 모습은 카메라 기자들에게는 놓칠 수 없는 장면이었고, 우리 국민은 이런 사진을 익숙하게 보아왔다.

　불과 석 달도 안 되어 서로 외면하던 두 사람 사이에 변화를 만든 요인은 크게 세 가지로 볼 수 있다. 하나는 기회의 '희귀성'이 갑자기 증가한 것이다. DJ의 병세가 급속히 악화되면서 YS로서는 지금 화해하지 않으면 영원히 할 수 없는 상황이 되었다고 판단할 수 있다. 죽음 앞에선 누구나 화해와 용서의 마음이 들지 않겠는가. 병상에 누운 DJ가 화해의 제스처를 취할 수는 없는 상황이니 공은 YS에게 넘어갔다. 그나마 건강한 YS가 병문안의 형태로만 화해가 가능한 상황이었다. 만약 그마저 하지 않을 경우, YS에게는 끝까지 화해하지 않은 부담과 책임을 떠안아야 할 상황이었다.

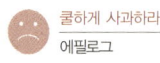
쿨하게 사과하라
에필로그

게다가 DJ의 병세가 악화되면서 두 사람 사이의 균형이 깨졌다. 화해란 경쟁 관계를 전제로 하는 것인데, DJ의 건강이 악화되고 곧 세상을 떠날지 모르는 상황이 되면서, 경쟁 자체가 무의미해진 것이다. DJ가 건강했다면 YS가 직접 찾아가 화해를 하는 모습은 연출되지 않았을지 모른다. 하지만 DJ가 생사의 기로에 선 상황에서는 YS가 DJ를 찾아가도 큰 정치적 부담이 없었다.

끝으로, DJ가 직접 화해를 할 수 없는 상황에서 그의 가족이나 측근들이 YS의 '화해 제스처'를 받아들일 거라는 확신이 없었다면, 병문안도 이루어지지 않았을 것이다. 병문안이 성사된 데에는 YS의 의지도 있었겠지만, 언론에 보도된 것처럼 그의 아들인 김현철 씨나 'DJ와 YS 측의 상호 교감'이 있었고, 따라서 YS의 화해 제스처가 거절될 가능성은 없었다.

이처럼 공인들의 화해 제스처는 본인의 의지만 가지고 되는 것이 아니라, 여러 가지 상황 변수와 정치적 계산, 또는 배려에 의해 좌우된다. 화해의 경우, 사과와는 달리 '내가 잘못했다'는 메시지보다는 '이제 그만 싸우고 협력하자'라는 메시지를 전달하기 때문에, 화해의 제스처가 공적인 자리에서 거부될 가능성은 거의 배제된 상태다.

우리는 또 다른 화해의 제스처를 2010년 7월 미국 백악관에서 벌어진 '맥주 회동'에서 볼 수 있었다. 하버드 대학의 흑인 교수가 자택에서 불법 침입자로 오인돼 체포되는 사건이 일어났을 때 오바마 대통령은 경찰을 비난했고, 경찰은 대통령이 업무에 개입한다며 반발했다. 결국 오바마 대통령은 공개적으로 사과했고 흑인 교수와 백인 경찰을 백악관으로 초대하여 맥주 마시는 자리를 마련했다.

이날 역시 정치적 배려에 따른 '화해의 제스처' 성격이 강했지만, 교수나 경찰이 서로에게 사과하는 일은 없었다. 이 맥주 회동에 대해 〈뉴욕 타임스〉는 "그들은 모였고, 만났고, 마셨다. 그러나 사과는 하지 않았다"라고 헤드라인을 잡았다. 참석자들이 각자 다른 브랜드의 맥주를 마셨듯, 백인 경찰관 크롤리 경사는 "서로 동의하지 않는다는 데 동의했다"라는 문구로 그날의 분위기를 전했다.

오바마 대통령 역시 무리하게 참석자들 사이에 사과나 화해를 이끌어내기보다는 서로의 의견을 경청하는 자리라고 규정했다. 백악관 대변인도 나서서 '맥주 회동'에서 대통령은 화해의 중재자가 아닌 '바텐더' 역할을 할 것이라고 말하여 정치적 부담을 줄였다. 대립했던 사람들이 만나는 자리를 통해 상징적인 화해의 제스처를 공개하는 데 그친 것이다.

원칙적으로 화해는 사과 없이도 가능하다. 이는 일종의 '협력 게임'이라고 볼 수 있다. 정치나 비즈니스 세계에서 이루어지는 화해의 제스처는 이득이 될 것이라는 계산에서 나오는 경우가 많다. 그리고 경쟁 관계에 있을수록 협력의 게임으로서 화해의 제스처가 만들어질 가능성이 높다. 이것이 꼭 바람직하지 않다고 말하기는 힘들다. 때로 서로 손해 나는 상황에서 원-원의 관계로 가는 전환점이 될 수도 있기 때문이다.

화해의 제스처가 주로 공적인 관계에서 이루어진다면, 가족이나 친구와 같은 관계에서는 '제스처'만으로 충분하지 않을 때가 많다. 더 나아가 서로를 위해 진실된 화해가 필요하다는 말이다. 여기에는

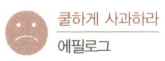
쿨하게 사과하라
에필로그

반드시 '사과'가 필요하다. 때론 간접적으로 사과의 뜻을 전하는 것도 화해를 위한 좋은 기술이다. 사과 없는 화해는 제스처이며, 사과 후에도 화해가 이루어지지 않는다면, 진정한 사과가 아니었다는 의미다. 협력 게임으로서의 화해는 인간관계를 근본적으로 회복하지 못한다. 쿨하게 사과하면, 따뜻한 화해를 얻을 수 있다.

공감한 후 사과하라

오랜 유교 전통을 가진 우리 사회는 사과에 미숙하다. 사과라는 행동 앞에서 우리는 자존심 상해하고, 자기합리화를 하며, 시간이 가면 이해해줄 것이라 믿는다. 정치인들은 밥 먹듯이 유감 표명을 하고, 연예인들은 카메라 앞에서 '위기 모면용' 사과를 연기하고, 기업은 형식적인 '신문 사과'가 사과의 전부인 줄 안다. 사과가 미숙한 사회는 상처와 냉소가 깊은 사회다.

  진심을 담아 용기 있게 사과하기 위해서는 먼저 상대방의 '분노와 상처'를 떠올리고 공감해야 한다. 상대방에 대한 공감 없이 진심 어린 사과는 나오지 않는다. 기업이 위기관리를 위해서, 정치인들이 여론을 돌리기 위해, 연예인들이 인기를 유지하기 위해 진심 어린 사과가 효과적인 것은 틀림없지만, 피해자 또는 잠재적 피해자가 겪었을 분노와 상처를 이해하는 것이 가장 중요하다. 그들의 상처에 관심을 가진다면, 쿨하게 사과할 용기를 갖게 될 것이다.

  실수투성이에다 잘못을 저지르기 일쑤이며 늘 자존심 상하는 사과란 걸 해야 하는 우리 삶은 다행히도 '용서'로 가득 차 있다. 인간은 용서와 화해를 아주 능숙하게 하는 동물이다. 상대방의 입장을 충분히 이해한다면, 바로 용서하고 화해를 청하는 동물이다. '합리적인 관점에서 사과는 적절한 전략이 아니다'라는 우리의 믿음이 근거 없는 오해임을 보여주는 증거가 속속 등장하고 있다. 쿨한 사과야말로 상대방으로부터 진심으로 용서를 이끌어내는 가장 적절한 전략이다.

사과에도 용기가 필요하듯 상처 입은 사람에겐 너그러움과 관대함, 그리고 상대방에 대한 이해심이 필요하다. 사과해야 하는 사람이 공감을 통해 사과하는 용기를 얻듯이, 상처 입은 자는 공감을 통해 '용서하는 너그러움'을 얻게 된다. 사과와 용서가 인간관계를 이어주는 다리라면, 그 다리는 '공감'이라는 나무토막으로 만들어져 있다. 서로에게 공감하고 이해하는 능력은 인간의 문명을 오늘날까지 추동하고 유지시켜온 가장 위대한 능력이다.

"용서 없이는 미래도 있을 수 없다." 남아프리카 케이프타운 최초의 흑인 대주교이자 노벨 평화상 수상자인 데스몬드 투투가 한 말이다. 투투 대주교는 남아프리카공화국의 아파르트헤이트 정책이 자행한 엄청난 반인권 행위의 진상을 규명하고자 만들어진 '진실과 화해위원회' 위원장으로 활동했다(아파르트헤이트는 원래 분리, 격리를 뜻하는 남아프리카공화국의 공용어로서, 17세기 유럽 백인들의 이주와 더불어 시작된 백인 우월주의에 입각한 남아공의 극단적인 인종 격리 정책을 말한다).

남아프리카공화국은 수십 년 동안 인종차별주의로 인해 심각한 분열을 겪었다. 1993년 마침내 흑인들이 투표권을 얻자 대부분의 사람들은 나라 전체가 곧 핏빛으로 물들 것이라고 우려했다. 소수

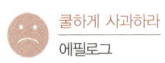

의 백인이 다수의 흑인을 억압해왔으니, 그들의 마음속에 복수심이 가득했을 것이다. 그런 나라에서 필요한 것이 무엇일까? 데스몬드 투투가 이 질문에 했던 대답이 바로 '용서'다. 오직 용서를 통해서만 남아프리카공화국 사람들은 다시 태어난 자기 나라에 확실한 미래를 심을 수 있다고 믿었다.

이처럼 사람들은 극단적인 상황에서도 상대방을 이해하고 용서할 준비가 돼 있다. 왜냐하면 우리는 끊임없이 실수와 잘못을 저지름으로써 남에게 피해를 주고 상처를 주는 존재이면서도, 함께 더불어 살아가야만 하는 존재임을 잘 알고 있기 때문이다. 그러니 이제 당신이 '사과할 준비'만 하면 된다.

이 책은 우리 두 필자가 2009년 1년 동안 경제주간지 〈이코노미스트〉에 '사과의 기술'이라는 제목으로 연재한 글을 전면적으로 수정하고 보완한 것이다. 최근의 사례와 연구 결과들을 대폭 추가했다. 21세기를 살아가면서 우리가 실수나 잘못을 저질렀을 때 어떻게 행동하는 것이 현명한지를 과학적으로 탐구하는 '위기관리의 과학적 가이드'라고 할 수 있다.

사과에 대한 야심찬 연구는 지금도 계속되고 있으며, 앞으로도 계속될 것이다. 정부와 정치인들, 기업가와 연예인, 사회 지도층 인사 등 이른바 우리 사회의 리더들이 실질적으로 진심 어린 사과를 할 수 있도록 도와주는 일도 계속할 계획이다. 우리 사회에 불필요한 오해와 분노, 그로 인한 상처를 줄이고 쿨한 사과와 진정한 용서와 화해가 늘어날 수 있도록 기여하는 것이 우리 연구의 중요한 목적이다.

그럼에도 불구하고 이 책의 가장 중요한 목적은 정부와 기업, 사회 지도층 인사들이나 유명인, 공인들의 '위기관리를 위한 사과의 기술'을 전하는 것이 아니라, 우리 사회의 리더를 꿈꾸는 모든 젊은 이들에게 진심 어린 사과를 하는 방법과 용서와 화해를 하는 너그러움을 일깨우는 데 있다. 공적인 영역에서 큰 잘못을 저질러 위기와 맞닥뜨렸을 때 진심 어린 사과를 하고 용서를 구하는 용기는 일상에서 사과를 리더의 언어로 사용했던 삶의 리더만이 가질 수 있는 것이다. 일상의 옹졸한 패자가 하루아침에 대범한 리더가 될 순 없다. 내 '삶의 리더'들에게 사과는 그들의 언어이어야 하며, 자연스러운 행동양식이 되어야 한다. 쿨하게 사과하는 사람이 내 삶의 리더다!

지난 3년간 책을 준비하고 쓰면서 많은 분들의 도움을 받았다. 이름만 적거나 몇 마디로 언급하는 것이 죄송스러울 정도로 이 책은 많은 사람들에게 빚을 지고 태어났다. 감사의 말을 일일이 전하지 못하는 것을 진심으로 '쿨하게' 사과드리며, 용서의 너그러움을 베풀어주시길 바란다. 특히 권태연(LG생활건강 연구원), 김은비(인컴 브로더), 로버트 피카드(버슨 마스텔러 아태지역 회장), 박 돌로로사 수녀님(올리베따노 성 베네딕도 수녀회), 박성민(KAIST 문화기술대학원 박사과정), 송 마리데레사 수녀님(울산광역시 장애인 종합복지관장), 안예슬(플레시먼힐러드), 우수진(이화여대 통번역 대학원), 장영화(변호사), 정혁수(경향신문), 조현진(Macrocare 대표) 등은 자료 수집 및 제공에 도움을 주었다. 심우현, 이용일, 정동일(KAIST 바이오 및 뇌공학과 박사과정), 김오영(오리건 주립대 재학)은 실험 진행을 도와주었다. 이강희(보건복지부, 예방의학 전문의), 정찬수(민

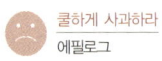

컨설팅 정책연구본부장)는 특정 사과 사례 분석에 대해 의견을 교환해주었다. 허주현(마콜 국장)은 이 책의 기획 단계에서 부록으로 준비했던 국내 공개 사과 연표를 꼼꼼하고 완벽하게 만들어주었으나 마지막 편집 과정에서 여러 사정으로 포함시키지 못해 너무 아쉽다. 미안함과 깊은 감사의 마음을 전하며, 훗날 다른 기회에 잘 활용하게 될 것임을 약속한다. 이 책을 출간해준 출판사 어크로스의 김형보 대표는 필자들과 오랫동안 함께 고민하며 좋은 책이 나올 수 있도록 항상 애써주었다. 이 자리를 빌려 모두에게 깊은 감사를 드린다.

마지막으로 필자들이 살아오면서 저지른 크고 작은 실수와 잘못을 가장 냉철하게 지적하면서도 가장 따뜻하게 감싸준 부모님과 가족들, 특히 동반자 김은령, 조정현에게 이 책을 바친다.

2011년 3월
김호, 정재승

주석
참고 문헌
색인

Prologue

1 "Doctors say 'I'm sorry' before saying 'see you in court'", *The New York Times*, 2010. 5. 18. http://www.nytimes.com/2008/05/18/us/18apology.html
2 미국의 의료사고 관리의 새로운 패러다임인 'Disclosure 프로그램'은 '진실 말하기 프로그램'이라고 번역했다. Disclosure 프로그램의 교과서라 할 수 있는 《쏘리웍스: 의료분쟁 해결의 새로운 패러다임》(김호, 박재영, 박형욱, 이강희 공역), 청년의사, 2009을 번역하면서 채택한 용어를 그대로 따랐다.
3 사례는 한국과 중국에서 사업을 하고 있는 마크로케어 조현진 대표가 보내주었다.
4 Tom Peters, *The little big things: 163 ways to pursue excellence*, Harper Business, 2010

PART 1

1 Nick Smith, I was wrong, e-book, 2008: pp.356~371
2 Nick Smith, "The categorical apology", *Journal of Social Philosophy*(Vol. 36, No. 4), Winter, 2005: pp.473~496
3 Steven J. Scher and John M. Darley, "How Effective Are the Things People Say to Apologize? Effects of the Realization of the Apology Speech Act", *Journal of Psycholinguistic Research*(Vol. 26, No. 1), 1997: pp.127~140
4 Cynthia McPherson Frantz and Courteney Bennigson, "Better late than early : The influence of timing on apology", *Journal of Experimental Social Psychology* (Vol. 41), 2005: pp.201~207
5 "MB에 서운한 JP", 동아닷컴, 2009.3.30. http://www.donga.com/fbin/output?n=200903300117
6 John Kador, *Effective apology: Mending fences, building bridges, and restoring trust*, Berrett-koehler Publishers, 2009
7 Nicholas Tavuchis, *Mea Culpa: A sociology of apology and reconciliation*, Stanford University Press, 1991
8 "정지영씨 오랜 침묵이 사태 키웠다", 〈한겨레〉, 2006.10.20 http://www.hani.co.kr/arti/culture/book/166095.html
9 "윤석화 학력위조 고백, MBC 취재하자 선수쳤나?", 조인스닷컴, 2007.8.15

http://article.joins.com/article/article.asp?total_id=2850838
10 John Kador, ibid
11 "Listen&Change", KT Corporate Center, 2010 Korea Social Media Blog Summit, 2010.3.19
12 http://www.youtube.com/watch?v=-r_PIg7EAUw
13 최종학,《숫자로 경영하라》, 원앤원북스, 2009: pp. 30~31
14 "Video prank at Domino's taints brands", *The New York Times* online, 2009.4.15. http://www.nytimes.com/2009/04/16/business/media/16dominos.html
15 http://www.youtube.com/watch?v=dem6eA7-A2I
16 "Domino's brand takes a hit after Youtube 'prank' video", MediaCurves.com, http://www.mediacurves.com/NationalMediaFocus/J7329-Dominos/; supporting study data,https://docs.google.com/viewer?url=http://www.mediacurves.com/pdf/ReportJ7329.pdf
17 "KFC CEO's Grilled Chicken Promo Apology: What Is the Deal With the South African Accent?", BNET.com, 2009.5.11. http://www.bnet.com/blog/advertising-business/kfc-ceo-8217s-grilled-chicken-promo-apology-what-is-the-deal-with-the-south-african-accent/1456
18 "Domino's launches massive $75 million ad blitz", *Forbes* online, 2009.12.22. http://www.forbes.com/2009/12/21/dominos-pizza-recipe-ad-campaign-cmo-network-dominos.html
19 정해동,《고객접촉점이 마케팅이다》, 한언, 2009
20 Don Tapscott and David Ticoll, *The naked corporation: How the age of transparency will transform business*, Free Press, 2003
21 Warren Bennis, Daniel Goleman, James O'Toole and Patricia Ward Biederman, *Transparency: How leaders create a culture of candor*, Jossey-Bass, 2008
22 최종학, "부정적 뉴스 숨기는 게 능사 아니다", 〈동아비즈니스리뷰〉(20호), 2008.11.1
23 "해태·오리온 제과의 양심선언", 조선닷컴, 2009.6.3. http://news.chosun.com/site/data/html_dir/2009/06/02/2009060201586.html
24 "'7성급 요리사' 에드워드 권의 고백", 〈조선일보〉, 2010.9.18. http://news.chosun.com/site/data/html_dir/2010/09/17/2010091701523.html
25 "신정아 인터뷰 '한 남자를 사랑한 게 이렇게 큰 대가 치를 줄 몰랐다'", 〈조선일보〉, 2010.8.19. http://news.chosun.com/site/data/html_dir/2010/08/19/2010081901232.html

26 Holly Weeks, "The art of the apology", Harvard Management Update, 2003. 4 http://hbswk.hbs.edu/archive/3481.html

27 "Help your readers by avoiding the word 'but' in 5 ways", the Reader Appreciation Project, 2009.10.20. http://www.raproject.com/articles/help-your-readers-by-avoiding-the-word-but-in-5-ways/

28 "Government 'failed you,' Clarke testifies", msnbc.com, 2004. 3. 25. http://www.msnbc.msn.com/id/4568982/

29 저스틴 팀벌레이크와 재닛 잭슨 사건에 대한 전말은 링크 참조. http://en.wikipedia.org/wiki/Super_Bowl_XXXVIII_halftime_show_controversy

30 "Familiar Fallback for Officials: 'Mistakes Were Made'", *The New York Times* online, 2007.3.14. http://www.nytimes.com/2007/03/14/washington/14mistakes.html?scp=1&sq=mistakes%20were%20made,%20classic,%20washington,%20linguistics&st=cse (March 14, 2007)

31 "Sununu Travel Policy Violations Cited in Report", *Los Angeles Times*, 1991.5.10. http://articles.latimes.com/1991-05-10/news/mn-1343_1_travel-policy

32 Carol Tavris and Elliot Aronson, *Mistakes were made (but not by me): Why we justify foolish beliefs, bad decisions, and hurtful acts*, Houghton Mifflin Harcourt, 2007

33 "What makes us happy?", *The Atlantic*, 2009.6. http://www.theatlantic.com/magazine/archive/2009/06/what-makes-us-happy/7439/

34 Richard Tedlow, *Denial: Why Business Leader Fail to Look Facts in the Face-And What to Do about It*, Portfolio, 2010: p. 31

35 인간에게 부인(否認)이 뜻하는 바, 그리고 경영의 역사에서 리더들의 부인에 대한 체계적인 연구를 보려면 위의 문헌을 참고할 것.

36 "취재일기: 성희롱·거짓말에 기자도 깎아내려…강용석 의원 이제 사과할 때", 조인스닷컴, 2007.7.23. http://live.joinsmsn.com/news/article/article.asp?total_id=4332642

37 Cynthia McPherson Frantz and Courteney Bennigson, ibid.

38 강용석 의원 블로그(http://blog.naver.com/equity1) 참조

39 "'강용석 의원 성희롱 발언했어요' 학생들 검찰 진술", 조인스닷컴, 2010.8.2. http://live.joinsmsn.com/news/article/article.asp?total_id=4354014

40 "성희롱 발언 강용석 의원 4가지 혐의 기소", 조인스닷컴, 2010.9.9. http://live.joinsmsn.com/news/article/article.asp?total_id=4442975

41 "야! 한국사회: 빨간 사과의 맛", 〈한겨레〉, 2010.7.21. http://www.hani.co.kr/arti/opinion/column/431474.html

PART 2

1 Johannes Abeler, Juljana Calaki, Kai Andree and Christoph Basek, "The power of apology", *Economic Letters*(Vol. 107, Issue 2), 2010.5: pp. 233~235
2 Nancy Y. Wong, "The role of culture in the perception of service recovery", *Journal of Business Research*(Vol. 57, Issue 9), 2004. 9: pp. 957~963
3 Hillary Rodham Cliton and Barack Obama, "Making patient safety the centerpiece of medical liability reform", *The New England Journal of Medicine*, 2006.5.25. http://www.nejm.org/doi/pdf/10.1056/NEJMp068100
4 "Doctors say 'I'm sorry' before saying 'see you in court'", *The New York Times*, 2010. 5.18. http://www.nytimes.com/2008/05/18/us/18apology.html
5 김호, "의료사고, (소송 건수 및 비용) 절반으로 줄이는 방법", 청년의사(395호), 2007. 11. 26
6 Richard C. Boothman, Amy C. Blackwell, Darrell A. Campbell, Jr., Elaine Commiskey, and Susan Anderson, "A better approach to medical malpractice claims?: The University of Michigan experience", *Journal of Health & Life Sciences Law*(Vol 2, Number 2), 2009.1
7 Ibid.
8 진실 말하기 프로그램의 상세한 내용에 대해서는 SorryWorks! Coalition의 웹 사이트(www.sorryworks.net)를 참조하거나, 다음 책을 참조할 것. Doug Wojcieszak, James W. Saxton, Esq, and Maggie M. Finkelstein, Esq., *Sorry Works!: Disclosure, apology, and relationships prevent medical malpracitce claims*, AuthorHouse, 2007 이 책은 2009년 《쏘리웍스: 의료분쟁 해결의 새로운 패러다임》으로 번역 출간되었다.
9 더그 워체식, 제임스 W. 색스턴, 마지 M. 핑켈스타인 지음, 《쏘리웍스: 의료분쟁 해결의 새로운 패러다임》(김호, 박재영, 박형욱, 이강희 옮김), 청년의사, 2009: p.123
10 위의 책: p. 120
11 "Medical malpractice and patients' safety at UMHS" http://www.med.umich.edu/news/newsroom/mm.htm
12 Richard C. Boothman, Amy C. Blackwell, Darrell A. Campbell, Jr., Elaine Commiskey, and Susan Anderson, ibid.
13 Karina Schumann and Michael Ross, "Why Women Apologize More Than Men Gender Differences in Thresholds for Perceiving Offensive Behavior", *Psychological Science* Online First, 2010. 9. 27.
14 "Dell laptop explodes at Japanese conference", *The Inquirer*, 2006.6.21. http://www.theinquirer.net/inquirer/news/1042700/dell-laptop-explodes-

japanese-conference

15 Jennifer Gerarda Brown, "Apology: The role of apology in negotiation", *Marquette Law Review*, 87: 665, 2004

16 더랩에이치, "2010 THE LAB h〈쿨 커뮤니케이션〉 조사 보고서: 트위터 사용자와 일반 국민의 국내 10대 기업에 대한 인식 비교", 2010.8. http://www.slideshare.net/hohkim/2010-the-lab-h-final

17 "신세계 정 부회장, 홈페이지서 가족애 과시", 연합뉴스, 2007.7.20. http://www.yonhapnews.co.kr/bulletin/2007/07/20/0200000000AKR20070720179800003.HTML

18 "'가족 공개에 부담감', 정용진 신세계 부회장 결국 개인 홈피 폐쇄", 〈조선일보〉, 2007.7.27. http://news.chosun.com/site/data/html_dir/2007/07/27/2007072701101.html

19 http://twitter.com/yjchung68/status/20441810999

20 더랩에이치, 위 보고서.

21 http://tki.oiko.cc/service/count

22 http://blog.tweetmix.net/29

23 Jennifer Lind, "The perils of apology: What Japan shouldn't learn from Germany", *Foreign Affairs*(Vol. 88, No. 3), 2009. 5/6. http://www.foreignaffairs.com/articles/64975/jennifer-lind/the-perils-of-apology

24 Ayako Doi, "To the editor: It's never to late to say you're sorry", *Foreign Affairs*, 2009. 9/10. http://www.foreignaffairs.com/articles/65234/ayako-doi/its-never-too-late-to-say-youre-sorry

25 "사과는 실질적인 화해의 발판", 〈중앙일보〉, 2010. 3.14. http://article.joins.com/article/article.asp?Total_ID=4059067
정치에서 과거사와 관련한 그녀의 대표적 저서는 다음과 같다. Melissa Nobles, *The politics of official apologies*, Cambridge University Press, 2008

26 Alexis Dudden, *Troubled apologies among Japan, Korea, and the United States*, Columbia University Press, 2008

27 "한·중·일 과거사, 청산 아닌 화해로 풀어야", 〈중앙일보〉, 2010. 3. 14. http://article.joins.com/article/article.asp?Total_ID=4059066

28 "Pointless", *Foreign Affairs*, 2010. 6. 20. http://www.foreignaffairs.com/node/65234/talk

29 "South Korea's collective guilt", *TIME*, 2007. 4. 18. http://www.time.com/time/nation/article/0,8599,1611964,00.html

30 마이클 샌델, 《정의란 무엇인가》(이창신 옮김), 김영사, 2010: p. 326

31 "Pope asks forgiveness for errors of the Church over 2,000 years", *The New York Times*, 2000.3.13. http://www.nytimes.com/2000/03/13/world/pope-asks-forgiveness-for-errors-of-the-church-over-2000-years.html?scp=3&sq=millennium,%20apology,%20catholic&st=cse&pagewanted=1

32 "An apology 65 years late", PBS Online NewsHour, 1997. 5. 16. http://www.pbs.org/newshour/bb/health/may97/tuskegee_5-16.html

33 "U.S. Apologizes for Syphilis Tests in Guatemala", *The New York Times*, 2010. 10.1. http://www.nytimes.com/2010/10/02/health/research/02infect.html?_r=2&ref=global-home

34 David Frost with Bob Zelnick, *Frost/Nixon*, Harper Perennial, 2007: pp.246~247

35 George F. Mahl, "A Personal Encounter With Scientific Deviance", *American Psychologist*(50(10)), 1995. 10: pp. 882~883

36 Sandra Harris, Karen Grainger, & Louise Mullany, "The pragmatics of political apologies", *Discourse & Society*(vol. 17 no. 6), 2006.11: pp. 715~737

37 이러한 의문을 제기한 대표적인 논문 중 하나는 다음과 같다. Lynn M. Harter, Ronald J. Stephens, and Phyllis M. Japp, "President Clinton's Apology for the Tuskegee Syphilis Experiment : A narrative of remembrance, redefinition, and reconciliation", *Howard Journal Of Communications*(vol. 11, Issue 1.), 2000: pp. 19~34

PART 3

1 "Apple's 'Antennagate' mea culpa - free case until Sept 30 (Updated)", JDNet, 2010.7.16. http://www.zdnet.com/blog/apple/apples-antennagate-mea-culpa-free-case-until-sept-30-updated/7610

2 "Woods Apologizes and Gets Support", *The New York Times* Online, 2009. 12. 2. http://www.nytimes.com/2009/12/03/sports/golf/03woods.html

3 "The Art of Public Apology", *The New York Times* Online, 2010. 2. 20. http://www.nytimes.com/2010/02/21/weekinreview/21vitello.html?scp=3&sq=tiger+woods,+apology&st=cse

Epilogue

1 "Teens must post apology on YouTube: Drive-through prank earns unique sentence", *USA Today*, 2008.6.9. http://www.usatoday.com/printedition/news/20080609/a_youtube09.art.htm

참고 문헌

자료를 찾아 읽고 싶은 독자들을 위해 참고 리스트를 장별로 제시한다. 이 리스트에는 필자들이 인용하지 않았어도 독자들에게 도움이 될 만한 자료를 모두 포함시켰다. 필자들이 본문에 인용하거나 참고한 내용을 보고 싶을 때는 주석을 참조하길 바란다.

Prologue

[1] Aaron Lazare, *On apology*, Oxford University Press, 2004. 국내에는 《사과 솔루션》(윤창현 역, 지안출판사, 2009)이란 제목으로 번역되었다. 필자 두 사람이 공동 감수하고 서문을 쓰기도 한 이 책은 일반 독자가 쉽게 읽을 수 있으면서도, 사례나 내용이 풍부한 책으로 꼽힌다. 저자인 아론 라자르는 매사추세츠 의대 학장을 16년 넘게 지낸 정신과 의사로서 수치심이나 창피함에 대한 심리를 연구해온 학자다.

[2] Ken Blanchard and Margaret McBride, *The one minute apology*, HarperCollins, 2003. 《칭찬은 고래도 춤추게 한다》라는 책으로 유명한 리더십 분야의 권위자 켄 블랜차드가 쓴 책이다. 국내에는 《진실한 사과는 우리를 춤추게 한다》(조천제 역, 21세기북스, 2004)라는 제목으로 번역되었다.

[3] Doug Wojcieszak, James Saxton, Esq., and Maggie Finkelstein, Esq., *Sorry Works!: Disclosure, apology, and relationships prevent medical malpractice claims*, AuthorHouse, 2007. 진실 말하기 프로그램(disclosure program)을 이해하는 데 도움이 되는 기본 교재라고 할 수 있다. 국내에는 《쏘리웍스: 의료분쟁 해결의 새로운 패러다임》(김호, 박재영, 박형욱, 이강희 역, 청년의사, 2009)이란 제목으로 번역되었다.

[4] http://www.perfectapology.com/ 사과에 대해 진지한 관심을 가진 뜻 있는 사람들이 모여 사과 관련 각종 자료들을 모아놓은 사이트다.

[5] http://www.artofapology.com/ 필자(김호)가 2007년부터 운영하고 있는 사과 관련 블로그. 업데이트를 자주 하지 못하는 편이지만, 사과에 대한 생각과 자료들을 올려놓고 있다.

[6] http://sorryworks.net/ '진실 말하기' 프로그램을 미국에 확산시키고 있는 SorryWorks! Coalition이 운영하고 있는 사이트. 풍부한 자료를 다운로드받을 수 있으며, 의학 분야의 사과에 관심 있는 사람들은 무료 뉴스레터를 신청할 수 있다.

PART 1

chapter 1

[1] Blum-Kulka, S., & Olshtain, E., "Requests and apologies: A cross-cultural study of speech act realization patterns (CCSARP)", *Applied Linguistics*(Vol. 5, No. 3), 1984: pp. 196~213

[2] Gary Chapman and Jennifer Thomas, *The Five Languages of Apology: How to Experience Healing in All Your Relationships*, Northfield Publishing, 2006 (《5가지 사과의 언어》, 김태곤 역, 생명의 말씀사, 2007)

[3] Janet Bing and Charles Ruhl, "It's all my fault! The pragmatics of responsibility statements", *Journal of Pragmatics*(Vol. 40, Issue. 3), 2008

[4] Laurie Puhn, How to present the perfect apology, 2010.10.12. http://articles.cnn.com/2010-10-12/living/apology.perfect.puhn_1_mate-apology-disrespectful?_s=PM:LIVING CNN에서 보도한 보다 '완벽한 사과'에 대한 실천적 가이드.

[5] Leibovich, M. "Sorry is no longer the hardest word", *International Herald Tribune*, 2006.9. 2~3: pp. 1~5

[6] Marion Owen, *Apologies and remedial interchanges: A study of language use in social interaction*, Mouton, 1983. 언어학적 측면에서 사과에 대해 분석한 책.

[7] Nick Smith, *I was wrong: The meaning of apologies*, Cambridge University Press, 2008. 변호사 출신 철학 교수로서 사과에 대한 깊이 있는 연구를 하고 있는 닉 스미스의 책이다. 특히 철학적으로 "완벽한 사과란 무엇인가?"에 대해 읽고 싶다면 다소 까다롭기는 하지만 이 책의 전반부를 참고하길 바란다. 그는 현재 법의 측면에서 사과를 다룬 저서를 준비 중이다.

[8] Steven Scher and John Darley, "How effective are the things people say to apologize? Effects of the realization of the apology speech act", *Journal of Psycholinguistic Research*(Vol. 26, No. 1), 1997: pp.127~140

chapter 2

[1] Cynthia McPherson Frantz and Courtney Bennigson, "Better late than early: The influence of timing on apology effectiveness", *Journal of Experimental*

Social Psychology》(Vol. 41), 2005: pp.201~207

[2] John Kador, *Effective apology: Mending Fences, Building Bridges, and Restoring Trust*, Berrett-Koehler Publishers, 2009

[3] Nicholas Tavuchis, *Mea Culpa: A sociology of apology and reconciliation*, Stanford University Press, 1991. 사회학적인 측면에서 사과에 대해 언급할 때 가장 많이 인용되는 책이다.

[4] http://www.evostc.state.ak.us/ 엑손 발데즈호의 기름 유출 사건은 기업의 위기관리 역사상 최악의 사건으로, 위기관리를 다룬 책에서 거의 빼놓지 않고 언급된다. Exxon Valdez Oil Spill Trustee Council이 운영하는 이 홈페이지에 가면 이 사건과 관련된 각종 자료와 문서들을 찾아볼 수 있다.

chapter 3

[1] Paul Gillin, *Secrets of social media marketing*, Quill Driver Books, 2009. (《소셜 미디어 마케팅의 비밀》, 전병국, 황선영 역, 멘토르, 2010). 오랜 기간 IT분야 전문 기자였던 저자가 소셜 미디어 분야로 방향을 전환, 웹 2.0으로 인한 마케팅 패러다임의 변화를 알기 쉽게 쓴 책. 소셜 미디어상에서 부정적 뉴스를 대하는 태도에 대해서는 1장에 나온다.

[2] 김호, "뺄셈이 아닌 덧셈의 기술을 구사하라", 〈동아비즈니스리뷰〉(No. 42), 2009

[3] 김호, "위기 상황을 다스리는 사과의 기술", 〈동아비즈니스리뷰〉(No. 38), 2009.

[4] 신형원, 이승현, 이민훈, 정태수, "기업의 인터넷 커뮤니케이션 전략", 〈CEO 인포메이션〉(제 621호), 삼성경제연구소, 2007.9.12

[5] 최종학, 《숫자로 경영하라》, 원앤원북스, 2009. 자사에 대한 부정적 뉴스를 공개하는 것이 회계적인 측면에서 어떤 의미가 있을까? 이 질문에 대한 해답을 국내 대표적인 회계학자인 최종학 교수가 쓴 이 책의 1장 "부정적 뉴스, 숨기는 게 능사는 아니다"에서 찾아볼 수 있다.

chapter 4

[1] Charlene Li and Josh Bernoff, *Groundswell: Winning in a transformed by social technologies*, Harvard Business School Press. 2008. 국내에는 《그라운드스웰: 네티즌을 친구로 만든 기업들》(이주만 역, 지식노마드, 2008)이라는 제목으로 번역되었다. 저자들에 따르면 그라운드스웰이란 "소비자들이 기업을 배제한 채 첨단 기술을 이용하여 스스로 필요한 것을 얻어내는 사회적 흐름"이다. 이 책은 소셜 미디어가 비즈니스와 우리 사회를 어떻게 변화시키고 있는지 이해하는 데 매우 유용하다.

[2] Robert Scobble and Shel Israel, *Naked conversations: How blogs are changing the way businesses talk with customers*, John Wiley & Sons. 2006. 로버트 스코블은 마

이크로소프트에 재직할 당시 기업 블로거로서 명성을 날렸던 인물이다. 블로그와 같은 소셜 미디어가 기업과 소비자의 관계를 어떻게 투명하게 만들고 있는지, 기업은 어떻게 대응해야 하는지를 이해하는 데 도움이 되는 책이다. 국내에는 《블로그 세상을 바꾸다》(홍성준, 나준희 역, 체온 365, 2006)란 제목으로 번역 소개되었다.

[3] Warren Bennis, Daniel Goleman, and James O'Toole, *Transparency: How leaders create a culture of candor*, Jossey-Bass, 2008

[4] 김호, "노출의 기술을 익혀라", 〈동아비즈니스리뷰〉(No. 37), 2009: pp. 68~69

[5] 이수광, "감출수록 더 부풀어 오르는 스캔들", 조선닷컴, 2007. 9. 14. http://news.chosun.com/site/data/html_dir/2007/09/14/2007091401107.html

chapter 5

[1] Carol Tavris and Elliot Aronson, *Mistakes were made (but not by me): Why we justify foolish beliefs, bad decisions, and hurtful acts*, Houghton Mifflin Harcourt, 2007. (《거짓말의 진화: 자기 정당화의 심리학》, 박웅희 역, 추수밭, 2007)

[2] Holly Weeks, "The art of the apology", Harvard Management Update, 2003. 4. http://hbswk.hbs.edu/archive/3481.html

[3] Marshall Goldsmith, *What got you here won't get you there: How Successful people become even more successful*, Hyperion, 2007. 리더십에 관한 책. 국내에는 《일 잘하는 당신이 성공을 못하는 20가지 비밀》(이내화, 류혜원 역, 리더스북, 2008)이란 제목으로 소개되었으며, 20가지 중 하나로 리더의 사과에 대해 다루고 있다.

chapter 6

[1] George Vaillant, *Aging well: Surprising guideposts to a happier life from the landmark Harvard study of adult development*, Little, Brown and Company, 2002. (《하버드 대학교·인생성장보고서-행복의 조건》, 이덕남 역, 프런티어, 2010)

[2] Holley Hodgins, and Elizabeth Liebeskind, "Apology versus defense: Antecedents and consequences", *Journal of Experimental Social Psychology*(No.39), 2003: pp. 297~316

[3] Judy Eaton, Ward Struthers, Anat Shomrony, and Alexander Santelli, "When apologies fail: The moderating effect of implicit and explicit self-esteem on apology and forgiveness", *Self and Identity*(No.6), 2007: pp. 209~222

[4] Kathryn Schulz, *Being wrong: Adventures in the margin of error*, HarperCollins, 2010.

[5] Richard Tedlow, *Denial: Why business leaders fail to look facts in the face and what to do about it*, Portfolio, 2010.

PART 2

chapter 7

[1] Anne Fisher, "Want a higher paycheck? Say you're sorry", *Fortune*, 2007.10.18. http://money.cnn.com/2007/10/16/news/economy/apologize.fortune/index.htm/

[2] Jeremy Anderson, Wolfgan Linden, and Martine Habra, "Influence of apologies and trait hostility on recovery from anger", *Journal of Behavioral Medicine*(Vol.29, No.4), 2006: pp.347~358. 사과가 실제로 피해자의 혈압을 낮추는지를 보고 싶다면 이 논문을 읽어보길 바란다.

[3] Hillary Rodham Cliton and Barack Obama, "Making patient safety the centerpiece of medical liability reform", *The New England Journal of Medicine*, 2006.5.25 (http://www.nejm.org/doi/pdf/10.1056/NEJMp068100) 힐러리 클린턴과 버락 오바마가 상원의원 시절이던 2006년 의료사고로 인한 환자 안전을 개선하고자 메딕 법안을 발의하면서 공동으로 쓴 글이다.

[4] Johannes Abeler, Juljana Calaki, Kai Andree and Christoph Basek, "The power of apology", *Economics Letters*(No.107), 2010: pp. 233~235. 독일 이베이 사이트에서 고객들에게 돈과 사과를 보상책으로 제시하며 불만 철회를 부탁했을 때 어느 쪽이 더 효과적인지를 밝힌 연구.

[5] Linda Kohn, Janet Corrigan, Molla Donaldson (Eds), *To err is human: Building a safer health system*, National Academies Press, 2000. 《사람은 누구나 잘못할 수 있다: 보다 안전한 의료 시스템의 구축》(이상일 역, E Public, 2010). 미국 의학원에서 발간한 의료사고 예방을 위한 책. 영문으로 된 요약본은 다음 링크를 참조하면 된다. https://docs.google.com/viewer?url=http://www.iom.edu/~/media/Files/Report%2520Files/1999/To-Err-is-Human/To%2520Err%2520is%2520Human%25201999%2520%2520report%2520brief.pdf

[6] Nancy Y. Wong, "The role of culture in the perception of service recovery", *Journal of Business Research*(Vol.57, Issue.9), 2004.9: pp. 957~963

[7] Richard Boothman, Amy Blackwell, Darrell Campbell, Jr., Elaine Commiskey, and Susan Anderson, "A Better Approach to Medical Malpractice Claims? The University of Michigan Experience", *Journal of Health & Life Sciences Law*(Vol. 2, No. 2), 2009.1. 미시간 대학 병원의 '진실 말하기 프로그램'의 운영과 성과에 대해 가장 최근에 정리한 논문. 저자 중 한 명인 리처드 부스먼은 미시간 대학 병원의 리스크 관리를 책임지고 있는 CRO(Chief Risk Officer)로서 '진실 말하기 프로그램'에 대해 이야기할 때 자주 인용되는 사람 중 하나다.

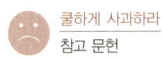

[8] 김호, "의료사고, (소송 건수 및 비용) 절반으로 줄이는 방법", 〈청년의사〉(395호), 2007.11.26. 필자가 직접 미국 세인트루이스에 가서 쏘리웍스의 창립자인 더그 워체식을 만나 인터뷰하여 쓴 기사. http://doc3.koreahealthlog.com/ 17203

[9] 노진섭, "안 죽어도 될 환자 해마다 4만 명이 죽어간다", 〈시사저널〉(1109호), 2011. 1. 19), http://www.sisapress.com/news/articleView.html?idxno=54194 이상일 울산의대 예방의학 교수가 2010년 12월 건강보험심사평가원에서 환자 안전의 국내외 동향에 대한 결과를 발표한 것을 인용한 기사로, 이 교수는 국내 의료사고와 관련하여 다음과 같이 말했다. "진료 과정에서 사망하는 사람이 연간 3만 6천 명에 이른다. 최소로 잡아도 연간 1만 1천 명을 넘는다. 연간 교통사고 사망자가 7천 명 선인 것과 비교하면 적은 수치가 아니다. 교통사고 사망자 수를 줄이기 위해서는 에어백을 설치하거나 신호 체계를 변경하는 등의 노력을 하지만, 병원에서 이유도 모르고 죽어가는 사람을 살리려는 노력은 아무도 하지 않는다. 미국, 영국, 덴마크, 프랑스 등 선진국들은 1990년대 후반부터 환자의 안전 현황 조사와 대책 수립에 나서고 있다. 그런데 한국은 피해 규모와 심각성에 대한 조사·연구가 이루어지지 않아 정확한 현황조차 파악하지 못하고 있다."

[10] http://www.med.umich.edu/patientsafetytoolkit/disclosure.htm. 미시간 대학 병원이 '진실 말하기' 프로그램을 어떻게 운영하고 있는지 상세히 알고 싶다면 이 사이트를 방문하면 된다.

[11] http://www.med.umich.edu/news/newsroom/mm.htm#summary. '진실 말하기' 프로그램 관련 각종 언론 관련 기사나 논문들의 링크를 찾고 싶다면 여기를 방문하면 된다. 이 밖에도 앞서 소개했던 www.Sorryworks.net을 참고할 수 있다.

chapter 8

[1] Daniel Skarlicki, Robert Folger, and Julie Gee, "When social accounts backfire: The exacerbating effects of a polite message or an apology on reactions to an unfair outcome", *Journal of Applied Social Psychology*(Vol.34, Issue.2), 2004: pp. 322~341. 행동경제학에서 많이 사용하는 최후통첩 게임을 활용하여 친절과 사과의 메시지가 가져올 수 있는 역효과를 실험한 논문이다.

[2] Karina Schmann and Michael Ross, "Why women apologize more than men: Gender differences in thresholds for perceiving offensive behavior", *Psychological Science*, 2010. 사과에 대한 여자와 남자의 차이를 밝힌 논문으로, 국내에도 보도 된 바 있다.

chapter 9

[1] Jeng-Yi Tzeng, "Toward a more civilized design: Studying the effects of com-

puters that apologize", *Human-Computer Studies*(Vol.61, Issue.3), 2004: pp. 319~345. 소프트 웨어나 웹사이트가 잘 작동하지 않을 때, 컴퓨터 화면상에서 어떻게 사과를 내보내는가가 사용자에게 미치는 영향을 살펴본 논문이다.

[2] Timothy Coombs, and Sherry Holladay, "Comparing apology to equivalent crisis response strategies: Clarifying apology's role and value in crisis communication", *Public Relations Review*(Vol.34), 2008: pp. 252~257. 쿰스는 위기 커뮤니케이션 분야의 대표적인 학자다. 이 논문에서 쿰스는 사과를 좀 더 '좁은' 의미로 해석하고 있으며, 이를 공감, 보상책, 그리고 사실 정보 등의 효과와 비교하고 있다.

[3] 김영욱, "우리나라 조직의 사과 수사학: 신문에 난 사과 광고문의 내용과 수용여부 분석", 〈광고학 연구〉(제 17권 1호), 2006: pp. 179~207

[4] 김영욱, 《위험, 위기 그리고 커뮤니케이션: 현대 사회의 위험, 위기, 갈등에 대한 해석과 대응》, 이화여자대학교출판부, 2008

[5] 문비치, 이유나, "조직 위기 상황에서의 사과 광고 메시지 전략과 용서: 개인정보유출 사건을 중심으로", 〈한국언론학보〉(53권, 6호), 2009: pp.354~378

[6] 백진숙, "위기관리를 위한 사과 광고 메시지 유형별 공중의 반응 비교연구", 한국언론학회 봄철정기학술대회, 2006

[7] 윤영민, 최윤정, "반 대기업 정서, 위기 책임성, 그리고 사과 수용 간 관련성: 삼성그룹 비자금 관련 위기와 농심 새우깡 이물질 위기를 중심으로", 〈한국언론학보〉(53권, 1호), 2009.2: pp.288~304

[8] 이민우, 조수영, "사과 광고 보상 유형이 브랜드 애착, 관여, 신뢰도 및 사과 수용에 미치는 효과", 〈한국언론학보〉(54권, 1호), 2010.2: pp.153~181

[9] 전정미, "사과행위의 표현 양상", 〈담화와 인지〉(제 13권, 3호), 2006: pp.167~187

chapter 10

[1] Jennifer Brown, "The role of apology in negotiation", *Marquette Law Review*(Vol. 87), 2004: pp. 665~673

[2] Barbara Kellerman, "When should a leader apologize-and when not?", *Harvard Business Review*, 2006.4

[3] Kevin Hui and Michael Au, "Justice perceptions of complaint-handling: A cross-cultural comparison between PRC and Canadian customers", *Journal of Business Research*(Vol.52), 2001: pp.161~173

[4] Sean Tucker, Nick Turner, Julian Barling, Erin Reid, Cecilia Elving, "Apologies and transformational leadership", *Journal of Business Ethics*(Vol.63), 2006: pp. 195~207. 사과와 리더십의 관계를 실험을 통해 다룬 논문이다.

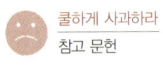

[5] Diane Halstead, Edward Morash, and John Ozment, J, "Comparing objective service failures and subjective complaints: An investigation of domino and halo effects", *Journal of Business Research*(Vol.36), 1996: pp. 107~115

[6] James Lukaszewski, "Who's sorry now?: The growing art of the apology", *The public relations strategist*, winter 2006: pp. 22~25. 제임스 루카쳅스키는 위기관리 컨설턴트로 유명하다. 그의 웹사이트 e911.com에 가면 위기 커뮤니케이션과 관련된 많은 자료들을 얻을 수 있다.

[7] 더랩에이치, "2010 THE LAB h 쿨 커뮤니케이션 조사 보고서: 트위터 사용자와 일반국민의 국내 10대 기업에 대한 인식 비교(2010)". 보고서 전문은 다음 링크에서 다운로드 받을 수 있다. http://www.slideshare.net/hohkim/2010-the-lab-h-final (영문리포트가 필요할 경우는 다음 링크 참조. http://www.slide share.net/hohkim/2010-thela-bhcool-communication-studyenglishfinal)

[8] http://www.edelman.com/trust/2011/ 단일 PR 컨설팅 회사로는 세계 최대인 에델만이 매년 다보스 세계 경제 포럼을 통해 발표해온 신뢰도 조사. 2001년부터 실시했으며 각 연도별 자료를 볼 수 있다.

chapter 11

[1] Alexis Dudden, *Troubled apologies among Japan, Korea, and the United States*, Columbia University Press, 2008

[2] Elazar Barkan and Alexander Karn, *Taking wrongs seriously: Apologies and reconciliation*, Stanford University, 2006

[3] Girma Negash, *Apologia politica: States & their apologies by proxy*, Lexinton Books, 2006

[4] Jennifer Lind, *Sorry States: Apologies in international politics, Ithaca*, Cornell University, 2008

[5] Jennifer Lind, "The perils of apology: What Japan shouldn't learn from Germany", *Foreign Affairs*(Vol. 88, No. 3), 2009 5/6

[6] Jennifer Veale, "South Korea's Collective Guilt", *Time*, 2007.4.18. http://www.time.com/time/nation/article/0,8599,1611964,00.html. 2007년 버지니아 공대의 총격사건을 저지른 조승희와 관련 한국인의 집단 죄의식을 다룬 기사다. 마이클 샌델의 《정의란 무엇인가》의 9장에 나오는 매킨타이어의 이론과 함께 읽어볼 만하다.

[7] Lynn Harter, Ronald Stephens, and Phyllis Japp, "President Clinton's apology for the Tuskegee syphilis experiment: A narrative of remembrance, redefinition, and reconciliation", *The Howard Journal of Communications*(Vol.11,

pp.19~34). 2000
[8] Mark Gibney, Rhoda Howard-Hassmann, Jean-Marc Coicaud, and Niklaus Steiner (Eds.), *The age of apology: Facing up to the past*, University of Pennsylvania Press, 2008
[9] Melissa Nobles, *The politics of official apologies*, Cambridge University Press, 2008.
[10] Michael Sandel, *Justice: What' s the right thing to do?*, Farrar, Straus and Giroux, 2009(《정의란 무엇인가》, 이창신 역, 김영사, 2010). 과거사 사과에 대해서 읽고 싶다면 9장을 참조.

PART 3

chapter 12

[1] Beverly Engel, *The power of apology: Healing steps to transform all your relationships*, John Wiley & Sons, 2011
[2] Michael Woods, *Healing words: The power of apology in medicine*, Doctors in touch, 2004
[3] Timothy Coombs, "Choosing the right words: The development of guidelines for the selection of the 'appropriate' crisis-response strategies", *Management Communication Quarterly*(Vol. 8, No. 4), 1995.5: pp. 447~476
[4] 외국의 다양한 사과 사례를 모아놓은 책을 원하는 사람은 다음의 두 가지 책을 참고하면 된다. James Dickerson, *I'm so sorry: The stories behind 101 very public apologies*, Lebhar-Friedman Books, 2000; Paul Slansky and Arleen Sorkin, *My bad: The apology anthology*, Bloomsbury, 2006

chapter 13

[1] Keith Hearit, "Apologies and public relations crises at Chrysler, Toshiba, and Volvo", *Public relations review*(Vol.20, No.2), 1994: pp. 113~125
[2] Keith Hearit, *Crisis management by apology: Corporate response to allegations of wrongdoing*, Lawrence Erlbaum Associates, 2006. 위기관리의 관점에서 사과에 대해 연구한 책이다.
[3] Shlomo Hareli, and Zvi Eisikovits, Z, "The role of communicating social emotions accompanying apologies in forgiveness", *Motiv Emot*(Vol. 30), 2006: pp.189~197

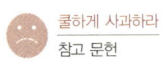

[4] William Benoit, *Accounts, excuses, and apologies: A theory of image restoration strategies*, State University of New York Press, 1995. 커뮤니케이션 분야에서 사과에 대한 연구를 할 때 꼭 참고하는 책이다.

[5] "사과와 변명 사이", MBC 시사매거진 2580, 2010. 9. 5. 2010년 국내에서 벌어진 총리 및 장관 후보자 청문회, 유명환 전 외교부 장관 등 고위 공직자들이 자신의 잘못에 대해 한 사과와 변명을 중심으로 문제점을 짚어본 프로그램이다. http://imnews.imbc.com/weeklyfull/weekly01/2693639_6414.html

Epilogue

[1] Charles Grisworld, *Forgiveness: A philosophical exploration*, Cambridge University Press, 2007

[2] Guy Bachman, Laura Guerrero, "Forgiveness, apology, and communicative responses to hurtful events", *Communication Reports*(Vol.19, No.1), 2006: pp. 45~56

[3] Joyce Sidman, *This is just to say: Poems of apology and forgiveness*, Houghton Mifflin, 2007. 사과와 용서에 대한 시를 모아놓은 독특한 책!

[4] Kyoko Okamoto, and Shuichi Matsumura, "The evolution of punishment and apology: An iterated prisoner's dilemma model", *Evolutionary Ecology* (Vol.14), 2001: pp. 703~720

[5] Ward Struthers, Judy Eaton, Alexander Santelli, Melissa Uchiyama, and Nicole Shirvani, "The effects of attributions of intent and apology on forgiveness: When saying sorry may not help the story", *Journal of Experimental Social Psychology*(Vol. 44, Issue. 4), 2008: pp. 983~992

[6] 이영돈, 《마음: KBS 특별기획 다큐멘터리》, 예담, 2006. TV 다큐멘터리로 방영돼 화제를 모았던 프로그램을 책으로 펴냈다. 이 책 2부에서 용서에 대해 알기 쉽게 다루고 있다.

색인

ㄱ

간 나오토(Kan Naoto) 214~215
갈등 해소 기술 113
갈릴레이 223
강용석 110, 114~115
강제 징용 215
개인 간의 사과(personal apology) 49, 59, 93
개인 미디어(personal media) 68
거울뉴런(mirror neuron) 178, 277
《거짓말의 진화Mistakes Were Made(But Not by Me)》106
게리 채프먼(Gary Chapman) 33~35, 38
《결과 중심의 리더십Results-based Leadership》124
《고객 접촉점이 마케팅이다》75
공감(empathy) 영역 178
공감의 시대 268
공개 사과 채널 59
공개 사과(public apology) 21, 49, 53, 54, 59, 69, 247, 251, 252, 253, 254, 256
《공식 사과의 정치학The Politics of Offi-cial Apologies》214
과거사 화해와 상속된 책임성 217
관계 개선 286
교황 요한 바오로 2세 221
구글 201
글로리아 네일러(Gloria Naylor) 48
기능성 뇌영상장치(fMRI) 177
기어트 호프스테드(G. Hofstede) 196
김각중 185
김근태 227, 229
김대중 185, 231, 285, 286~287
김민정 117
김영삼 285, 286~287
김영욱 166
김정일 190, 191
김종필 46
김태호 31, 96, 100

ㄴ

낸시 레이건 183
낸시 웡(Nancy Y. Wong) 130
낸시 킬리퍼(Nancy Killefer) 184
네가시(Girma Negash) 230

노먼 스몰우드(Norman Smallwood) 123
노무현 185, 216, 217
니콜라스 타부치스(Nicholas Tavuchis) 48
닉 스미스(Nick Smith) 32, 94

ㄷ

다스 굽타(Das Gupta) 8, 9~10, 19
대국민 사과 184, 185
대니얼 골먼(Daniel Goleman) 75
더그 워체식(Doug Wojcieszak) 139~140, 148
더랩에이치 195, 201
데보라 레비(Deborah Levi) 192
데스몬드 투투(Desmond Mpilo Tutu) 48, 291
데이브 울리히(Dave Ulrich) 123
데이비드 티콜(David Ticall) 75
데이비드 프로스트(David Frost) 225~226
델 컴퓨터 186, 206, 207
도덕적 개인주의 220
도미노 피자(Domino's Pizza) 60, 62~65, 64, 73
도요타 자동차 리콜 사태 174
독일 이베이 사과 실험 126~130
독일의 과거사 공개 사과 212
돈 탭스콧(Don Tapscott) 75
동국대학교 189~190, 193
동영상 사과 60, 65, 66
드라이브-스루(Drive Through) 281

ㄹ

로널드 레이건 75, 98
로버트 치알디니(Robert Cialdini) 22, 107
리더십 2.0 189
리오넬 멘차카(Lionel Menchaca) 207
리처드 닉슨 94, 225
리처드 클라크(Richard Clarke) 90~91, 92
리처드 테들로(Richard Tedlow) 113
리콜 61, 186
릭 포크(Rick Faulk) 183
린든(W. Linden) 132

ㅁ

마가렛 맥브라이드(Marget Mcbride) 43
마셜 골드스미스(Marshall Goldsmith) 21~22, 87, 88, 89, 90, 91, 92, 93
《마시멜로 이야기(Don't Eat the Marshmallow… Yet!》 49
마이크로블로그 68
마이클 로스(Michael Ross) 158
마이클 샌델(Michael J. Sandel) 219, 220
마이클 우즈(Michael Woods) 241
마이클 휘(Michael Hui) 130, 196
마텔(Mattel) 60, 61
맥주 회동 288
메딕(MEDiC) 법안 136~137, 138
멜리사 노블스(Melissa Nobles) 214, 217
모건스탠리 91

문비치 167, 178
문화 간 화행실현 프로젝트(Cross-Cultural Speech Acts Realization Project) 33

ㅂ

바바라 켈러만(Barbara Kellerman) 185, 188
박근혜 219, 231, 232
박정희 219, 231
방어기제 111, 113, 266
배드 뉴스(bad news) 77, 201
백진숙 167
백희영 96
버락 오바마 17~19, 20, 21, 136, 182, 183, 184, 188, 288
《벌거벗은 기업The Naked Corporation》 75
법정의 논리 109, 116
베리 리버트(Barry Libert) 183
베벌리 엥겔(Beverly Engel) 240, 241
벤저민 디즈레일리(Benjamin Disraeili) 19~20, 188
불만 입소문의 영향력 195
불법 선거자금 227
블로그 59, 67, 75, 244, 272
비(非)사과 사과(non-apology apology) 85, 86, 97, 100, 126
빌 클린턴 75, 98, 190, 224, 229
빌리 브란트(Willy Brandt) 211, 213, 215
빕스(VIPS) 레스토랑 171, 172

ㅅ

사과 2.0 189
《사과 솔루션On Apology》 46
사과문 165, 167, 168, 170, 171, 176, 239, 241, 244, 246, 252, 253, 255, 271
사과에 대한 태도에서 남녀 차 실험 158, 159
사과와 혈압 상관관계 연구 132~136
《사과의 다섯 가지 언어The Five Languages of Apology》 33
〈사과의 위험: 일본이 독일로부터 배우지 말아야 할 것들〉 211
사과의 육하원칙 251
사과의 정치학 188
《사과의 힘The Power of Apology》 240
사회적 책임(CSR: Corporate Social Responsibility) 187
산드라 해리스(Sandra Harris) 229
삼성중공업 109, 175, 187, 206
상태의 평등화(status equalizing) 267, 282, 284
《설득의 심리학Influence》 22, 107
소록도 225
소비자 불만 처리 195, 196
소비자 불만 처리 문화 차이 실험 196~198
소비자 피해보상 199
소셜 네트워크 20
소셜 미디어 59, 66, 67, 68, 74, 147, 200, 201, 205, 206, 257, 272

소통 채널 176, 177, 179, 269
손해 배상 청구 소송 190
쇠고기 수입 개방 187
수누누(Sununu) 98
수동태 사과 87, 97~98
수전 레버비(Susan M. Reverby) 224
슐로모 하렐리(Shlomo Hareli) 283
스카이프 243
스칼리키(D. Skarlicki) 152
스티브 발머(Steve Ballmer) 99
스티브 잡스(Steve Jobs) 244, 245
스티븐 셔(Steven J. Scher) 36~37
스티븐스(R. Stephens) 230
신뢰 리더십 22
신사 참배 212, 214
신시아 프란츠(Cynthia Mcpherson Frantz) 43~46, 113
신재민 31
신정아 79~80, 189
쏘리웍스 연합(Sorry Works! Coalition) 139, 140, 144, 148
《쏘리웍스! Sorry Works!》 143, 144

ㅇ

아드레날린 131
아론 라자르(Aaron Lazare) 8, 12, 46, 47, 95, 101, 152, 191
아야코 도이(Ayako Doi) 214, 218
아이젠하워(Dwight D. Eisenhower) 192
아이트래커(eye-tracker) 171, 172
아이트래킹(eye-tracking) 170, 174, 175, 177
아이폰 201, 244
아키히토 230
안나 프로이트 111
알래스데어 매킨타이어(Alasdair Macintyre) 220, 232
알렉시스 두덴(Alexis Dudden) 216
애플 244
앤더슨(J. Anderson) 132
어빙 고프먼(Erving Goffman) 99
에델만 195
에드워드 권 78~80
에이비스 76
엑손 발데즈 원유 유출 사고 50
엘리엇 아론슨(Elliot Aronson) 99, 106~107, 108
여론의 논리 109
예일대 189~190, 193
오리온제과 77
《오바마 주식회사 Barack, Inc.》 183
옥션 174
요하네스 아벨러(Johaness Abeler) 126, 129, 131
용서의 과학 279, 284
용서의 심리학 277
워렌 베니스(Warren Bennis) 75
웹 2.0 67, 74, 186
위기 커뮤니케이션 11, 206
위기관리 11, 13, 24, 50, 51, 76, 200, 254

위키리크스 186
유튜브 59, 62, 68, 244, 253, 282
윤석화 52, 56
윤석화의 학력 위조 사건 51~52
윤영민 167
의료 사고 소송 9, 11, 145, 146, 147
의료사고 9~10, 136, 137, 138, 140, 141, 142, 143, 144, 147, 148
의사결정의 신경과학 11
이라크 전쟁 포로 고문 85
이명박 20, 38, 46, 187, 215, 216, 217, 256
이민우 178
이병희 77
이승만 216
이유나 167, 178
이효리 254
인사 청문회 31
인슐라(Insular) 177
인지 부조화(cognitive dissonance) 108
《일 잘하는 당신이 성공을 못하는 20가지 비밀 What Got You Here Won't Get You There》 88
일관성의 법칙 107
일본 과거사 사과 100
《일본, 한국, 미국 사이의 잘못된 사과들 Troubled Apologies among Japan, Korea, and the United States》 216
일본군 위안부 215, 217, 218
일본의 과거사 사과 212, 216
임진강 참사 191

입소문 마케팅(Viral marketing) 194

ㅈ

자기합리화 107, 108, 110
《자아와 방어기제 The Ego and The Mechanisms of Defense》 111
자율신경계 130
재닛 잭슨 95
재프(P. Japp) 230
잭 젠거(Jack Zenger) 123
저스틴 팀벌레이크 95
전전두엽 108, 279
정당화 전략 166
정몽준 185, 200, 256
정우성 54~55
정운찬 96, 228
정지영 49~50
정해동 75
제3자 효과(third-party effect) 191
제니퍼 린드(Jennifer Lind) 211, 212
제니퍼 브라운(Jennifer Brown) 191, 192
제니퍼 토머스(Jennifer Thomas) 33~35, 38
제러미 리프킨(Jeremy Rifkin) 268
제임스 오툴(James O'Toole) 75
제트 블루(Jet Blue Airways) 60
조건부 사과(conditional apologies) 86, 87, 94, 96~97
조수영 178
조승희 219

조지 말(George Mahl) 227
조지 베일런트(George E. Vaillent) 106
조지 부시 75, 85
조지 패튼(George S. Patton) 191~192
조현오 31
존 달리(John M. Darley) 36
존 카도(John Kador) 47
존슨앤존슨의 타이레놀 리콜 13
즈비 아이시코비츠(Zvi Eisikovits) 283
지(Gee) 152
지그문트 프로이트 111
진실 말하기(disclosure) 프로그램 10~11, 137, 138, 143, 145, 146, 147, 148
《진실한 사과는 우리를 춤추게 한다 The One Minute Apology》 43
진화심리학 112

ㅊ

청문회 95, 275
초월 전략 166
최윤정 167
최종학 61, 77
최후통첩게임(Ultimatum game) 152, 154, 156
충직 딜레마 219
측두엽 277
《치유의 언어:의학에서 사과의 힘 Healing Words: The Power of Apology in Medicine》 241

ㅋ

카리나 슈만(Karina Schumann) 158
캐럴 타브리스(Carol Tavris) 99, 106~107, 108
커트니 베니그슨(Courtney Bennigson) 43~46, 113
컨슈머리스트 206~207
케빈 오(Kevin Au) 131, 196
켄 블랜차드(Ken Branchard) 43, 188
콘라드 아데나워(Konrad Adenauer) 212, 214
키스 마이클 해릿(Keith Michael Hearit) 178
킴 캠벨(Kim Campbell) 278~279

ㅌ

타이거 우즈 54~55, 245~247
톰 대슐(Tom Daschle) 184
톰 파머(Tom Farmer) 194
톰 피터스(Tom Peters) 22, 23
투 플러스(가상 기업) 170, 173
투명성 75, 77
《투명성의 시대 Transparency》 75
투명성의 패러독스(Paradox of transparency) 74, 76
투명한 어항 속 물고기 75
투스키지 실험 223, 229
트위터 59, 68, 74, 195, 200, 201, 204, 205, 256, 272

ㅍ

페이스북 59, 68, 75, 201, 206
편도체 108
폴저(R. Folger) 152
《프로스트/닉슨Frost/Nixon》 226
피자 턴어라운드 캠페인 73
피트 블랙쇼(Pete Blackshaw) 182

ㅎ

하버드대 행복 연구 105~106, 108
하터(L. Harter) 230
학력 위조 논란 79, 80
한국과 미국의 역대 대통령 사과 관련 뉴스 통계 20~21
한센병 환자 차별 225, 229
해브라(M. Habra) 132
해태제과 77
행동심리학 157
현대자동차 187
협력 게임 289
협상 카드 191
〈협상에서 사과의 역할Apology: The Role of Apology in Negotiation〉 192
협상용 사과 99
홀로코스트 211, 218
홀리 위크스(Holly Weeks) 86
화해 제스처 287, 288
《효과적인 사과Effective Apology》 47

힐러리 클린턴 136, 224

기타

9·11 테러 90
C3Q 204
《CEO의 현실부정Denial》 113
GS칼텍스 52, 206
GS칼텍스의 고객 정보 유출 사건 52~53
KFC의 동영상 사과 69
Yours Is a Very Bad Hotel 194

쿨하게 사과하라

초판 1쇄 발행 2011년 3월 7일
초판 12쇄 발행 2021년 8월 2일

지은이 | 김호·정재승
발행인 | 김형보
편집 | 최윤경, 박민지, 강태영, 이경란
마케팅 | 이연실, 김사룡, 이하영
디자인 | 송은비
경영지원 | 최윤영

발행처 | 어크로스출판그룹(주)
출판신고 | 2018년 12월 20일 제 2018-000339호
주소 | 서울시 마포구 양화로10길 50 마이빌딩 3층
전화 | 070-8724-0876(편집) 070-8724-5877(영업) 팩스 | 02-6085-7676
e-mail | across@acrossbook.com

ⓒ 김호·정재승 2011

ISBN 978-89-965887-0-2 03320

이 책은 저작권법에 따라 보호를 받는 저작물이므로 무단 전재와 무단 복제를 금지하며, 이 책의 전부 또는 일부를 이용하려면 반드시 저작권자와 어크로스출판그룹(주)의 서면 동의를 받아야 합니다.
이 도서의 국립중앙도서관 출판시도서목록(CIP)은 e-CIP홈페이지(http://www.nl.go.kr/ecip)에서 이용하실 수 있습니다. (CIP제어번호 : CIP2011000735)

책값은 뒤표지에 있습니다. 잘못된 책은 구입하신 곳에서 바꾸어 드립니다.

만든 사람들
편집 | 이경란
교정교열 | 오효순
디자인 | 석운디자인